Alois Manfred Maier
Sabine Granna-Maier

Wir haben uns getraut

Wie eine Partnerschaft gelingen kann

via nova
Verlag Via Nova

© 2010 Alois Manfred Maier, Bad Ems

1. Auflage 2010
Verlag Via Nova, Alte Landstr. 12, 36100 Petersberg
Telefon: (06 61) 6 29 73
Fax: (06 61) 96 79 560
E-Mail: info@verlag-vianova.de
Internet: www.verlag-vianova.de / www.transpersonale.de
Illustrationen: © Sabine Granna-Maier
Umschlaggestaltung: Guter Punkt, München
Satz: Sebastian Carl
Druck und Verarbeitung: Fuldaer Verlagsanstalt, 36037 Fulda

ISBN 978-3-86616-167-2

INHALT

Warum wir dieses Buch geschrieben haben

Wir haben uns „getraut" und haben wieder geheiratet. Wir haben „JA" gesagt zu unserer Beziehung und zu unserer gemeinsamen Entwicklung. Beide – Sabine und ich – hatten schon die Erfahrung der Ehe gemacht und diese Erfahrung war und ist sehr wertvoll, auch wenn sie in Trennung endete. Und wir sind unseren früheren Wegbegleitern dankbar, dass sie uns ein Stück unseres Weges begleitet haben. Jede Erfahrung ist wertvoll, wenn sie zu einer Erkenntnis führt und einen Lernprozess einleitet. Unser persönliches Resümee lautet: Wenn wir es wirklich wollen, können wir eine wunderbare, erwachsene und erfüllende Partnerschaft führen. Wir sind auch hier unseres Glückes Schmied! Liebe ist ein wunderbares Spiel und hat ungeahnte Dimensionen, die sich uns auftun werden, wenn wir sie zulassen. Liebe bedeutet Freiheit, Unabhängigkeit und Glücklichsein. Tun Sie das Überflüssige weg … und Liebe bleibt! Vielleicht noch eins … ein bisschen Mut ist schon nötig, um die Verantwortung für sein Leben, sein Handeln und seine Partnerschaft zu übernehmen.

Viele Jahre haben wir uns mit den Erkenntnissen der modernen Psychologie und der zeitlosen Weisheit des Ostens auseinandergesetzt und an unseren eigenen Erfahrungen überprüft und gemessen. Das Ergebnis sind universelle und erstaunlich einfache Lebensgesetze, die, wenn Sie diese anwenden, auch Ihre Partnerschaft und Beziehung positiv verändern werden. Und das wirklich Erstaunliche dabei ist, dass diese Veränderung mit „Glück" verbunden ist. Es macht glücklich, weil die Veränderung in Richtung auf mehr und mehr „Authentischsein" geht. Ihre Welt und Ihre Beziehung werden nicht mehr dieselben sein. Sie werden eine neue Reaktion von Ihrem Partner erhalten, aber nicht nur von ihm, auch Ihre Umwelt, Ihre Freunde, Bekannten oder Kollegen werden Ihnen ein neues Feedback senden.

Wenn Sie ernsthaft an einer Veränderung interessiert sind, dann haben Sie in dem vorliegenden Buch einen hilfreichen Wegbegleiter. Mit diesem Buch wollen wir Ihnen die Möglichkeit geben, die richtigen Fragen zu stellen, um die für Sie passenden Antworten zu erhalten.

Viele Bücher sind über das Thema Liebe und Partnerschaft geschrieben. Warum braucht es ein weiteres? Was ist das Besondere daran?

Die Verschiedenheit von Frau und Mann, die heute in vielen Büchern, Talkshows und Comedy-Auftritten zum Hauptthema der Partnerschaft hochstilisiert wird, stellt nur einen kleinen, wenn auch nicht ganz unwesentlichen Aspekt einer Beziehung dar. Weit entscheidender aber ist, dass wir nicht zufällig einen ganz bestimmten Partner anziehen, sondern genau den, der *unsere innere Persönlichkeitsstruktur* spiegelt und den wir für unsere eigene Entwicklung und Heilwerdung brauchen.

Probleme werden nicht auf der Ebene der Probleme gelöst! Gibt es Probleme oder Schwierigkeiten in einer Partnerschaft oder Ehe, so muss die Ursache gefunden und behandelt werden, sonst ändert sich nichts. Es hilft also nichts, ein wenig an der Oberfläche zu kratzen, indem man Symptome anspricht und zu behandeln versucht. Oft ist die Ursache des Problems eine mangelnde Fähigkeit, die eigenen Gefühle zu kommunizieren, weil wir in der Kindheit nicht gelernt haben, sie auszudrücken, oder die Gefühle sind nicht reif und authentisch, weil wir ihnen nicht die Möglichkeit gaben zu reifen. Diesen Ursachen wollen wir auf den Grund gehen.

Eine erfüllende Partnerschaft ist nur möglich, wenn Sie sich selbst besser kennen lernen, wenn Sie bereit sind, in den Spiegel zu schauen und sich zu verändern. Wie wollen Sie mit dem anderen eine Beziehung eingehen, wenn Sie nicht einmal wissen, wer Sie sind? Nur über den Weg der Selbsterkenntnis werden Sie Ihre Partnerprobleme lösen und eine wirklich erfüllende Beziehung schaffen können. Sie sind der Weg und das Ziel.

Wie Sie haben auch wir täglich die Gelegenheit, Beziehung zu üben! Der Schreibprozess ist uns dabei ein sehr hilfreiches Mittel, indem er uns zwingt, über unser eigenes Verhalten zu reflektieren und uns über grundlegende Einstellungen, Erwartungen, Wünsche etc. klarzuwerden. Besonders natürlich, woran wir zu arbeiten haben, wo wir uns entwickeln können und müssen. Es ist ein Weg, uns den eigenen Spiegel vorzuhalten, wo wir genau hinschauen und wo wir etwas verändern müssen, und dies kann das Buch auch für Sie leisten. Wenn Sie dabei ehrlich sind, werden Sie erstaunt sein, was Sie über sich und Ihre Partnerschaft herausfinden werden.

Ohne meine Partnerin Sabine wäre das Buch nicht möglich gewesen, zum einen, weil sie eben mein Spiegel ist, und zum anderen, weil allein mit meiner männlichen Brille dieses Buch sehr einseitig geworden wäre. Ich bin zwar der „Schreiber" des Buches, aber die schreibende Hand von uns beiden. Deshalb widme ich das Buch auch nicht ihr, sondern wir beide – Sabine und ich – widmen es allen Menschen, die zu einer erwachsenen Liebe unterwegs sind.

Viele Anregungen erhält das Buch aus den Veden (Veda = Wissen), der zeitlosen Weisheit des Ostens, womit wir uns seit über 30 Jahren intensiv befassen und auf deren universellen Gesetzen unsere Beratungen und Seminare gründen.

Entscheidend aber ist die eigene Erfahrung, denn alle Antworten können wir – Sie und ich – in uns finden. Wir helfen Ihnen, die richtigen Fragen zu stellen. Die Antworten finden Sie in sich selbst, in Ihrer Seele und in Ihrem innersten Selbst. Wir geben Ihnen nur den Schlüssel in ein Haus, das Sie selbst in Besitz nehmen müssen. Das Haus, von dem ich spreche, sind Sie selbst: Ihre Persönlichkeit, Ihre Gefühle, Ihre Emotionen, Ihr Verstand, das Unterbewusstsein u.s.w. In all diesen Räumen muss eine große Entrümpelungsaktion stattfinden, damit wieder Platz für die Liebe ist. Wir müssen alte Programme löschen und neue installieren. Alles, was wir nicht wirklich sind, muss ausgemistet werden. Wenn Sie wieder Sie selbst sind, haben Sie die einzige Voraussetzung erfüllt, die für eine erfüllende Partnerschaft nötig ist. Wollen wir unsere Partnerschaft oder Ehe heil machen, müssen wir uns selbst heilen. Alles, was wir dazu brauchen, ist in uns im Überfluss vorhanden.

Wir werden uns gemeinsam mit Ihnen, lieber LeserIn, die Prinzipien für eine erfüllende Partnerschaft vor Augen führen. Sie beim Lesen, ich/wir beim Schreiben. Allein die Bewusstwerdung bestimmter Lebensgesetze und Zusammenhänge wird unsere Beziehung verändern. Und dann müssen wir eben üben. Dabei sitzen wir auch wieder in einem Boot, denn vermutlich wären wir niemals auf die Idee gekommen, dieses Buch zu schreiben, wenn unsere Beziehungen immer reibungslos gewesen wären.

KAPITEL 1

Lebe Deinen Sinn

Worum es geht

„Liebe ist der Endzweck des Universums", erklärt uns der romantische Dichter Novalis. *„Alles ist aus Liebe geboren und wird ewig in Liebe erhalten"*, sagt die uralte Weisheit der Veden. Trotzdem scheint es, dass wir Liebe lernen müssen. Wenn ich in meinem Leben zurückschaue, so lassen sich meine Erfahrungen in einem Satz zusammenfassen: Wir lieben nicht genug! Wir lieben vor allem uns selbst nicht genug. Alles, worauf es ankommt, ist Liebe. Haben Sie es gemerkt? Ich habe „wir" gesagt anstatt „ich". Ich meinte aber: *„Ich liebe nicht genug"*. Leben ist Erfahrung und es zählt nur die eigene Erfahrung, nicht, was andere erfahren haben. Liebe geschieht nicht in den großen dramatischen Momenten des Lebens, sondern in den täglichen kleinen unscheinbaren Gegebenheiten des Lebens.

> *„Du fragst: Werde ich verstanden, werde ich geliebt,*
> *werde ich loyal behandelt?, aber nie:*
> *Verstehe ich die anderen, liebe ich, handle ich loyal gegen sie?"*
>
> **C. G. JUNG**

Ich habe mich oft gefragt, warum es so schwierig ist, gerade den Personen, die wir lieben, unsere Liebe und Zuneigung zu zeigen. Eine der Antworten darauf ist: Wir haben Angst vor der Liebe, weil wir Angst vor uns selbst haben. Wir sind zu allem fähig, aber wir haben Angst davor! Wir haben Angst, nicht anerkannt, und Angst, nicht geliebt zu werden, wenn wir uns so geben, wie wir sind. Wir sind abhängig von einem grandiosen Selbstbild mit einem riesigen Bedarf an Wichtigkeit und Geliebtwerden. Wir wollen immer toll sein und müssen zwanghaft immer gut dastehen. Auch wenn wir nicht auf der Bühne eines Theaters stehen, heischen wir nach Applaus, was uns zwingt, unser eigenes Theater zu spielen und in fremde Masken zu schlüpfen. Dieses *idealisierte Selbst* oder *Maskenselbst* wird eingesetzt, weil wir uns vor Verletzungen und Verlusten schützen wollen. Wir wollen niemals die Erfahrung machen, nicht geliebt oder wertgeschätzt zu werden.

Die tiefste Ursache ist dabei immer mangelndes Selbstbewusstsein, das heißt, es fehlt ein authentischer Selbstbezug. Wir sind nicht bei uns selbst, wir sind nicht *wir selbst*. Wir sind nicht authentisch, weil wir Angst vor den möglichen Konsequenzen haben, wenn wir uns so zeigen, wie wir sind. Dies ist eine sehr mühselige Sache und schon gar keine Basis für eine erfüllende Beziehung. Die Ursache liegt also bei uns selbst: Wir lieben uns selbst nicht genug!...

Es ist ein gewaltiger Irrtum und eine fatale Fehlinterpretation, wenn wir meinen, nicht so geliebt und anerkannt zu werden, wie wir sind. Die Folge: Wir verhalten uns unnatürlich und künstlich, wir kopieren oder imitieren das Verhalten anderer und werden so gerade die Anerkennung nicht erhalten, die wir meinen durch unser aufgesetztes und unechtes Verhalten bekommen zu können. Haben Sie sich schon einmal gefragt, was uns dieses kindische Versteckspiel kostet? Nähe, Vertrautheit, Ehrlichkeit ... Echtheit, Selbstrespekt ... Lebensqualität, Freude ... und, und, und.

Dabei ist der vielleicht größte Irrtum, dass wir meinen: *„Ich bin etwas nicht wert.“* Mich hat immer der Satz aus der Bibel angesprochen: *„Wir sind Kinder Gottes.“* Und ... steht den Kindern Gottes nicht das Beste zu?

Wenn wir unsere Beziehung ehrlich betrachten würden, müssten wir eingestehen, dass wir gar nicht so genau wissen, mit wem wir zusammenleben, weil wir uns nicht wirklich auf den anderen beziehen. *„Beziehung bedeutet sich aufeinander beziehen“*, hat mir meine Partnerin Sabine oft und oft gesagt, wenn sie wieder einmal einen Gedankenaustausch einforderte. Kennen Sie denn wirklich die Bedürfnisse, Sehnsüchte, Wünsche Ihres Partners? Wissen Sie wirklich, was er und was Sie beide gemeinsam vom Leben erwarten und was am Ende herauskommen soll?

Als Jugendlicher habe ich oft von der großen Liebe geträumt: *„Ich will einmal wirklich lieben.“* Dann, so habe ich gedacht oder gefühlt, dann sollte das Leben nicht sinnlos gewesen sein – auch wenn es nur *einmal* geschehen sollte. Vermutlich haben auch Sie von der einen großen Liebe geträumt ... ausschließlich, total, ohne Wenn und Aber ... ganz im Sinne der Bhakti (Yoga der Hingabe) Sutras der Veden: *„Wenn Du von einer Situation das meiste haben willst, musst Du Dich ihr völlig ausliefern."* Was ist aus Ihrem Traum geworden? Sind Sie der Liebe begegnet? Haben Sie die Liebe in Ihr Leben gelassen?

Liebe kann man eigentlich nicht lernen, denn sie *ist* einfach, aber man kann ihr die Tür öffnen und ihr die Möglichkeit geben, sich zu entfalten. In meiner Partnerschaft habe ich erfahren, dass es viele kleine Schritte – Rückschritte mit eingerechnet – sind, die zur Liebe und zu einer erfüllenden Partnerschaft führen. Und ich habe auch eine Ahnung davon bekommen, dass die Liebe nüchterner und praktischer, aber auch viel größer und unbegrenzter ist als die, von der ich in meinen jugendlichen, sehnsuchtsvollen Tagen und Nächten hinter den Mauern des Klosterinternats im niederbayrischen Fürstenzell geträumt habe. Liebe kann man nicht erzwingen und Liebe kann man nicht halten, Liebe ist ein täglich neues Geschenk, das nur kommen kann, wenn man das Risiko eingeht, sich ihr auszuliefern.

Auch wenn viele Anstöße für mein Denken und Verhalten aus der Weisheit des Ostens kamen, so war und ist mein bester Lehrmeister das Leben selbst und meine Beziehungen, auch die, die „nicht funktioniert" haben. *Erst durch die Erfahrung werden das Leben und die Liebe lebendig.* Sie können die Verantwortung auch nicht an eine äußere Autorität delegieren, wie es viele spirituellen Sucher aus einem falschen Verständnis der Hingabe tun, denn es gibt nur eine Autorität, und die ist *in uns.* Mein erstes und wichtigstes Lern- und Übungsfeld ist deshalb – wie, lieber Leser, wohl bei Ihnen auch – meine eigene private Beziehung in der Partnerschaft. Nirgendwo werden wir so sehr mit uns selbst konfrontiert, nirgendwo bekommen wir so deutlich unseren Spiegel vorgehalten, nirgendwo können wir so viel über uns selbst und unser Verhalten lernen wie in der engen persönlichen Beziehung einer Partnerschaft oder Ehe. Nirgendwo werden uns mehr unsere Fähigkeit zu lieben oder die Grenzen unserer Liebesfähigkeit aufgezeigt. An dieser Stelle möchte ich meiner Partnerin Sabine dafür danken, dass Sie sich schon so lange bereitwillig als mein Spiegel und Lehrmeister zur Verfügung stellt und mir immer wieder die Möglichkeit zur Selbsterkenntnis und Liebe gibt. Vielleicht keine sehr romantische Liebeserklärung, aber eine sehr reale! Sie war auch maßgeblich dafür verantwortlich, dass das Buch in der vorliegenden Weise entstehen konnte.

Im Namen der Liebe begehen wir viele kleine und große Sünden – gegen den Partner und genau genommen vor allem gegen uns selbst. Zu den großen Sünden gehört es, dass wir nicht offen, ehrlich und authentisch sind. Wenn wir morgens in die Firma gehen, können wir vielleicht eine Tarnkappe aufsetzen oder in eine Rolle schlüpfen, die kaum mehr etwas mit unserer Persönlichkeit zu tun hat. In der Partnerschaft dagegen wird dies bedeutend schwieriger sein, obwohl wir es auch da immer wieder schaffen, uns hinter einer Maske versteckt fast durch unser ganzes Leben zu schmuggeln. Glücklich werden wir in dieser Verkleidung auf keinen Fall. Und dass auf diese Weise keine wirklich tiefe Partnerschaft entstehen kann, ist offensichtlich. Deshalb werden wir uns mit Wegen auseinandersetzen, wie wir eine ehrliche, echte und erfüllende Partnerschaft gewinnen können. Dass dies mit Sicherheit auch mal ernüchternd wirken kann, liegt in der Natur der Sache und ist unumgänglich, denn manche „Ent-Täuschung" ist nötig, um eine erwachsene und erfüllende Partnerschaft leben zu können.

Natürlich werden wir auch der Frage nachgehen:

- Was ist die geschlechterspezifische Rolle von Frau und Mann?
- Gibt es die ‚natürliche Aufgabe der Frau' und gibt es die ‚natürliche Aufgabe des Mannes'?
- Oder hat jeder Mensch seinen eigenen Lebenssinn, wobei das Geschlecht nur eines von mehreren Kriterien darstellt?
- Wie können wir – unabhängig vom Geschlecht – feststellen, was *unsere natürliche Aufgabe* oder *natürliche Rolle* in unserem Leben ist?
- Kann ein anderer Mensch beurteilen, was für mich in diesem Leben die richtige Rolle ist?

Vielleicht werden wir herausfinden, dass die Ursachen von Partnerschaftsproblemen nicht oder nur zum Teil in der Polarität von Mann und Frau liegen, sondern viel tiefer. Vielleicht wird sich auch herausstellen, dass all diese Fragen gar nicht nötig sind, wenn etwas Liebe ins Spiel kommt.

Ganz zentral wird auch die Frage sein: Wie können wir uns in unserer Partnerschaft selbstverwirklichen? Oder ist dies ein Widerspruch in sich? Oder bietet uns gerade Partnerschaft ein ideales Feld, auf dem wir unsere ganz persönliche Selbstverwirklichung vorantreiben können?

Ist es Zufall, dass wir gerade mit diesem Partner unser Leben teilen, oder stehen hinter diesen scheinbaren Zufällen universale Gesetzmäßigkeiten? Welche Entwicklungschancen bietet mir meine Partnerschaft oder Ehe? Und schließlich werden wir auch schauen, wie wir die *Leichtigkeit des Seins* in unsere Beziehung bringen können. Denn Liebe ist ein wunderbares Spiel, wenn wir es richtig zu spielen vermögen.

Beziehung ist *das* zentrale Thema im Leben, denn alles im Leben ist Beziehung. Probleme in Unternehmen sind genauso Beziehungsprobleme wie die Probleme zwischen zwei Menschen, die in einer Ehe oder Partnerschaft leben. Und wenn wir das Problem ‚Beziehung' lösen, werden wir in einem Streich viele andere Verstrickungen entwirren. Seit vielen Jahren ist es einer meiner Schwerpunkte, zu zeigen, dass dieselben Gesetze im Privat- wie im Berufsleben gelten. Es sind Lebensgesetze. Als Berater und Trainer übertrage ich diese Gesetzmäßigkeiten auf die tägliche Situation in unseren Firmen, zwischen Mitarbeitern, zwischen Abteilungen oder zwischen Kunden oder Geschäftspartnern. Überall sind Menschen und überall sind die eigentlichen Probleme Beziehungsprobleme und die wiederum haben ihre Ursache darin, dass wir, das heißt die verschiedenen Aspekte unserer Persönlichkeit, nicht im Einklang mit unserem innersten Selbst sind.

Die folgenden Kapitel bieten Ihnen die Möglichkeit, sich selbst und Ihre Partnerschaft besser kennen zu lernen. Sie können das Buch einfach lesen und genießen; es ist aber so konzipiert, dass Sie damit auch praktisch an Ihrer Partnerschaft arbeiten können ... und als Ernte mehr Freude, ein besseres Verständnis Ihrer selbst und eine tiefere Beziehung in Ihrer Partnerschaft einfahren können.

Gemeinsam werden wir folgenden Fragen nachgehen:

- Was suchen wir in einer Partnerschaft?
- Was ist Sinn und Zweck einer Partnerschaft?
- Warum ziehen wir gerade diesen *einen* bestimmten Partner an?
- Welche Entwicklungschance bietet mir meine Partnerschaft?
- Was ist die eigentliche Ursache von Partnerschaftsproblemen?
- Welche Rolle spielen Gefühle und Emotionen?

- Wie verhalten sich Liebe und Freiheit?
- Was sind die Geheimnisse einer erfüllenden und glücklichen Partnerschaft?

Und …

- Was ist Liebe?

Inzwischen wissen wir: *„Männer kommen vom Mars und Frauen von der Venus"*. Auch warum Frauen nicht einparken können und Männer gerne lügen, warum Frauen unzählige Schuhe besitzen und Männer mit nur drei Paar sehr gut auskommen.

Ich nehme an, auch Sie haben mit Schmunzeln eines dieser Bücher gelesen, die uns viel über das Wesen von Frau und Mann enthüllt haben und sehr hilfreich sein können, den anderen besser zu verstehen. Soweit Frau und Mann sich überhaupt verstehen können. Wir wollen uns aber vom Vater der westlichen Psychotherapie **Sigmund Freud** nicht entmutigen lassen, der sagte: *„Die große Frage, die ich trotz meines dreißigjährigen Studiums der weiblichen Seele nicht zu beantworten vermag, lautet: Was will eine Frau eigentlich?"* Denn Freud hat wohl eines zu wenig beachtet oder übersehen:

Die Frau bzw. der Mann, der/dem ich begegne und mit der/dem ich zusammenlebe, sagt sehr viel über mich selbst aus.

Die Frage ist nur, ob ich dies hören und sehen will?!? Wenn wir aber bereit sind, hinzuhören und hinzuschauen, werden wir uns selber besser kennen lernen und dann sollten wir auch unseren Partner besser verstehen und lieben können.

Wir werden das Rollenverständnis von Mann und Frau oder Sinn oder Unsinn des Feminismus aus ganzheitlicher Sicht unter die Lupe nehmen. Wir werden uns dabei auf die Erkenntnisse der östlichen Weisheit der Veden ebenso beziehen wie auf die Ergebnisse der modernen Psychologie oder Naturwissenschaft.

All die Fragen, denen wir täglich begegnen, werden wir erörtern und daraus Wege für eine erwachsene und erfüllende Partnerschaft ableiten. Glück ist machbar! Lassen Sie uns ein Stück Weg dahin gemeinsam gehen.

Der Wille zur Veränderung

Meine Erfahrung aus den vielen persönlichen Beratungsgesprächen ist, dass sich die meisten Menschen gar nicht verändern wollen. Sie wollen mit mir sprechen, weil sie jemanden brauchen, der ihnen zuhört, der sie versteht, der ihnen sagt, wie bedauernswert sie sind und wie sehr der Partner an ihrer Misere schuld ist. Wirklich verändern wollen sich nur sehr wenige Menschen und auch die meist nur halbherzig. Sie wollen es natürlich schon. Ja, natürlich! Aber ohne Einsatz. Ohne Risiko. Ohne Leidenschaft. Genau genommen wollen sie sich und ihr Verhalten nicht ändern und ihren alten Stiefel wie bisher weiter praktizieren und dafür wollen sie mein OK, denn ... schuld ist ja ohnehin eigentlich der andere. Sie wollen zwar die Früchte ernten und die Belohnung bekommen, die eine Veränderung mit sich bringt, aber den Weg nicht gehen. Dabei muss der Weg nicht steinig sein. Ja sicher, es braucht ein wenig Mut, um ehrlich in den Spiegel zu schauen, aber Veränderung bedeutet letzten Endes nur *natürlicher* und *einfacher* zu werden, *mehr ich selbst zu werden*. Und so schwierig kann dies ja wohl nicht sein. Natürlicher und einfacher heißt auch müheloser. Das heißt, unser Leben wird einfacher, müheloser und freudvoller. Sollte das nicht ein wenig „Mühe" wert sein?

Deshalb die Fragen an Sie:

Sind Sie bereit, sich zu verändern?
Sind Sie bereit, in den Spiegel zu schauen?
Sind Sie bereit, sich selbst zu hinterfragen, Ihre Einstellungen, Ihre Denkmuster und Verhaltensweisen?
Sind Sie bereit, neue Möglichkeiten zu sehen und umzusetzen?
Sind Sie bereit, die Dinge aus der Sicht des anderen zu sehen?
Sind Sie bereit, Verantwortung zu übernehmen?

Das sind die entscheidenden Fragen! Deshalb noch einmal:

Wollen Sie wirklich eine erwachsene Partnerschaft? ... mit allen Konsequenzen?

Wenn ja: Dann können wir die gemeinsame Reise jetzt beginnen. Und wenn Sie diese Reise mitgemacht haben, wird Ihre Welt nicht mehr dieselbe sein.

Wir werden Ihnen eine Reihe von Fragen stellen, und es ist wichtig, dass Sie aufrichtig gegenüber sich selbst sind und diese mit ehrlichem Herzen beantworten.

Drücken Sie Ihren Willen zur Veränderung dadurch aus, dass Sie gegenüber sich selbst eine *Verpflichtung* eingehen. Die Verpflichtung drückt aus, dass Sie es wirklich wollen, und es ist der Geist, die Absicht, mit der Sie die einzelnen Schritte gehen werden. Zudem bringt die Verpflichtung zum Ausdruck, dass Sie sich dem Prozess der Veränderung stellen und anvertrauen.

Warum wollen Sie in einer Partnerschaft leben?

Was soll die Frage?, mögen Sie vielleicht sagen. Aber stellen Sie sich diese Frage ruhig einmal. Was ist Ihr Beweggrund? Was bewegt Sie? Meine Partnerin hat mir häufig die Frage gestellt: *„Was bewegt Dich eigentlich?"* oder: *„Warum bist Du eigentlich mit mir zusammen?", „Für was brauchst Du mich eigentlich?"* Wissen Sie, was Sie bewegt, und wissen Sie, was Ihren PartnerIn bewegt? Was soll aus diesem Leben herauskommen und welche Rolle spielt dabei Ihr Partner? Viele Fragen, die auf eine Antwort warten.

Bevor Sie weiterlesen, beantworten Sie für sich die folgenden Fragen:

1. Warum sind Sie mit Ihrem PartnerIn zusammen?

    ....

    ....

2. Haben Sie ein gemeinsames Ziel? Wenn ja, beschreiben Sie es:

    ....

    ....

    Wenn nein, dann setzen Sie sich mit Ihrem PartnerIn zusammen, um dies zusammen zu erarbeiten!

3. Was bedeutet für Sie Selbstverwirklichung?

    ....

    ....

4. Können Sie sich derzeit in der Partnerschaft verwirklichen? Wenn nein, was hindert Sie daran?

    ....

    ....

5. Was sind Ihre Vorstellungen bezüglich Ihrer Rolle? (Beruf, Haushalt, Kinder etc.)

    ....

    ....

6. Welche Ihrer Bedürfnisse werden befriedigt, welche nicht?

    ....

    ....

Du bist einzigartig

Aus der Sicht des Ayurveda, der uralten Weisheit Indiens, repräsentiert der Mann *mehr* den Energieaspekt, während die Frau *mehr* den schöpferischen Aspekt derselben Intelligenz verkörpert. Das heißt, Schöpfung manifestiert sich in zwei polaren Eigenschaften: einem schöpferischen Aspekt und einem Energieaspekt. Der Energieaspekt ist der marsisch-jupiterische und männliche Aspekt, der schöpferische Aspekt der venusisch-mondische und weibliche Aspekt.

Männliches Prinzip:
aktiv, dynamisch, gebend, zielorientiert, aggressiv
Präsenz, Impuls, Wille, Tat, Kraft, Vater, Autorität, Macht, Verstand
erobernd, gestaltend, initiierend, führend, visionär, expansiv

Weibliches Prinzip:
passiv, aufnehmend, empfangend, hingebend, kreativ, prozessorientiert
Gefühl, Emotionalität, Intuition, Feinheit, Sensibilität, Inspiration, Schönheit, Harmonie, Liebe, Mütterlichkeit, Fürsorge, Fülle
nährend, fürsorglich, fruchtbar, einfühlsam

Dies sind archetypische Grundstrukturen, die immer beide in einer Person zum Ausdruck kommen. In der Sprache der Psychologie heißt dies: Der Mann hat die Anima in sich und die Frau den Animus.

Das eine ist im anderen enthalten. Mann und Frau repräsentieren jeweils *in sich* eine Ganzheit und ergeben zusammen wieder eine größere Ganzheit. Trotzdem sind diese Ganzheiten verschieden und haben entsprechend ihrer natürlichen Unterschiedlichkeit verschiedene Aufgaben im Leben.

Um im Leben erfolgreich und anerkannt zu sein, werden Männer häufig ihren weiblichen Teil, also ihre Gefühle und Empfindungsfähigkeit, verleugnen oder verdrängen, und die Frauen ihren männlichen Teil und den Drang, nach außen aktiv zu werden.

Der Mann muss beispielsweise lernen, sein Gefühl (und Mitgefühl) in die Entscheidung mit einzubeziehen, eine Fähigkeit, die heute immer wichtiger wird, die Frau dagegen noch stärker ihren Intellekt akzeptieren und ausbilden, ohne ihre weiblich-intuitiven Fähigkeiten, worin sie dem Mann überlegen ist, dabei zu negieren oder zu verlieren. Schon in der Kindheit werden uns starre Rollen zugewiesen. Während Mädchen ihren Gefühlen freien Lauf lassen können, müssen Jungen immer stark sein und dürfen nie ihre Gefühle zeigen, wozu sie dann auch im späteren Leben, insbesondere in der Partnerschaft, nicht fähig sind..

Das feminine Prinzip ist die Fähigkeit, authentische Liebe zu empfangen. Das maskuline Prinzip ist die Fähigkeit, authentische Liebe zu geben.

Wer das feminine Prinzip – ob Frau oder Mann – nicht entwickelt hat, wird nicht fähig sein, das Geschenk der Liebe anzunehmen. Wer das maskuline Prinzip nicht genug entwickelt hat, wird nicht in der Lage sein, authentische Liebe zu geben und auf erfüllende Weise auszudrücken.

Die Rollen von Mann und Frau dürfen – dies ist besonders wichtig – nicht von einer Gesellschaft, ob patriarchalisch oder matriarchalisch, definiert werden, sondern einzig und allein von der Natur. Sie sind naturgegeben! Insofern ist das Wort „Rolle" bereits irreführend. Nur aus der Natur ergibt sich die „natürliche Rolle" jedes einzelnen Menschen. So gibt es die *natürliche Aufgabe der Frau* und es gibt die *natürliche Aufgabe des Mannes*. Das ist so und das wird hoffentlich auch so bleiben, wie sehr der Mann auch seine weibliche Komponente und die Frau ihre männlichen Anteile entfaltet. Lassen Sie uns nicht in den Fehler verfallen, Mann und Frau gleichzumachen. Das wäre ein gewaltiger Verstoß gegen die Natur und das Leben und funktioniert ohnehin nicht. Außerdem, wo wäre da die Anziehung? Ich genieße es sehr, dass ich mit einer Frau zusammenleben darf, die sehr weiblich ist und von mir auch die männliche „Rolle" fordert. Dabei hat sie auch ihre männliche Seite sehr gut entwickelt und hilft mir meine unterdrückte weibliche Natur zum Vorschein kommen zu lassen. Dabei ist, wie ich über mich lernte, meine weibliche Seite sehr gut entwickelt, denn in meinen Verhaltenstrategien handle ich sehr stark reaktiv, also feminin. Aber ich traue mich nicht, diese Eigenschaft nach außen zu zeigen, weil ich so geprägt bin. Ich verhalte mich im Gegenteil sehr maskulin, obwohl dieses Prinzip noch ein großes Entwicklungspotential hat.

Nur wer beide Seiten voll entwickelt hat, ist eine integrierte Persönlichkeit, die den anderen nicht braucht, um irgendwelche Defizite auszugleichen, wozu eine Partnerschaft oft missbraucht wird.

24

Heute wird sehr häufig (versteckt) die Frage gestellt „Welche Rolle ist besser?", und es kommt zu einem unguten Kampf der Geschlechter. Die Frage ist natürlich völlig unsinnig. Denn es gibt kein „besser", sondern nur ein „anders"!

Hier haben die Verse Goethes ihre universale und zeitlose Gültigkeit:

Gleich sei keiner dem andern, doch gleich sei jeder dem Höchsten.
Wie das zu machen? Jeder sei vollendet in sich.

Jeder trägt die Ganzheit und Vollkommenheit in sich, auch wenn jeder einen Aspekt dieser Ganzheit ein bisschen mehr offenbaren mag.

Uns interessiert nun die Frage, WARUM sich die beiden Ganzheiten so schwer tun, harmonisch miteinander zu leben. Deshalb wollen wir den Gründen nachspüren, WAS die Ursache so vieler Partnerschaftsprobleme, von fortwährenden Auseinandersetzungen und schließlich von Scheidungen ist und WIE es uns gelingen kann, eine erfüllende Partnerschaft zu leben.

Gehen wir zunächst noch einmal zurück zu unserer Rolle.

Die gegenwärtig richtige Rolle, die wir in diesem Leben zu spielen haben, ergibt sich aus unserer ganz persönlichen Natur. Das Geschlecht ist dabei nur *ein* Aspekt, wenn auch ein nicht ganz unwichtiger. Entscheidend ist unsere *Persönlichkeitsstruktur.* Entsprechend der eigenen Persönlichkeitsstruktur hat jeder Mensch seine ganz eigene ,natürliche Aufgabe' in seinem Leben, die in Sanskrit *Dharma* heißt. Dharma ist der *Lebens- oder Seelenplan.* In den Veden (Kashyapa Sutren) heißt es:

Die Reise einer jeden individuellen Seele ist im Einklang mit
den Gesetzen seines Dharma, seines Ideales der Vollkommenheit.

Dharma ist unsere natürliche Aufgabe, unsere Berufung oder unsere Mission in diesem Leben. Es ist der Seelenplan und unser Lebenssinn. Unabhängig von der geschlechterspezifischen Verschiedenheit des Dharma (Lebensaufgabe) hat jeder Mensch seine ganz *einzigartige Aufgabe* und seinen ganz *einzigartigen Lebensweg,* der von keinem anderen Menschen beurteilt oder verurteilt werden kann und darf.

**Die eigene Natur oder Persönlichkeitsstruktur
eines Menschen bestimmt seine natürliche Aufgabe.**

Sei nicht zu sehr ein Sklave der Meinungen andrer von dir!
Sei selbständig!
Was kümmert dich am Ende das Urteil der ganzen Welt,
wenn du tust, was du sollst?

A. FREIHERR KNIGGE

Jede Abweichung von unserem Seelenplan (Dharma) durch falsche Konzepte und Vorstellungen bedeutet eine *Selbstentfremdung*, die Stress und ein Ungleichgewicht in unserem Geist-Körper-System schafft. Es macht krank und unglücklich und ist verantwortlich für fast alle Probleme in unserer Partnerschaft. Wenn uns die Seele zeigen will, wo das Problem liegt, drückt sie es z.B. im Körper aus. Das nennt man Psychosomatik: Der Körper zeigt, wo die Seele nicht happy ist. Es macht also Sinn, auf die Botschaft des Körpers zu hören und sich zu fragen: „Was will mir der Körper sagen?"

Ich habe noch keine Beziehung gefunden, in der Partnerschaft völlig problemlos und reibungslos ist, einschließlich meiner eigenen. Die Reibungspunkte haben mit unseren Begrenzungen zu tun und zeigen unsere Veränderungsmöglichkeiten. Eine völlig harmonische Partnerschaft würde bedeuten, dass diese Menschen sich selbst vollständig leben und lieben, mit sich selbst völlig im Reinen sind und jeder den anderen voll akzeptieren kann, wie er ist. Da dies nicht der Fall ist, werden wir uns – über den Partner – immer mit unseren eigenen nichtintegrierten Eigenschaften auseinandersetzen müssen.

**Die Probleme verschwinden in dem Moment von alleine,
wenn ich sie als Lernprogramm für meine Entwicklung
nicht mehr brauche.**

In vielen Beziehungen ist ganz offensichtlich, dass Partnerschaft an sich *das Lernfeld* ist. Das bedeutet natürlich, dass dieser Bereich sehr viel Energie und Aufmerksamkeit in Anspruch nehmen und die eigene Entwicklung sich hauptsächlich in diesem Bereich abspielen wird. Da dies auch für die beruflichen Partnerschaften und alle anderen Beziehungen gilt, wird auch Beruf oder Firma zu einem wichtigen *Lernfeld für Beziehung.*

Vertrau Dir selbst

Wer zu sich selbst will,
darf andere nicht nach dem Weg fragen.

PAUL WATZLAWICK

Was ist unsere „natürliche Aufgabe"? Es ist von außen äußerst schwer zu ersehen, was die Lebensaufgabe eines anderen Menschen ist und was für ihn richtig ist. Was für den einen stimmig ist, kann für den anderen völlig falsch sein. Deshalb sollten wir den Weg eines anderen nicht beurteilen. Es ist schon schwer genug in unserer chaotischen Zeit, unsere eigene Lebensaufgabe klar zu erkennen und zu leben. Mit dieser Aussage wollen wir uns nicht vor einer klaren Stellungsnahme drücken, was für Mann und Frau die richtige Rolle ist. Aber dies kann ganz einfach nur im Einzelfall festgestellt werden! So kann die Rolle des Hausmannes die Erfahrung sein, die ein Mann für seine Entwicklung und Reifung braucht. Und das allein zählt! Oder wollen Sie entscheiden, dass die Frau, die sich gegen Kinder und für ihre Karriere entscheidet, falsch liegt und ihre Mission im Leben nicht erfüllt? Jeder ist einzigartig und jeder Lebensplan und jeder Lebensweg ist einzigartig. Eines aber möchten wir vorschlagen:

Hören Sie in sich hinein und fragen Sie Ihre Seele:

Entspricht dies meiner Natur und ist dies meine Lebensaufgabe?
Sind es wirklich meine innersten Wünsche,
die ich hier anstrebe,
oder folge ich nur der Erwartung der Gesellschaft,
der Umgebung oder der Zeit und ihren Moden?

Entscheiden Sie sich im Zweifel immer für sich, auch wenn Sie nicht im Trend liegen sollten! Denn Sie sind der Einzige, der für sein Leben verantwortlich ist. Nur, wenn Sie sich selbst leben, können Sie glücklich sein! Und nur, wenn jeder der beiden Partner sich selbst leben kann, wird eine Partnerschaft glücklich sein! Mir sind die Worte von Goethe sehr nahe:

In dem Moment, wo Du beginnst,
Dir selbst uneingeschränkt zu trauen,
wirst Du wissen, wie Du leben sollst.

JOHANN WOLFGANG VON GOETHE

Nur ein selbstbestimmtes Leben kann die Basis eines erfüllenden Zusammenlebens sein, während *jede Art von Fremdbestimmung* uns von unserer Natur, unserer Berufung und unserer Lebensaufgabe entfernt und die eigentliche Ursache der vielfältigen Probleme in unserem Leben und in unserer Partnerschaft bildet.

In unserem patriarchalisch geprägten Zeitalter haben Normen, Gebote und fremde Maßstäbe unser Leben bestimmt, die es schwerlich erlaubten, unsere eigene Natur zu leben. Und wie so oft in der Geschichte gibt es Tendenzen, die eine Entwicklung in die Gegenrichtung zeigen. Das ist ein natürlicher Prozess. Der These wird die Antithese gegenübergestellt, dem *Patriarchat* der *Feminismus*, und dem *Feminismus* das *Eva-Prinzip*, die dann in einer Synthese sich (hoffentlich) auflösen werden.

Um keine Missverständnisse aufkommen zu lassen: Frau und Mann sind von Natur aus verschieden und haben entsprechend dieser Tatsache eine unterschiedliche Aufgabe im Leben. Und einzig die Natur sollte die Aufgabe in unserem Leben bestimmen und keine gesellschaftlichen Strukturen oder Konventionen! Es ist nun mal immer noch so, dass nur Frauen die Kinder neun Monate unter ihrem Herzen tragen, dass nur Frauen Kinder gebären und dass nur Frauen die Kinder stillen können. Aber nicht nur die Biologie spielt eine Rolle. Wissenschaftliche Studien bestätigen sehr eindringlich, dass die liebende Zuwendung der Mutter für das Selbstbewusstsein und die emotionale, sprachliche, soziale und motorische Entwicklung eines Kindes ungeheuer wichtig ist und in den ersten Jahren durch nichts ersetzt werden kann. Dass die Politik in eine andere Richtung zielt und eine andere Entwicklung fördert, ist offensichtlich, aber eine der größten Dummheiten, die eine Gesellschaft, die hauptsächlich von wirtschaftlichen Aspekten motiviert ist, begehen kann. Genau hier liegt eine der Hauptursachen für die verheerenden Probleme in unseren Schulen und in der Gesellschaft begründet.

Das ist aber nur die eine Seite der Medaille. Die andere ist: Entsprechend seiner *Persönlichkeitsstruktur* hat jeder Mensch *seinen ganz eigenen Lebenssinn*, seine Mission, seine natürliche Aufgabe oder wie auch immer wir es nennen wollen. Natur oder natürliche Aufgabe beschränkt sich dabei eben *nicht* auf das Geschlecht! Es ist verschieden, was ein Mensch im Leben zu lernen hat oder welche Erfahrungen er machen will, und das ist eben seine ‚natürliche Aufgabe'.

Für meine Partnerin Sabine waren und sind Kinder – sie hat drei – immer das Größte. Dabei war sie auch beruflich mit ihren vielen Talenten immer sehr aktiv und erfolgreich. Im Nachhinein allerdings bereut sie immer noch, dass sie nicht genug Zeit für die Kinder hatte, weil es das Geschäft nicht zuließ. *„Das kannst Du niemals mehr nachholen"*, hat sie oft bedauert. Sie ist dabei beileibe kein Einzelfall. Nicht wenige Frauen sind zweifellos unglücklich darüber, dass sie ihre Rolle als Mütter – die wahrscheinlich wichtigste Rolle, die ein Mensch überhaupt erleben kann und darf – nicht befriedigend erfüllen können. Wobei auch das schon wieder eine unsinnige Wertung ist. Denn: für jeden Menschen ist *die Rolle* die wichtigste, die er für sein Leben gewählt hat. Dass wir harsche Kritik an den gesellschaftlichen Zuständen üben, die Müttern nicht mehr ermöglicht, ihre natürliche Rolle als Mutter zu erfüllen, bedeutet nicht, dass alle Frauen Mütter sein müssen. Das wäre der völlig falsche Schluss. Jeder muss für sich entscheiden, was für ihn im Leben der richtige Weg ist. Es gibt nicht *den* Weg! Aber es gibt *Ihre Lebensaufgabe*!

Es gibt nicht *die* Wahrheit

Liebe ist eine unendliche Geschichte und es gibt so viele Variationen, wie es Beziehungen auf diesem Planeten und im Universum gibt. Hinter all den Beziehungen verbergen sich Muster, Prinzipien und Gesetzmäßigkeiten, und denen wollen wir in diesem Buch nachspüren, nicht der Prinzipien wegen, sondern mit dem Ziel, unsere eigene Partnerschaft erfüllender zu gestalten.

Was die vielen persönlichen Beratungen mich lehrten, ist: Bitte niemals etwas über einen Kamm scheren!

Es gibt nicht *die* Wahrheit, sondern *Ihre* Wahrheit.
Es gibt nicht *die* Beziehung, sondern *Ihre* Beziehung.
Es gibt nicht *den* Lebenssinn, sondern *Ihren* Lebenssinn.

Eine Binsenweisheit, mögen Sie sagen. Richtig. Trotzdem versuchen wir immer zu verallgemeinern: Frauen fühlen so ... Männer denken so ... Am schlimmsten wird es, wenn die Sätze mit „man" beginnen: Man macht ... Man soll ... Man muss ...

Ich möchte Ihnen ein paar Beispiele aus der vedischen Astrologie geben, die zwar der Komplexität eines Horoskops nicht gerecht werden, aber doch deutlich machen, was ich meine.

In der vedischen Astrologie (Jyotish) symbolisiert der Mond unseren Geist, das Gefühl, die Emotionen. Dort, wo der Mond in einem Horoskop steht, ist derjenige Bereich, über den wir am meisten unsere eigene *Identität* finden. Meine Ehefrau Sabine hat Mond erhöht im 5. Haus, dem Haus der Kinder. Nicht zufällig wird also Sabine, wenn Sie sie nach ihrem Lebenssinn fragen würden, sagen: Das sind meine Kinder. Das ist ihrer, nicht meiner. Das 5. Haus, das bei Sabine sehr gut ist, steht auch für Zeichnen und Malen, was sie außerdem zu einer sehr guten Künstlerin macht, auch ein Teil ihres Lebenssinnes oder ihrer Lebensaufgabe.

Vor einiger Zeit begegnete ich einer befreundeten Ärztin im Aufzug und auf die Frage, wie es ihr gehe, antwortete sie: *„Ich kann Dir nicht sagen, wie froh ich bin, dass ich wieder zur Arbeit gehen kann."* Obwohl sie wie Sabine auch mehrere Kinder hat, ist für sie die berufliche Tätigkeit besonders wichtig. Verständlich, denn sie hat den Mond im 10. Haus (= Beruf, Aktivität, Öffentlichkeit), identifiziert sich sehr mit diesem Bereich und findet darüber sehr stark ihre eigene Identität. Da bei ihr der Mond eine sehr gute Qualität hat, ist sie auch sehr erfolgreich und in der Öffentlichkeit bekannt. Das Muttersein allein würde sie niemals ausfüllen und glücklich machen. Ihr Beruf gehört zweifellos zu ihrer natürlichen Lebensaufgabe.

Ein Freund hat seine Frau nur unter der Bedingung geheiratet, dass sie gemeinsame Kinder haben werden. Für mich dagegen waren Kinder nie ein Thema und ich lasse mir deshalb kein schlechtes gesellschaftlich-soziales Gewissen einreden, denn es gehörte nicht zu meinem Lebensplan!

Man könnte diese Tatsache sogar in eine Formel fassen:

Persönlicher Lebensplan geht vor geschlechterspezifische Rolle.

Wie man seinen ganz individuellen Lebensplan oder Seelenplan erkennen kann, werden wir in späteren Kapiteln beschreiben.

Eines aber sollte trotzdem niemals in Frage gestellt werden: Die Gesellschaft ist verpflichtet, jeder Mutter die Möglichkeit zu geben, für ihre Kinder da zu sein: die vermutlich beste Investition, die eine Gesellschaft überhaupt tätigen kann. Wenn dies nicht geschieht, so müssen wir alle den Schaden ausbaden.

Wir könnten uns ein Beispiel an Wildhunden nehmen. Sie haben den besten Mutterschutz. Das ganze Rudel sorgt dafür, dass die Mutter sich ganz um ihre Welpen kümmern kann, und hat außerdem das höchste Ansehen im Rudel! Müssen wir uns schon wilde Tieren zum Vorbild für unser eigenes Verhalten nehmen? Wirtschaft, Kapital und gesellschaftliche Konditionierung sind zweifelsohne nicht so sozial!

Allein, dass wir von Mutterschutz sprechen, ist schon ein Hohn! Es sollte das Selbstverständlichste auf der Welt sein. Und über Selbstverständliches braucht man eigentlich nicht zu reden. Das Wort Mutterschutz sollte man ersetzen durch „Kinderschutz". Mutterschutz ist „Schutz für unsere Gesellschaft". Mutterschutz ist „unsere Zukunft". Nichts und niemand kann die Zuwendung und Liebe einer Mutter ersetzen. Es ist die entscheidende Phase der Sozialisation. Unabhängig davon, dass Männer Kinder eben nicht säugen können, haben Mütter eine Nähe zu ihrem Kind, wie sie ein Mann kaum haben wird. Schließlich waren Mutter und Kind neun lange Monate eine Einheit. Aber wenn ein Mann es für sich als seine Aufgabe erkennt, für die Kinder zu sorgen, sollte er genauso die Möglichkeit erhalten.

Das Ergebnis der Betrachtung ist eine Aufforderung, zu sich selbst zu stehen und gleichzeitig den Lebensplan eines anderen zu tolerieren. Tolerieren Sie, dass ein anderer das Leben anders sieht als Sie. Tolerieren Sie die Frau, die Kinder und Familie als das Wichtigste im Leben ansieht, und tolerieren Sie die Frau, die ihren Beruf und ihre Karriere in den Vordergrund stellt. Wollen Sie wissen, warum diese Frauen auf diesem Planeten angetreten sind? Kennen Sie ihren Lebens- oder Entwicklungsplan? Wissen Sie, welche Erfahrungen sie für ihren seelischen Reifungsprozess brauchen?

Wir sind ja soooo tolerant! Dabei wollen wir doch immer nur unseren eigenen Lebensentwurf zum Muster für alle machen. Wir müssen uns gar nicht so viel um die anderen kümmern, denn wer seine eigene Natur nicht lebt, wird das Feedback der Natur (= das Feedback der eigenen Natur) ohnehin bekommen und als Leid erfahren. Das ist ein Gesetz. Aber jeder hat das Recht dazu ... auch das Recht zu leiden.

Wenn Sie meinen, jemanden unbedingt helfen zu müssen, oder ihm einen Tipp geben wollen, dann fragen Sie ihn, ob er sich in seiner selbst gewählten Rolle wohlfühlt, ob er glücklich dabei ist. Es gibt kein besseres Kriterium! Wenn er ehrlich ‚ja' sagen kann, ist alles in Ordnung. (Soweit er seine innere Stimme hören kann und sich nicht selbst betrügt).

Lassen Sie es uns in einer Formel zusammenfassen:

Hören Sie einzig auf sich selbst und tolerieren Sie den Lebensplan des anderen!

Die Feminismus- und Emanzipationsbewegung sind eine Pendelbewegung gegen starre patriarchalische Strukturen. Aber nicht nur. Es wird diese Pendelbewegung immer geben, wenn eine Person die eigene Position und Selbstständigkeit suchen und ausloten will. Dass sich die Bewegung der Frauen dabei zu stark an dem Bild der Männer, die ja genauso wenig emanzipiert waren und sind, orientiert und sich darüber hinaus auch noch von einer männerdominierten Wirtschaft vereinnahmen und für ihre (meist wirtschaftlichen) Ziele einspannen ließ, ist eine traurige Ironie des Schicksals.

Die „Zurück-zur-Familie-Fraktion" ist seinerseits eine Reaktion auf eine falsch verstandene Emanzipationsbewegung. Beide zeigen, dass sie nicht im Gleichgewicht sind, und beide könnten sehr viel voneinander lernen. Es ist eben kein „Entweder – oder", sondern ein „Sowohl – als auch".

Nur eine emanzipierte Frau wird einen emanzipierten Mann ermöglichen – und nur ein emanzipierter Mann wird eine emanzipierte Frau erlauben. Also müssen wir der grundsätzlichen Frage nachgehen: Wie können wir emanzipierte, das heißt erwachsene, selbstständige und ganzheitliche Menschen werden?

Lassen Sie uns zusammenfassen:

1. Unabhängig von der geschlechterspezifischen Rolle hat jeder Mensch seinen ganz eigenen Lebensplan, entsprechend seiner *inneren Persönlichkeitsstruktur*, die an keine der Geschlechterrollen gebunden ist.
2. Was für einen Menschen richtig ist, kann nur er allein entscheiden. Er allein hat die Selbstverantwortung für sein Leben.
3. Wenn ich auf mich selbst höre, weiß ich, was für mich richtig ist.
4. Emanzipation bedeutet, dass Frauen und Männer jeweils ihre Natur und natürliche Rolle annehmen.
5. Nur eine emanzipierte Frau wird einen emanzipierten Mann ermöglichen – und nur ein emanzipierter Mann wird eine emanzipierte Frau erlauben.

Nehmen Sie sich Zeit für folgende Fragen und schreiben Sie die Ergebnisse auf:

Was ist mein Lebenssinn?
Was ist meine natürliche Aufgabe im Leben,
was ist meine Berufung?
Wie stelle ich mir mein Leben vor?
Was sind meine Wünsche –
unabhängig von gesellschaftlichen Erwartungen?
Welche Wertigkeit nimmt bei mir die Familie ein?
Welche Wertigkeit nimmt bei mir der Beruf ein?
Was macht mich glücklich?

Klären Sie Ihre eigenen Wertvorstellungen und legen Sie Ihre Prioritäten fest. Was ist Ihnen am wichtigsten, zweitwichtigsten usw.

- Gesundheit
- Erfolg im Beruf
- Sicherheit
- Selbstständigkeit
- Freundschaft
- Liebe

- Aufrichtigkeit
- Fairness
- Familie
- Freizeit
- Kinder
- Natur
- Selbstbestimmung
- Soziales Engagement
- Mitwirkung
- Unabhängigkeit
- Wohlstand
- Persönlichkeitsentfaltung
- Frieden
- Integrität
- Ausgeglichenheit
- Menschlichkeit

Welche 5 Bereiche sind in Ihrer jetzigen Lebensphase am wichtigsten?

....

....

Was tun Sie, um Ihren wichtigsten Wert zu realisieren?

....

....

Welche Werte kommen zu kurz? Wo gibt es Wertekonflikte?

....

....

Was werden Sie verändern?

....

....

Deinem Selbst bleib treu

Die Instanz in uns, die weiß, ob etwas für mich richtig oder falsch ist, nennen wir gewöhnlich unser ‚Gewissen'. Andere mögen ihr auch die Namen ‚innere Stimme', ‚Bauchgefühl', ‚Eingebung' oder ‚Intuition' geben. Wir können Gewissen auch als die innere Wissenheit bezeichnen. Das Sanskrit-Wort für Wissen ist VEDA.

Die vedische Psychologie unterscheidet zwischen dem Ego (Ahamkara), was die westliche transpersonale Psychologie als das ‚hautverkapselte Ich' bezeichnen würde, und dem Selbst (Atma), dem „transpersonalen Selbst". Die vedische Wissenschaft spricht von der Ebene von *ritam bhara pragya*. Es ist die Ebene der universellen Existenz, „die nur Wahrheit ist" und die wir als unsere „Intuition" erfahren können.

Auch unsere multidimensionale Körperintelligenz hat Zugang zu dieser Ebene, weshalb wir eine *energetische Kommunikation* zwischen dem bewussten Verstand, dem autonomen Nervensystem und der Ritam-Ebene herstellen können. Diese Verbindung wird in der Kinesiologie genutzt, und mit einer erweiterten Methode, die wir einfach als „Ritam-Technik" bezeichnen wollen, können wir dann z.B. feststellen, wieweit wir uns im Einklang mit uns selbst und der Wahrheit befinden oder wieweit wir fremdbestimmt und fremdgesteuert sind. Die Intuition lässt sich dadurch gewissermaßen objektivieren. Dies üben wir schon seit einigen Jahren und haben damit sehr gute Erfahrungen gemacht und wertvolle Erkenntnisse über uns selbst gewonnen.

Wenn wir auf unsere ‚innere Stimme' horchen und ihr gehorchen, so sind und verhalten wir uns im Einklang mit den Gesetzen der Natur, oder wir könnten auch sagen im Einklang mit dem Willen Gottes oder den universellen Gesetzen. Das Entscheidende dabei ist: Wir sind *im Einklang mit uns selbst*. Das ist die Basis für ein *selbstbestimmtes Leben* und für eine *erwachsene Partnerschaft*.

Gewöhnlich und fälschlicherweise verbindet man Gewissen mit kulturell, religiös oder ideologisch gefärbten Wert- oder Moralvorstellungen. Diese haben aber nicht wirklich etwas mit Gewissen zu tun, sondern sind in Wahrheit das genaue Gegenteil davon. Es sind eben Konditionierungen, die von Zeit, Kultur, Religion etc. abhängig sind. Auch der Taliban beruft sich auf sein Gewissen, wenn er im Namen der Religion unschuldige Menschen tötet. Aber kann dies das Gewissen sein, das uns leiten kann? Kann dies eine Instanz sein, auf der unsere Selbstverantwortung gründet? Doch wohl nicht!

Das wirkliche Gewissen ist diese innere Wissenheit jenseits aller Konditionierungen und Glaubensinhalte. Wenn wir diese innere Instanz zur freien Entscheidung nicht hätten, wären wir tatsächlich nicht mehr als eine „konditionierte Ratte", wie **Abraham Maslow** dies einmal recht drastisch formulierte, und könnten die Verantwortung auf Eltern, Erzieher, Priester oder die Umwelt abschieben.

> *Gewissen ist das Bewusstsein eines inneren Gerichtshofes*
> *im Menschen.*
>
> IMMANUEL KANT

„*Shakespeares Ermahnung ,Deinem Selbst bleibe treu' ist immer einer meiner führenden Grundsätze geblieben*", hat **Johannes Brahms** einmal gesagt, und es sollte auch unsere Richtschnur sein. Wenn wir die Antworten auf unsere Fragen in uns selbst suchen, beginnen wir ein selbstverantwortliches Leben zu führen. Unser höheres Selbst gibt uns die Antwort. Das ist die Basis für **Selbst**ver**antwort**ung in unserer Partnerschaft.

> *Die Stimme des Inneren gebietet mir in jeder besonderen Lage meines*
> *Daseins, was ich zu tun oder zu meiden habe; sie begleitet mich,*
> *wenn ich nur aufmerksam auf sie höre,*
> *durch alle Begebenheiten meines Lebens.*
>
> JOHANN GOTTLIEB FICHTE

Mit der Ebene von ritam bhara pragyia, der Ebene der Wahrheit, verbunden zu sein, ist re-ligio (religare = rückbinden). Das ist der Kern der Religion und die Basis der Ethik. Fehlt die „religio", fehlt die Ethik. Wenn die „religio" fehlt, ist es etwas anderes, aber keine Religion. Wenn eine Religion diesen Rückbezug nicht mehr vermittelt, ist sie zu einer Ideologie verkommen und verdient nicht die Bezeichnung „Religion". Sie wird im Gegenteil alle möglichen Hindernisse für authentische religiöse und spirituelle Erfahrungen aufbauen.

Nur wenn wir mit dieser stillen und wachen Ebene in uns verbunden sind, können wir wahr, ehrlich und integer sein. Nur dann sind wir authentisch. Da wir dieses „Selbst"- Bewusstsein nicht genügend haben und Eigenschaften an uns wahrnehmen, die nicht so toll sind, verspüren wir Angst. Wie wird mein Partner reagieren, wenn wir uns so zeigen, wie wir sind? Wird er mich dann noch schätzen? Wird er mich dann noch lieben? Und so bauen wir ein *idealisiertes Selbst* von uns auf und fangen an Rollen zu spielen und uns hinter Masken zu verstecken.

Mag unser pfauenhaftes Gehabe während der Phase der Verliebtheit noch lustig sein und Anerkennung finden, wird es sich im späteren Zusammensein zu einem realen Problem auswachsen.

Was aber tun, wenn wir uns in unserer eigenen Maskenschöpfung verloren haben? Was tun, wenn wir uns selbst nicht mehr kennen, weil wir uns so sehr mit unserem künstlichen Bild von uns identifizieren? Und was tun, wenn unsere Intuition nicht so verfeinert ist und wir die „Absicht der Natur" oder den „Willen Gottes" nicht mehr erfassen können? Was tun, wenn wir durch Konditionierungen und Konzepte eingeengt und mit Erfahrungen und Eindrücken so zugeschüttet sind, dass wir nicht mehr erspüren können, was für uns richtig ist? Was tun, wenn wir nicht mehr unterscheiden können: Was sagt uns unser Gewissen oder was flüstern uns unsere un- oder unterbewussten Programme, Konditionierungen oder Dogmen ein? Was also tun, wenn der Lärm in uns so zugenommen hat, dass die Stimme unseres Gewissens nicht oder nur noch verzerrt zu hören ist?

Wenn wir dazu nicht mehr in der Lage sind, so kann es sehr hilfreich sein, den Anleitungen der heiligen Schriften zu folgen. Alle Religionen geben uns Orientierungshilfen. Die *10 Gebote und die Bergpredigt von Jesus* enthalten Verhaltensprinzipien, die uns leiten können. Der *edle achtfache Pfad Buddhas* stellt die Essenz ethischen Verhaltens dar und in der vedischen Tradition sind es beispielsweise die *Manu Smrities*. Die ursprüngliche Bedeutung von ‚Smriti' ist ‚Erinnerung'. Wenn wir uns der Absicht der Natur oder dem Willen Gottes *in uns* erinnern, verhalten wir uns spontan so, wie es in den heiligen Schriften festgehalten ist. Dann brauchen wir die äußeren Gesetze nicht mehr. Der Weg des Erinnerns ist ‚religio‘, die Rückbindung zu unserem ‚inneren Gesetzgeber‘, wie Immanuel Kant es wohl formulieren würde.

Die Botschaft wohl aller Religionen ist:

Wende Dich nach innen und hör auf Dein Gewissen!

Als eine allgemeine Orientierung im täglichen Leben mag dienen:

Tue das, was Dir und anderen Gutes bringt.
Tue nichts, was nicht anderen Gutes bringt, oder etwas,
das Du später bereuen wirst oder dessen Du Dich schämst.

Natürlich können die Orientierungshilfen der Religionen niemals die Verbindung zum eigenen Gewissen ersetzen, denn auch die Gebote der heiligen Schriften kann unser Verstand falsch interpretieren, wie die Geschichte und unsere heutige Gesellschaft zur Genüge beweisen. Verhaltensregeln sind immer nur eine Notlösung. Das lehrt uns das tägliche Leben. Es sind Krücken, die wir eigentlich nicht brauchen, weil alle Wahrheit *in uns* ist.

Wenn wir unserem Gewissen folgen und nicht dem ‚falschen Gewissen‘ aus Konditionierungen, Konzepten und Fremdbestimmungen, dann wissen und kennen wir auch *unsere Aufgabe* in unserem Leben.

Auch eine Rolle, die wir als Gegenreaktion auf bisher falsches Verhalten einnehmen, ist häufig ebenso aus dem Gleichgewicht wie unsere alte Verhaltensweise. Nichtsdestotrotz muss man manchmal erst diesen Gegenpol einnehmen, bevor man zur Synthese und wieder in sein Gleichgewicht kommen kann.

Unsere natürliche Pflicht

Meine Partnerin Sabine hat eine ausgesprochen künstlerische Begabung. Dies ist nicht zu übersehen. In meinen Seminaren versuche ich den Teilnehmern zu vermitteln, dass es von äußerster Wichtigkeit ist, dass wir unsere natürlichen Anlagen und Talente zum Ausdruck bringen und leben können. Das ist die Basis für ein erfolgreiches Berufsleben genauso wie für eine erfüllende Beziehung. Also habe ich bewusst versucht, meine Partnerin darin zu unterstützen, dass sie künstlerisch tätig sein kann. Das war auch richtig und hat sich sehr positiv auf unsere Beziehung ausgewirkt.

Was ich dabei allerdings übersehen habe: Sie hat noch andere Eigenschaften, die gelebt werden wollen und die sie zu ihrem Glücklichsein braucht. Sie möchte etwas mit mir zusammen schaffen. Und dagegen habe ich mich lange gesperrt. Ihre sehr guten kommunikativen und organisatorischen Fähigkeiten habe ich nicht genutzt, was sie wohl richtig dahingehend interpretiert hat, dass ich diese nicht genügend wertschätzte.

Wichtig ist, dass wir auch in einer Partnerschaft in all unseren Facetten ganz uns selbst leben können, dass wir das, was in uns *angelegt* ist, also unsere Anlagen und Talente, zum Ausdruck bringen können. Dazu sind wir auf diesem Planeten angetreten, und wenn wir unsere Mission oder Berufung (Dharma, Lebensplan) nicht erfüllen, wird uns dies keinen inneren Frieden bringen. Aber auch keinen äußeren, weil wir unseren inneren Konflikten im Außen begegnen werden.

**Niemals darf man seine Berufung aufgeben,
auch nicht im Namen der Liebe.**

Wir sind immer schnell dabei zu entscheiden, was für den anderen richtig ist. Schauen Sie in Ihre nächste Umgebung und Sie werden feststellen, dass es die verschiedensten Lebensziele gibt. Manche Menschen werden diese nicht als solche bezeichnen. Sie sagen vielleicht: Das Wichtigste für mich im Leben sind die Kinder. Das ist deren Lebenssinn. Dem werden wiederum andere ganz vehement widersprechen, denn für sie ist es vielleicht der Beruf oder gesellschaftliche Anerkennung, für den Dritten die Partnerschaft, für den anderen wiederum Meditation und Selbstverwirklichung. Sie haben sich vielleicht manchmal gewundert: Wie kann ein Mensch sich ein ganzes Leben damit befassen, ein bestimmtes Elementarteilchen zu finden oder als Archäologe alte Steine aus der Erde zu buddeln ... Aber für den Betreffenden ist es das Wichtigste. Er muss es tun. Er kann gar nicht anders. Es ist sein Lebenssinn. Es ist sein Weg, sich besser kennen zu lernen und seine Anlagen zu befreien. Genau genommen finden Sie so viele Lebenssinne, wie es Menschen gibt. Auch innerhalb eines Berufes gibt es Millionen Möglichkeiten und auch in der Partnerschaft gibt es die verschiedensten Konstellationen und Lernaufgaben. Partnerschaft ist demnach auch nicht für jeden *der* entscheidende Lebensbereich, wiewohl die meisten Menschen sich eine harmonische Partnerschaft wünschen.

Eine Frau, die ihre männlichen Persönlichkeitsanteile nicht entwickelt hat, wird die Entfaltung dieser Eigenschaften in ihrem Lebensplan haben und vermutlich stärker in eine berufliche Karriere oder in eine männerbestimmte Domäne drängen. Es ist ein Ungleichgewicht und das sucht nach Ausgleich. Schauen Sie sich in Ihrem Bekanntenkreis um und Sie werden konkrete Beispiele finden. Die Dame – ich habe gerade eine liebe Person vor meinem geistigen Auge – fällt vermutlich dadurch auf, dass es fast ständig ein Thema für sie ist: Sie kämpft immer gegen die Männer, denen es immer „nur um Macht geht". Man braucht nur den Knopf zu drücken und die Platte bzw. der Film läuft ab. Es ist auch daran zu bemerken, dass meist eine doch recht kriegerische Note dabei ist, und wenn Sie selbst nicht das gleiche Problem haben, können Sie darüber herzlich schmunzeln.

Männern geht es nicht unbedingt besser, denn die patriarchalischen Verhaltensmuster haben sie gezwungen, ihre weiblichen Persönlichkeitsanteile zu unterdrücken. So muss der Mann lernen, seine Gefühle und Emotionen anzunehmen und auszudrücken. Wenn er gezwungenermaßen mit seiner Frau einen Liebesfilm schaut, so gesteht er vermutlich nicht ein, dass auch ihn die Story tief berührt; aufkommende Tränen werden unterdrückt oder mit sarkastischen Bemerkungen über diese ‚Schnulze' kaschiert und abgewehrt. (Ich habe mich hier selbst beschrieben.) Es ist eine Art Selbstschutz oder die Angst, sein Gesicht, das heißt seine „Männlichkeit", zu verlieren. In der Kindheit wäre er von seinen Kumpels als Weichei beschimpft worden, wenn er seine Gefühle gezeigt und nicht permanent den harten Mann gemimt hätte.

Das Leben zeigt alle Spielarten. So finden wir natürlich auch Frauen, die ihre Weiblichkeit ablehnen und deshalb wiederum andere Frauen bekämpfen, welche die weiblichen Eigenschaften sehr stark verkörpern. Sie würden wohl allzu gerne in den Körper eines Mannes schlüpfen, aber sie sind nicht zufällig in einem weiblichen Körper geboren und müssen vielleicht lernen, ihre Weiblichkeit zu akzeptieren. Frauen sind was Wunderbares, wie es in einem Filmtitel hieß, wenn sie sich selbst annehmen. Auch Männer, aber sie werden erst vollständige Männer sein, wenn sie ihre Männlichkeit *und* Weiblichkeit akzeptieren lernen.

Ein guter Teil unserer Beratungen beschäftigt sich damit, herauszufinden, was die persönliche Lebensaufgabe oder das spezifische Entwicklungs- oder Lernfeld eines Menschen ist. Denn: Ein erfüllendes und glückliches Leben ist nur möglich, wenn ein Mensch das lebt, was in ihm in Samenform angelegt ist. Deshalb kann auch eine Ehe oder Partnerschaft nur glücklich und erfüllend sein, wenn sie beiden Partnern erlaubt, ihre Einzigartigkeit zu leben, und wenn sich die Partner gegenseitig in ihrer „Ent-Wicklung" fördern.

Damit haben wir einen weiteren Grundsatz für eine sinnvolle Partnerschaft gefunden:

**Lebe Deine natürliche Aufgabe (Dharma)
und hilf dem Partner, seine natürliche Aufgabe (Dharma)
zu leben!**

oder anders ausgedrückt:

Sei Du selbst und erlaube dem Partner, er selbst zu sein!

Unser Dharma ist unsere ‚innere Persönlichkeitsstruktur'; es ist das, was in uns angelegt ist und ausgedrückt werden will. Wenn wir unser Dharma leben, leben wir uns selbst. Das meint ein „selbstbestimmtes Leben". Deshalb ist es einer der größten Fehler, das eigene Dharma und den eigenen Maßstab zum Maßstab für den anderen zu machen. Dinge sind nicht richtig oder falsch – sie sind für Sie richtig oder falsch!

Es ist eigentlich ganz verständlich: Wenn wir uns selbst nicht leben können, werden wir nicht zufrieden sein – und meinen Sie, dass ein unzufriedener Mensch ein zufriedener Partner sein kann?

**Jede Art von Fremdbestimmung
hält uns ab vom Glücklichsein.**

Hören Sie sich ruhig an, was andere Menschen für Sie als richtig erachten, es kann Ihnen neue Möglichkeiten aufzeigen; aber dann hören Sie einzig auf sich selbst und entscheiden Sie sich für das, was Ihnen die Stimme in Ihrem Inneren sagt. Entscheiden Sie sich für sich! Immer!

Sie dürfen so sein, wie Sie sind!

Stellen Sie sich folgende Fragen:

1. Was ist Ihre Berufung? Was ist Ihnen wichtig im Leben?
   ....
   ....

2. Wie helfen Sie sich gegenseitig, Ihre Berufung zu leben?
   ....
   ....

3. Welche Talente und Anlagen haben Sie?
   ....
   ....

4. Welche Talente und Anlagen hat Ihr Partner? Fördern Sie Ihren Partner darin?
   ....
   ....

5. Welche Eigenschaften / Talente können Sie in Ihrer Partnerschaft entwickeln?

....

....

6. Wo begrenzen Sie Ihren Partner in seiner Entfaltung?

....

....

7. Wo fühlen Sie sich selbst durch die Partnerschaft in Ihrer Entfaltung gehemmt?

....

....

8. Was tun Sie, um Ihre Liebesfähigkeit, Ihre Toleranz und Integrationsfähigkeit zu erhöhen?

....

....

Wenn Sie nicht wissen, was Ihre Lebensaufgabe ist, oder wenn Sie unsicher sind, so können Ihnen die folgenden Punkte ein erster Wegweiser sein.

Wie können Sie Ihr Dharma (Berufung, Lebensaufgabe) finden?

Stellen Sie sich folgende Fragen:

1. Was macht Ihnen Freude?
2. Was sind Ihre Neigungen, Anlagen und Talente?
3. Was sind Ihre Stärken, was sind Ihre Defizite?
4. Was wollen Sie wirklich?
5. Was sind Ihre innersten Wünsche?
6. Machen Sie Ihren Beruf gerne?
   Wenn nicht: Ist es eine grundsätzliche Sache oder sind es nur die Umstände, die sich aber verbessern lassen?

Können Sie Ihr Dharma auch leben?

7. Ist Ihre Aufgabe und Tätigkeit im Einklang mit Ihrem Dharma?
8. Können Sie in Ihrer Firma / Abteilung das tun, was Sie am besten können?
9. Können Sie Ihre Aufgabe so tun, wie Sie es am besten können?

Sie sind Ihr eigener Maßstab.

Wenn Sie mit sich in Einklang sind, dann wissen Sie, was für Sie richtig ist. Keiner kann dies für Sie besser entscheiden! Der Maßstab ist in Ihnen.

Sie allein sind für sich verantwortlich. Wenn Sie Ihr Leben nach dem *eigenen Maß* leben, kann es nur erfolgreich und erfüllend sein.

Stellen Sie die Fragen nach Ihrer Lebensaufgabe. Hören Sie in sich hinein und Sie werden eine Antwort erhalten.

Wenn Sie die Technik beherrschen, dann können Sie auch Ihre multidimensionale Körperintelligenz mittels des kinesiologischen Test-Verfahrens fragen, das Sie unter professioneller Anleitung erlernen sollten. Es ist eine geniale Methode, die jedem Menschen zur Verfügung steht, die aber nur von wenigen genützt wird. Die Methode hat den Vorteil, dass sie unser „Gefühl" bei der Bestimmung der eigenen natürlichen Aufgabe „objektivieren" kann. Denn üblicherweise flüstern uns unsere Konditionierungen, Erfahrungen und falschen Konzepte ein, was für uns richtig ist, was uns – wie schon erwähnt – aber völlig von unserem Lebensplan entfernen kann.

Jedes Lebensziel muss zu uns passen, und wenn man etwas erreichen will, was nicht für uns angemessen ist, so schafft dies Stress, Unglücklichsein, Probleme und Krankheit.

KAPITEL 2

Gefangen in der Falle der Projektion

Du bist Dein Schicksal

„Schicksal und Gemüt sind Namen eines Begriffs.“ Diesen Satz, den **Hermann Hesse** von dem Dichter **Novalis** übernommen hat, finden wir schon bei **Heraklit**, wenn er sagt: *„Charakter ist Schicksal“*.

<><><><><><><><><><><><><><><><><><><><><><><><><><><><><><><><><><><><><><><><><><><>

**Unserer inneren psychischen Struktur
begegnen wir im Außen.**

<><><><><><><><><><><><><><><><><><><><><><><><><><><><><><><><><><><><><><><><><><><>

Jeder schafft sich unbewusst die Umwelt, Probleme und Situationen oder auch Sachzwänge, die ihm entsprechen. Das Innere ist nach außen gekehrt. Das Außen ist nur ein Printout der inneren Situation. Das gilt auch für unseren Partner. Wir ziehen einen Partner an, der unserer inneren Situation entspricht.

Deshalb gilt der Satz:

<><><><><><><><><><><><><><><><><><><><><><><><><><><><><><><><><><><><><><><><><><><>

Ich bin mein Schicksal.

Oder wir könnten auch sagen:

Du bist mein Schicksal.

<><><><><><><><><><><><><><><><><><><><><><><><><><><><><><><><><><><><><><><><><><><>

Schicksal ist ‚geschicktes Heil‘, denn es kann uns wieder heil und ganz machen. Sie können also zu Recht auch Ihrem Partner sagen: „Du bist mein Schicksal.“ Schicksal ist nicht etwas, das mich zufällig trifft, denn es gibt keine

Zufälle in diesem Universum. **Albert Einstein** hat einmal gesagt: *„Zufall ist nur der Ausdruck unserer Unfähigkeit, den Dingen auf den Grund zu kommen."* Zufall ist das, was mir zufällt. Zufall ist das, was ich mir selbst geschaffen oder was ich mir verdient habe. Zufall ist der Ausdruck meiner Handlungen, sprich: meines eigenen Karmas (Karma = Handlung).

Damit können wir zwei Thesen aufstellen:

> 1. Das Leben, das Sie leben, entspricht Ihrer inneren Struktur, und
> 2. der Partner, dem Sie im Leben begegnen, entspricht Ihrer inneren Struktur.

Im Partner begegnen Ihnen eigene Persönlichkeitsanteile. So wie dies etwa in dem Roman ‚Parzifal' des Wolfram von Eschenbach erzählt wird. Alle Menschen, mit denen Parzifal zu tun hat, sind Personifizierungen eigener Persönlichkeitsanteile. Mit diesen Persönlichkeitsanteilen seiner selbst muss er sich herumschlagen, auseinandersetzen und sie schließlich erlösen, indem er sie integriert bzw. besiegt.

Unser Leben ist auch so ein Roman und alle Personen und Ereignisse in unserem Roman sind eine Projektion unserer eigenen inneren Struktur. So gesehen schlagen wir uns immer mit uns selbst herum. Schon verrückt, oder?

Vor unserem Schicksal brauchen wir auch keine Angst zu haben, denn es kann uns nur bewusstmachen und mit dem konfrontieren, was in uns steckt. Das Wort ‚Schicksal' setzt sich zusammen aus den Teilen ‚schicken' und ‚salus' und bedeutet ‚geschicktes Heil'. Unser Schicksal kann uns wieder ganz machen, indem die verdrängten, ungeliebten oder verzauberten Eigenschaften in uns bewusstgemacht und dadurch befreit werden. Nur auf diese Weise kann man alte Verhaltensmuster auflösen. Unser Schicksal bringt uns gemäß unserem inneren Skript genau in die Situationen und Verhältnisse, die uns die Möglichkeit eröffnen, wieder ganz zu werden. Es ist sozusagen die perfekt passende Kulisse, um uns zu entwickeln und erwachsen zu machen.

Hat ein Mensch eine Durchsetzungsschwäche, so muss er lernen, sich besser einzubringen, zu behaupten und durchzusetzen; deshalb wird er vermutlich einen Partner anziehen, der ihn bevormundet und für ihn die Initiative ergreift, und er wird immer wieder Situationen anziehen, die ihn mit seiner Durchsetzungsschwäche konfrontieren. Ob er dabei unter fremder Aggression zu leiden hat oder selbst zum Aggressor wird, sind lediglich zwei Spielarten desselben Ungleichgewichtes. Die Konfrontation wird so lange schmerzlich sein, bis er diesen Mangel erkennt und lernt, sich durchzusetzen. Der eigentliche Prozess dabei ist, diese ‚aggressive' Energie in sich zu erkennen und *in seiner konstruktiven Form zu leben.* Dafür gibt uns die Natur regelmäßig ‚Feedbacks', und wenn wir darauf nicht hören, erfahren wir diese Feedbacks als „Schicksalsschläge". Krisen erleben wir immer dann, wenn wir die anstehenden Veränderungen oder Entwicklungsschritte nicht gegangen sind. Sabine hat in einer Lebenssituation, in der es nicht mehr weiterzugehen schien, dies ganz konkret körperlich erfahren. Dies äußerte sich als Schmerzen in den Beinen, als Atembeschwerden oder auch als Angst beim Auto- oder Bahnfahren. Die Fortbewegung war gehemmt. Sie fühlte sich wie lahmgelegt.

Anregung:

Hören Sie auf das ‚Feedback' der Natur.

Hören Sie hin, was Ihnen Ihr Schicksal sagen will,
welche Botschaften es Ihnen senden möchte!

In der eigenen Falle

Jeder Mensch lebt in seinem eigenen Universum. Jeder hat seine eigene Brille auf und sieht dementsprechend *seine* Wahrheit und *seine* Wirklichkeit.

Bei gleicher Umgebung
lebt doch jeder in seinem Universum.

ARTHUR SCHOPENHAUER

Das, was wir als Wahrnehmung bezeichnen, ist eine *Interpretation* entsprechend

47

unserer Brille. Ich sehe den Partner nur durch meine Brille, die aus der Summe meiner Erfahrungen und Konditionierungen, sei es durch das Elternhaus, die Schule oder Umgebung, definiert wird. Das, was wir als Sozialisation bezeichnen, ist in der Regel ein brutaler Prozess der Konditionierung. Brutal deshalb, weil hier meist der Same der Selbstentfremdung gesät wird. Gleichsam mit der Muttermilch saugen wir all die Programme, Konditionierungen und Wertmaßstäbe auf, die dann in der Regel zu einem angepassten und nichtauthentischen Verhalten führen.

Tatsachen sind eben nicht objektiv, sondern subjektive Interpretationen entsprechend der Färbung unserer Brille. Lassen Sie einmal eine Person von zehn verschiedenen Betrachtern beschreiben und sie werden zehn verschiedene Porträts erhalten.

> *Denn jeder hört, was er hören will, und sieht, was er sehen will;*
> *denn jeder hört und sieht nach seinen festgelegten Programmen.*
> *Und diese Programme müssen fallen.*
> *Wer das Dasein kennen lernen will,*
> *muss alle festgefahrenen Einstellungen aufgeben.*
> *Deine Augen sollten nur Fenster sein, keine Projektoren.*
> *Deine Ohren sollten nur Türen sein, keine Projektoren.*
>
> **TILOPA**

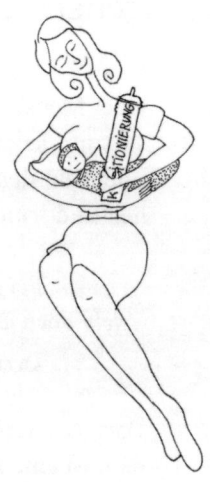

Unsere Wahrnehmung ist selektiv, das heißt, wir nehmen nur wahr und halten für wahr, was in unser Bild passt, das wir vom anderen haben. Auf diese Weise werden Vorurteile permanent verstärkt, denn entsprechend dem Prinzip der ‚selffulfilling prophecy' werden häufig unsere Erwartungen erfüllt bzw. so interpretiert, dass sie zu unserem Vorurteil passen.

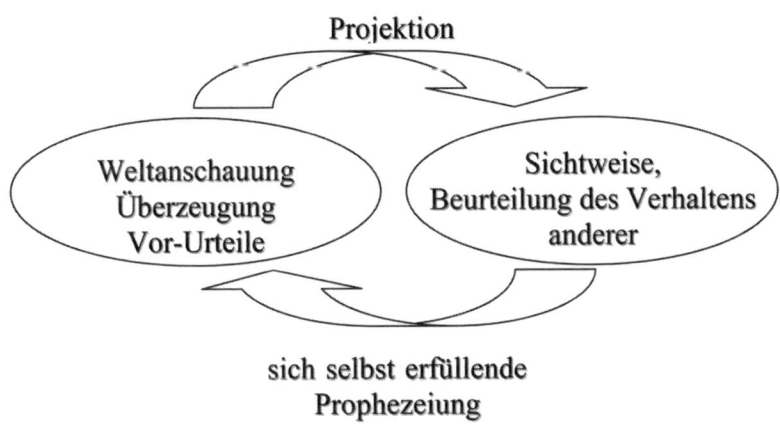

In der Phase des Verliebtseins nehmen wir nur wahr, was unser Bild, das wir uns vom anderen machen wollen, unterstützt. Bis dann die Ent-täuschung kommt und unser Kartenhaus aus Traum und Einbildung zusammenstürzt. Dann geben wir auch noch dem anderen die Schuld, dass er nicht so ist, wie wir ihn gesehen haben oder sehen wollten. Das aber ist allein unsere Schuld, nicht seine! Wir haben unsere Wunschvorstellung auf den anderen projiziert und alles, was der andere gedacht, gesagt und getan hat, so interpretiert, dass es unsere eigene Sichtweise bestätigte. Man kann das einfach auch *Selbstbetrug* nennen. Verantwortlich aber machen wir den anderen. Schon hier wird ersichtlich, dass eine erwachsene Partnerschaft nur möglich ist, wenn wir Verantwortung übernehmen. Die Welt ist, wie wir sie sehen. Und unser Partner ist für uns, wie *wir* ihn sehen.

Was ich über meinen Partner denke und wie ich ihn sehe, sagt mehr über mich als über ihn!

Vor kurzem hat mir eine Dame das Cover der Zeitschrift BUNTE gezeigt und auf den Prinzen Ernst August von Hannover gedeutet mit den Worten: *„Den hasse ich wie die Pest!"* Damit ich es auch wirklich mitbekomme, hat sie es dreimal wiederholt. Ich hatte gerade keine Lust, darauf zu reagieren, mir aber im Stillen gedacht: *„Wenn Du wüsstest!"* Mein eigenes Problem sehe ich überall.

Bevor Sie weiterlesen, schreiben Sie bitte auf:

Was stört Sie an anderen Menschen so stark, dass Sie aus dem Gleichgewicht kommen? (Was bringt Sie so richtig auf die Palme)?
....
....

Was stört Sie an Ihrem Partner?
....
....

Oft bin ich amüsiert, wenn ich höre, wie Menschen ihre ungeliebten Seiten in der Öffentlichkeit ausbreiten. Was ich nämlich an anderen hasse, ist genau das, was ich an mir nicht ausstehen kann und an mir – meist unbewusst – ablehne. Sie brauchen nur hinzuhören, wenn eine Person den Satz beginnt: *„Ich bin ja sehr tolerant, aber wenn ich etwas hasse, dann ist es ...."*, und Sie wissen, er wird gleich von seinen ungeliebten Schattenseiten erzählen. Ein unbewusstes Outing! Was mich z.B. an meinem Partner stört, ist *meine Entwicklungschance*, und was ihn an mir so arg stört, ist *seine Entwicklungschance*. Allein diesen Gedanken zu verstehen und zu akzeptieren wird Ihr Leben und Ihre Partnerschaft grundlegend verändern.

- Was stört Sie an Ihrem Partner ganz besonders stark?
  (= Ihre Entwicklungschance)
- Was stört den Partner ganz besonders stark an Ihnen?
  (= seine Entwicklungschance)

Eine vielleicht bekannte Situation. Ihr Kollege nörgelt wutschnaubend über einen anderen Kollegen: *„Schau ihn wieder an, wie er sich wieder beim Chef einschleimt"*, während Sie die gleiche Situation eher zum Schmunzeln finden.

- Was ist der Grund für die verschiedene Reaktion auf den gleichen Sachverhalt?
- Was regt uns so gewaltig auf bzw. wann können wir über andere schmunzeln?

Die Antwort: Wenn wir selbst im Innern nicht betroffen sind, wenn wir nicht mit einer eigenen Schwäche konfrontiert werden, dann können wir darüber lächeln!

Nun seien Sie einmal ehrlich zu sich selbst. Was ist es denn, was Sie an Ihrem Partner so aufregt, dass es Sie auch nach Jahren immer noch aus dem Gleichgewicht bringt? Oder was ist es, was Sie an Ihren Kollegen oder an Ihrem Chef so absolut nicht ausstehen können?

Nehmen Sie sich ruhig einmal Zeit, darüber nachzudenken, und schreiben Sie die Punkte ehrlich nieder.

Was ist es?

Ist es seine Pedanterie oder seine Oberflächlichkeit, seine Unordentlichkeit, seine Unorganisiertheit oder Unpünktlichkeit, oder mögen Sie nicht, dass er zu direkt ist oder umgekehrt immer um den heißen Brei herumredet und nie direkt die Wahrheit ausspricht, dass er es immer allen recht machen möchte oder dass er sogar gerne schleimt, dass er Auseinandersetzungen immer aus dem Weg geht oder sie immer wieder heraufbeschwört ...

Hier noch einmal die Fragen: Was können Sie absolut an Ihrem Partner nicht ausstehen? Womit werden Sie immer wieder konfrontiert? Welche Situationen müssen Sie immer wieder erfahren?

....

....

....

Irgendetwas haben Sie sicher entdeckt, was Sie an Ihrem Partner oder an anderen absolut nicht ausstehen können. Und genau das ist es, was Sie in sich tragen und an sich nicht mögen! Es ist das, was Sie noch nicht transformiert und noch nicht integriert haben.

Das, was wir an uns nicht lieben, stört uns an anderen.

Wenn jemand ehrgeizig ist, so regt in nichts mehr auf als der Ehrgeiz anderer. Warum? Weil es ihn betrifft. Würde es ihn nicht betreffen, dann würde er es zwar auch wahrnehmen und nicht blind gegenüber einem derartigen Verhalten sein, aber er würde es großzügig übergehen können. Er würde darüber schmunzeln. Das aber, was er in sich hat, wird er an anderen – oft bis aufs Messer – bekämpfen. Hier beginnt der Krieg ...

„Jetzt verstehe ich das", äußerte sich eine Seminarteilnehmerin, „jetzt weiß ich, warum ich immer Schwierigkeiten mit meiner Mutter habe. Es sind genau die Dinge, die mich an ihr aufregen, bei denen ich ihr sehr stark ähnle."

Hier ist eine der Hauptursachen für Beziehungsprobleme; hier ist eine der Hauptursachen für Kommunikationsprobleme. Das Fatale an der Sache ist: Da der andere ja auch tatsächlich diese Eigenschaft zeigt, wird mein Verhalten (also meine eigene Interpretation) scheinbar bestätigt und gerechtfertigt. Wir sitzen in der *Falle unserer eigenen Projektionen.*

Die äußere Welt wird immer durch den Filter unserer
subjektiven Wahrnehmungsmuster gesehen,
die durch die kulturelle und soziale Konditionierung unseres
Wahrnehmungsapparates und der biologischen Programmierung
unserer Gehirnstrukturen bestimmt wird.

HUMBERTO ROMESÍN MATURANA

Nun geht die Story aber noch weiter. Oft ist oder verhält sich der andere gar nicht so, wie wir es sehen, sondern wir interpretieren es nur so. Wir begegnen nur unserer eigenen INTERPRETATION und beginnen einen völlig unsinnigen Kampf, denn der Feind sitzt nicht außen, sondern im Innern, wie **C.G. Jung** erkannt hat! Das, was wir an uns nicht mögen, wird zunächst verdrängt und dann nach außen projiziert und dort bekämpft.

Den Dingen, mit denen wir uns nicht in uns auseinandersetzen,
begegnen wir als unserem Schicksal.

CARL GUSTAV JUNG

Es ist ein ganz zentraler Gedanke dieses Buches, denn wenn wir nicht bereit sind, hier hinzuschauen, werden wir immer weiter projizieren und immer und immer wieder Schuldzuweisungen machen!

Was können wir in dieser Situation tun, denn wir befinden uns alle in diesem Boot der Interpretation und Projektion.

1. Wir nehmen eine Einstellung ein:

Es gibt keine Feinde, sondern nur Sparringspartner.

Der beste Spiegel und Sparringspartner ist natürlich unser Partner, weil wir uns ihm am ehesten so zeigen, wie wir sind. Und so zeigt er uns schonungslos, wo unsere Schwächen sind. Vorausgesetzt, wir sind bereit, ihn als Spiegel zu sehen und nicht als Punching Ball. Der Partner ist also eine wunderbare Hilfe zur Selbsterkenntnis und wir sollten ihm dankbar sein, dass er sich dafür zur Verfügung stellt.

Die Realität sieht allerdings meistens anders aus. Leider auch bei mir. Da ich mich mit diesem Prinzip seit vielen Jahren beschäftige, hat mir das, was mich immer an meiner Partnerin aufregt, sehr viel über mich selbst gesagt. Immer besser kann ich diese Situationen erkennen und in guten Augenblicken sogar darüber schmunzeln, wenn ich mich dabei erwische, wie ich gerade an meiner Partnerin bekämpfe, was ich an mir oder in mir nicht akzeptiere. Der Unterschied zu früher ist auf jeden Fall: Früher tat ich es unbewusst (jetzt bewusst – hätte ich beinahe gesagt), aber es muss lauten: Jetzt wird mir der Vorgang bewusst. Und das ist, meine ich, ein großer Fortschritt und lässt viele große Partnerschaftsprobleme kleiner werden oder im besten Fall sogar wie Schnee in der Sonne schmelzen.

2. Wir folgen der Erkenntnis, wie **Seneca** sie einmal geäußert hat:

Wer sich vor den Spiegel stellt, der hat sich schon geändert.

Wer bewusst den Mechanismus der Projektion bei sich anschaut, dem wird es nicht mehr so leicht fallen, immer auf den anderen zu projizieren und seine eigenen Schwächen am anderen zu bekämpfen. Mit der Projektion und den damit verbundenen Schuldzuweisungen beginnen fast alle Partnerschaftsprobleme. Hier haben sie ihren Ursprung und nur hier können sie in einem Prozess der Selbsterkenntnis aufgelöst werden.

3. Grundsatz:

Wenn jemand etwas tut, das Dich wirklich aufregt, dann überprüfe,
ob Du Dich nicht genauso gegenüber anderen verhältst
oder auch Dir selbst gegenüber.

Wir könnten einen Liebesantrag auch so formulieren: *„Willst Du bitte mein Spiegel sein?"* Vielleicht nicht die romantischste Art, aber sehr real.

Anregung:

- Schreiben Sie auf, was Ihr Spiegel (= Ihr Partner) Ihnen über Sie miteilt.
- Nutzen Sie die Gelegenheit, alles das, was unausgesprochen in der Luft liegt und Sie nicht frei atmen lässt, mit Ihrem Partner zu besprechen und zu klären.
- Söhnen Sie sich auf diese Weise mit Ihrem inneren Partner aus.
- Damit eine positive Veränderung geschehen kann, müssen Sie Ihre alten Strukturen und Konditionierungen fallen lassen. Die alten Schubladen mit den einschränkenden Glaubenssätzen passen nicht mehr.
- Sprengen Sie Ihre Grenzen und geben Sie Ihr kleinliches und kleinkariertes Denken auf.
- Nehmen Sie Veränderungen an. Lernen Sie sich selbst zu lieben und die Geschenke anzunehmen, die durch Ihren Partner kommen.

Spieglein, Spieglein

Sie kennen in Ihrer Umgebung sicher Menschen, die immer und immer wieder enttäuscht werden. Sie haben eine besondere Gabe, ihre Zuneigung immer an Partner oder Menschen zu richten, von denen nichts zurückkommt oder von denen sie sogar ausgenutzt werden.

Falls Sie sich hier selbst wiedererkennen sollten, gilt auch hier: Die Partner oder Menschen, die Sie anziehen, entsprechen den eigenen inneren Strukturen. Es mag sein, dass Sie diese Menschen anziehen, um der eigenen Angst vor Nähe und Geliebtwerden auszuweichen. Es ist ein Akt der *Selbstsabotage*.

Wenn Sie dieses Muster erkennen und nicht die Schuld auf den Partner projizieren, bekommen Sie eine neue Möglichkeit geboten. Er wird Ihre *Entwicklungschance*.

Es kann auch sein, dass Sie sich von Ihrem alten Verhaltensmuster trennen müssen und dies auch eine Trennung von Ihrem gegenwärtigen Partner bedeutet. Aber vergessen Sie nicht: Der andere ist nicht für das eigene Verhalten verantwortlich. Er ist nur ein unschuldiger Spiegel.

Es ist ein wichtiges Gesetz, welches eine Partnerschaft nicht immer einfach macht:

Wir begegnen immer nur uns selbst!

Jeder Mensch kann uns als Spiegel dienen,
in dem wir alle Fehler und Mängel
erblicken, die in uns sind.
Wir handeln jedoch meistens wie ein Hund,
der den Spiegel anbellt, weil er glaubt,
dort nicht sich, sondern einen anderen Hund
zu erblicken.

LEO TOLSTOI

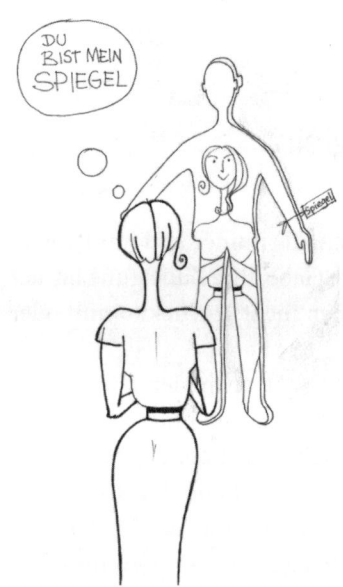

Der Psychologe **C.G.Jung** nannte unsere ungeliebte Seite den eigenen „Schatten", mit dem wir natürlich ganz besonders in unserer Partnerschaft konfrontiert werden. Alles, was wir in uns nicht akzeptieren und lieben, wird uns unweigerlich im Außen begegnen.

Innen ist außen. Wenn wir im Leben immer zu kämpfen haben, so findet dieser Kampf letztlich in uns selber statt.

Müsset im Naturbetrachten
Immer eins wie alles achten.
Nichts ist drinnen, nichts ist außen,
Denn was innen, das ist außen.

J. W. von Goethe

Bekämpfe ich meine ungeliebten Eigenschaften in anderen, kämpfe ich letztlich den Kampf des Don Quichote gegen Windmühlen. Denn der Feind sitzt nie außen, sondern immer im Innern und muss auch dort zum Freund gemacht werden. Deshalb sollten wir auch darauf achten, was unsere Feinde uns zu sagen haben!

„Ehre Deine Feinde, denn sie reinigen Dich,
indem sie Dir Deine Fehler vorhalten."

Brahmananda Saraswati

Kampf oder Liebe, das ist die Frage und unsere Wahl. Wenn wir am Partner bekämpfen, was wir an uns nicht mögen, wird unsere Partnerschaft auch außen zu einem Schlachtfeld, und wenn wir anfangen, unsere ungeliebten Schatten anzuerkennen und zu lieben, dann kann es ein Feld der Freude und des harmonischen Wachstums werden.

Wenn Sie an Ihrem Partner bemängeln, dass er zu wenig Humor besitzt, dann achten Sie einmal darauf, ob Sie nicht selbst auf ironische oder lustig gemeinte Bemerkungen oder Scherze des Partners zu ernst reagieren, sie vielleicht gar nicht als solche erkennen oder sogar schnell als Angriffe interpretieren. Vielleicht hat ihn Ihre Reaktion dazu gebracht, vorsichtiger zu sein oder sie vielleicht ganz zu lassen.

Aufgabe:

Überlegen Sie, wogegen Sie immer zu kämpfen haben!

Setzen Sie sich mit den Schattenbereichen auseinander, die Sie bisher verdrängt haben!

Machen Sie sich auch einmal klar, dass das, was in Ihnen angelegt ist, keinen Kampf nötig hat, um an die Oberfläche zu kommen.

Im Partner finden wir unser eigenes Spiegelbild und wir sollten ihm dankbar sein, dass er sich dafür zur Verfügung stellt. Dies gilt natürlich auch für den Geschäftspartner, den Kunden oder die Kollegen. Aber im ganz besonderen Maße in der Partnerschaft zwischen Mann und Frau.

Wer die Gesetze des Lebens durchschaut, für den wird es schwieriger, zu projizieren. Die scheinbar fremden und ungeliebten, manchmal sogar gehassten Eigenschaften werden als die eigenen, latent vorhandenen Charakteranteile erkannt. Geschieht das, so muss ich sie nicht mehr im Partner bekämpfen und sie werden nach und nach aus meinem Leben verschwinden.

Wenn Sie gerade diesbezüglich Probleme haben, so versuchen Sie es doch einmal mit einer Einstellung, die dankbar dafür ist, dass sich der andere als Ihr Spiegel anbietet – als liebender, großzügiger Spiegel. Und wenn Sie der Spiegel wieder und wieder mit bestimmten Ereignissen und Eigenschaften konfrontiert, sollten Sie sich vielleicht wieder einmal fragen, ob dies nicht etwas mit Ihnen selbst zu tun hat! Die eintretende Selbsterkenntnis kann viele Kommunikations- und Partnerschaftsprobleme in Luft auflösen. Das gilt wiederum genau so für die Beziehungen in einem Unternehmen, von Chef zu Mitarbeiter, von Mitarbeiter zu Chef und unter Kollegen oder auch zu den Kunden.

Wir könnten den Gedanken weiterspinnen und sagen: Wer eine Eigenschaft an seinem Partner oder an einem anderen Menschen nicht ausstehen kann, liebt sich nicht wirklich. Er bekämpft im Außen die Eigenschaft, die er im Innern hat, die er an sich ablehnt oder in sich nicht akzeptiert. Nur wenn wir bereit sind, unsere eigenen Schattenseiten zu konfrontieren, kann die Aufforderung *„Liebe deinen Nächsten wie dich selbst"* Wirklichkeit werden.

Möglicherweise hilft Ihnen dabei die Einschätzung:

**Es ist eine der edelsten Eigenschaften eines Menschen,
seine eigenen Schwächen zu konfrontieren.**

Vielleicht haben Sie den Krieg zwischen Alice Schwarzer und Verona Pooth im Fernsehen mitverfolgt. Meine spontane Reaktion war: Die könnten beide sehr viel voneinander lernen, wenn sie dazu bereit wären.

Das Zeichen dafür, dass wir unsere Lernaufgabe integriert haben, ist Toleranz. Echte Toleranz ist nur ein anderes Wort für Liebe. Das heißt nicht, dass wir alles blind akzeptieren müssen, dass wir uns nicht abgrenzen und selbst positionieren können und müssen. Ganz im Gegenteil! Aber das Kämpferische und Aggressive wird verschwinden, und wir könnten sehr gut eine Welt mit weniger Aggression gebrauchen. Das, was wir aggressiv bekämpfen, haben wir ganz sicher nicht integriert. Die meisten Menschen wollen gleich die ganze Welt verbessern; sie sollten sich zu Herzen nehmen: Einen Teil der Welt können sie auf jeden Fall verändern: sich selbst!

Nur in Augenblicken, in denen wir ganz wir selbst sind, oder sagen wir, in denen wir ganz *bei uns selbst* sind, werden wir nicht kämpfen, denn unser Selbst ist die Ebene, die alles akzeptieren kann. Unser Selbst schließt nichts aus, lehnt nichts ab, bekämpft nichts. Es integriert alle Eigenschaften, alle Gegensätze. Es ist der Zustand von Yoga, von Einheit. Es ist Liebe.

Es ist eine Voraussetzung für eine fruchtbare Partnerschaft, dass jedem Partner diese Zusammenhänge bewusst sind. Dann ist es trotzdem immer noch nicht ganz einfach, diese Erkenntnis in der Praxis umzusetzen; davon könnte ich selbst ein Lied mit vielen Strophen singen. Das braucht viel, viel Übung und vor allem Wachheit und eine gute Portion Selbstbewusstsein. Und – so hat Sabine meinen Text beim Korrekturlesen ergänzt – natürlich eine liebevolle, offene und vertrauensvolle Kommunikation.

Wer bereit ist, in den Spiegel zu schauen, hat eine der wichtigsten Lebenslektionen und Voraussetzungen für eine erwachsene Partnerschaft gelernt!

Wer sich selbst nicht liebt, wird andere nicht lieben und inspirieren können. Wer sich selbst nicht liebt, projiziert die ungeliebten Eigenschaften auf andere und bekämpft sie dort. Wer liebt, kann integrieren und andere Denk- und Verhaltensweisen tolerieren. Wer liebt, ist fähig, den anderen in seinem Anderssein zu akzeptieren und in seiner Entwicklung zu fördern.

Wer sich selbst gestattet, sich selbst zu leben, wird auch dem Partner gestatten, sich selbst zu leben.

Praktischer Tipp:

Wenn Ihr Partner Ihnen seine Meinung über Sie sagt, dann sollten Sie hellhörig sein und genau analysieren, ob etwas davon wahr sein könnte. Wenn ja – dann verpflichten Sie sich zur Veränderung.

Versuchen Sie es doch einmal mit der Einstellung: Es ist schön, einen Spiegel zu haben und der Spiegel für einen anderen sein zu dürfen. Sind Sie dankbar dafür, dass ein guter Freund Sie in Ihrer Entwicklung unterstützt, dass er Ihr Weggefährte sein will.

Helfen Sie ihm, sein Lebensziel zu erreichen. Das ist die Gewähr für eine erfüllende Partnerschaft – privat wie beruflich.

Fragen Sie sich auch:

Wo gestatten Sie sich nicht, sich selbst zu leben? Das ist der Bereich, in dem Sie vermutlich auch Ihren Partner einschränken.

Re-Inszenierung der Vergangenheit

Wenn Eindrücke und Erfahrungen von unserer Körperintelligenz nicht vollständig verarbeitet und integriert werden, werden sie ins Unterbewusstsein abgeschoben und lauern dort auf ihre Verarbeitung. Das bewirkt, dass unsere Präsenz sehr stark eingeschränkt wird, weil unser Energie-Emotion-Geist-Körpersystem ständig damit beschäftigt ist, die Eindrücke der Vergangenheit aufzuarbeiten. Diese unverarbeiteten Eindrücke und Erfahrungen wirken wie *Affinitätsmuster*, die dieselben Erfahrungen der Vergangenheit immer wieder reinszenieren.

Als wir diesen Zusammenhang in einem Seminar diskutierten, bemerkte eine junge Dame: *„Aha, jetzt wird mir einiges klar!"* Worauf ich nachhakte und fragte: *„Was wird Ihnen klar?"* Ihre Antwort war kurz und bündig: *„Mein neuer Freund verhält sich schon genau wieder wie der alte."*

Es sind vor allem unsere „unerlösten" Emotionen, unsere meist unbewussten Ängste und Aggressionen, unsere Empfindungen von Einsamkeit und Verlassensein, unsere Verletzungen durch Zurückweisung oder durch einen Mangel an Anerkennung, die unsere Erfahrungen und die entsprechenden Personen und Umstände anziehen. Wir senden diese Energieschwingungen in die Umgebung aus und ziehen genau diese Situationen an, die wir eigentlich zu vermeiden suchen. Wir werden genau mit den Menschen und Umständen konfrontiert, die unsere innere Struktur widerspiegeln; wir begegnen all den Dingen, die wir loswerden wollen oder wovor wir Angst haben.

Interessant ist das Beispiel einer Frau, die immer wieder ihre Männer verließ. Sie war nur scheinbar der aktive Teil, denn die Ursache für ihr Weglaufen war die Angst, verlassen zu werden. Sie war in der Kindheit „verschickt" und dabei von ihren Eltern getrennt worden und dieses Verlassenwerden hatte ein starkes Trauma geprägt. Sie wollte niemals mehr verlassen werden.

Sind wir nicht in der Lage, diese *Affinitätsmuster* aufzulösen, sind wir auch nicht in der Lage, im Augenblick präsent zu sein. Abgesehen davon, dass wir diese Muster immer wieder auf den anderen projizieren.

Um diese alten, abgespeicherten Muster loszuwerden, sucht unsere Persönlichkeit geeignete Erlebnisse, Situationen und Lebensumstände, um den Auflösungsprozess in Gang zu setzen. Nach diesem Muster wird klar, warum man auch sagen kann: „Das Opfer sucht den Täter".

Es besteht geradezu ein Wiederholungszwang, der natürlich unbewusst ist. Den Partner wählen wir häufig unbewusst so aus, dass er uns die Möglichkeit geben soll, Kindheitssituationen wieder herzustellen, um sie zu heilen. Es sind die unerfüllten oder verletzten Gefühle oder Emotionen aus den Kindheitstagen, die diese Situationen reproduzieren. Deshalb entspricht der Partner oder andere Beziehungen, die wir suchen, häufig einem Elternteil oder hat zumindest einige unreife Aspekte von ihnen. Haben wir das Gefühl, in der Kindheit zu wenig Liebe bekommen zu haben, wollen wir jetzt den Partner (Elternersatz) „zwingen", sie uns zu geben. Was natürlich nicht funktionieren kann, weil man Liebe auf diese Weise nicht bekommen kann. Solange wir wie ein Kind geliebt werden wollen und nach Liebe schreien, werden wir sie nicht bekommen.

Wichtig ist vor allem, sich dieses Zusammenhanges bewusstzuwerden, um dann die Situation und die damit verbundenen Gefühle *bewusst* zu konfrontieren und die Vergangenheit mit ihren Verletzungen loszulassen und z.B. den Eltern zu verzeihen. Das ist die Art und Weise, wie negative Energien in positive verwandelt werden und wie die „Verzauberung" aufgelöst werden kann.

Es ist aber wichtig zu fragen:

Was hat mich als Kind verletzt?

Um herauszufinden, was mich in der Vergangenheit verletzt hat, brauchen wir nur in die Gegenwart zu schauen, denn es sind genau die Probleme und Ängste, denen wir auch jetzt begegnen. Das Schicksal hat die Eigenschaft, sich immer wieder zu verkleiden. Manchmal auch als Zufall. Aber wenn wir die Situationen entkleiden und auf das Wesentliche reduzieren, werden wir unserem Problem begegnen, das sich in seiner Tiefe oft als ein *Mangel an Geliebtsein* entpuppt.

Um das Problem aufzulösen, ist es wichtig, die damit verbundenen Gefühle und Emotionen zuzulassen, auch Schmerz, Ärger oder Angst. Denn gerade diese unangenehmen Emotionen haben die jetzige problematische Situation in der Beziehung geschaffen.

Warum ist es eigentlich so schwierig, die Vergangenheit loszulassen? Der Grund ist: Wir definieren uns fast ausschließlich über die Vergangenheit. Deshalb haben wir Angst, die Vergangenheit loszulassen. Es ist fast wie ein bisschen Sterben.

Was mich an Dir anzieht

Hatte eine Frau in ihrer Kindheit einen sehr dominanten Vater, so mag sie einen ebensolchen Partner suchen. Das, was sie mit ihrem Vater nicht gelernt hat, bekommt sie jetzt als Lernaufgabe in der Gestalt des Partners präsentiert. Unbewusst hat sie sich gerade diesen Partner ausgesucht. Und umgekehrt hat der männliche Macho auch gerade diese abhängige, anlehnungsbedürftige oder unterwürfige Frau gesucht. Es ist das *Gesetz der Anziehung*.

Wir ziehen einen Partner an, der unserer inneren geistig-seelischen Struktur entspricht.

– O————————————O————————————O +
Minuspol   Gleichgewicht   Pluspol

Beispiel:
Unterwürfige Frau   Gesundes Selbstbewusstsein   Macho, Pascha

Er hat natürlich auch eine Lernaufgabe in dieser Beziehung, denn er hat, was auf den ersten Blick so gar nicht sichtbar wird, dasselbe Problem wie seine Partnerin: mangelndes Selbstbewusstsein. Die Frau lebt es als Defizit und der Mann in der Kompensation. Beide haben aber, das sei ausdrücklich betont, das gleiche Problem und beide Personen brauchen sich für ihre Entwicklung. Die Frau spielt in diesem Fall die Rolle des Opfers, der Mann die des Täters. Und gewöhnlich sagen wir: Der Täter sucht das Opfer. Wir können aber mit demselben Recht feststellen: Das Opfer sucht den Täter. Sie ziehen sich nämlich gegenseitig an.

Wiederholung der Kindheitssituation; unterlegen; reagiert frustriert,	Gegenreaktion auf frühkindliche Ereignisse; Wiederholungszwang
Kein eigener Lebensweg	Überbetonung der persönlichen Eigenheit oder Überanpassung an Konvention

Jeder Mensch sucht in jedem Augenblick seinen Gleichgewichtszustand. Um seinen Gleichgewichtszustand oder seine psycho-physiologische Homöostase herzustellen, werden Defizite aufgefüllt (= kompensiert) oder eben in der Hemmung gelebt. Die Folge ist: Ergänzende Pole werden angezogen.

Wenn Sie an Ihrem Partner seine Inkonsequenz ärgert, dann fragen Sie sich, ob Sie nicht selbst auch ein Problem damit haben. Es kann natürlich sein, dass Sie Ihre innere Tendenz zu Inkonsequenz mit besonders energischer Konsequenz bekämpfen, so dass es scheint, dass Sie dieses Problem selbst nicht haben. In Wahrheit ist es eine so erfolgreiche Kompensation, dass Sie mit der Zeit selbst daran glauben und sich als konsequent einschätzen.

Kompensation bedeutet: Ein inneres Defizit, z.B. eine Anlage oder eine Eigenschaft, die in mir unterentwickelt ist, wird psychisch oder auch physisch kompensiert. Wo der größte Schwachpunkt ist, wird am stärksten kompensiert. Eine Kompensation auf körperlicher Ebene wird als „Somatisierung" bezeichnet.

Auch jede Idealisierung und Überhöhung von Werten und Verhaltensweisen zeigt ein Ungleichgewicht an, das kompensiert werden will. Wenn Sie mit einem Partner zusammenleben sollten, der Ehe und Partnerschaft überaus stark idealisiert, so dürfte er versteckte Probleme in diesem Bereich haben; meist ist es eine Bindungsschwäche, die er sich selbst nicht eingestehen und so übertünchen will.

Sehen wir uns diesen Fall, der in Partnerschaften häufig zu finden ist, einmal näher an:

- Kompensation:
  Psychologisch: Überbetonung von Bindung, Idealisierung von Ehe, Treue etc.
  Physiologisch: Bindegewebsschwäche
  Die Tendenz zur Untreue, die der Partner in sich hat, wird nach außen
  projiziert und am anderen bekämpft.

- Hemmung: Das Defizit wird in der Hemmung gelebt, eben als Unfähigkeit,
  echte und dauernde Bindungen einzugehen.

$$- O \rule{3cm}{0.4pt} O \rule{3cm}{0.4pt} O +$$

Minuspol	Gleichgewicht	Pluspol
Bindungsschwäche	Bindungsfähigkeit	Überbetonung
		von Bindung

➤ Anziehung des Gegenpols:
Vor der Abhängigkeit des Kompensators (Überbetonung von Bindung, Treue,
Ehe), die zu Recht als Last und Einschränkung empfunden wird, flieht der
Bindungsunfähige und findet seine Bindungsunfähigkeit jetzt auch begründet. Diesen Prozess kennen wir als Rationalisierung und Selbstverstärkung.
Ein daraus entstehendes Kommunikationsproblem ist in Wirklichkeit immer
ein Beziehungsproblem, weil man seiner eigenen Schwäche im Außen begegnet!

Dogmatismus, Puritanismus und Fundamentalismus, die auch den Terrorismus hervorgebracht haben und eine Geißel für die Menschheit bedeuten,
entstehen auf dieselbe Weise! Aber dieser Terrorismus findet auch in unseren
Familien statt und hat seinen Ursprung im Prinzip der Projektion des ungeliebten Schattens. Der Terrorismus hat also seinen Ursprung in uns, und
allein die Liebe kann dieses Problem lösen und Liebe meint zunächst die
Liebe zu uns selbst.
Wir kennen in der Umgangssprache das Sprichwort: *„Der mag sich heut
wieder selber nicht"* und meinen damit, dass er anderen das Leben schwer
macht. Nur wer sich selbst liebt, kann andere lieben. Wer sich selbst nicht
mag, kann andere nicht mögen. Wer etwas an sich nicht mag, wird es an
anderen nicht mögen.
Der wohl größte deutsche Mystiker *Meister Eckhart* hat einmal gesagt:

„Hast du dich selbst lieb, so hast du alle Menschen lieb wie dich selbst.
Solange du einen einzigen Menschen weniger lieb hast als dich selbst,
so lange hast du dich selbst nie wirklich lieb gewonnen."

Und weiter:

„Wer Gott mehr liebt als seinen Nächsten,
der liebt ihn … nicht auf vollkommene Weise."

Wir haben die Wahl

Wir begegnen immer nur unserer eigenen Projektion und damit unserer eigenen Schöpfung. Denn: Wir sind der Schöpfer unserer Erfahrungen! Und hier beginnt auch unsere Freiheit.

> Freiheit heißt, die Verantwortung für sich selbst und seine Welt zu übernehmen.

und

> Nur wenn wir uns selbst ändern, werden wir die Qualität unserer Partnerschaft ändern können!

– O	O	O +
Minuspol	Gleichgewicht	Pluspol
Opfer		Täter
Erpresster		Erpresser
Kindrolle	Erwachsenenrolle	Elternrolle

Ein Mensch, der von seiner frühesten Kindheit gewöhnt ist, in seinem Selbstausdruck eingeschränkt zu werden, wird häufig wieder eine entsprechende Situation aufsuchen und sich einen Partner suchen, der ihn in seinem Selbstausdruck hemmt. Da er unbewusst ein Schuldgefühl hat, wenn er seinen

Standpunkt darstellt oder sich selbst einbringt, wird er natürlich sofort dafür gemaßregelt. Die Kindheitssituation wird wiederholt. Dieser Mensch kann natürlich auch zum Elternrollenspieler werden und sich einen Partner suchen, der die Rolle des Kindes (seine eigene Rolle in der Kindheit) einnimmt, und wird ihn mit Hilfe von Normen und Geboten einschränken.

Unbewusst sucht ein Mensch sich eine derartige Situation mit dem Ziel, sich schließlich daraus zu befreien.

Nehmen wir noch mal das Beispiel einer Frau, die in ihrer Kindheit einen sehr dominanten Vater hatte, an den sich ihre Mutter und sie selbst anpassten. Dieses erlernte Verhaltensmuster überträgt sie nun auf ihre Partnerschaft und ihren Ehemann. Seinen Erfolg macht sie zu ihrem eigenen und zieht daraus ihr Selbstwertgefühl. Nun, auf Dauer kann dieses Spiel nicht gut gehen, denn jeder Mensch will selbst wachsen und sich weiterentwickeln, und so muss es notwendig zur Frustration führen. Wer von einem anderen Menschen abhängig ist, wird über kurz oder lang Aggressionen entwickeln, die sich vielleicht in Nierenbeschwerden äußern können. Der Körper lügt nicht, und auch wenn man es nicht zugeben oder nach außen nicht zeigen will, der Körper zeigt immer an, dass etwas aus dem Gleichgewicht ist.

In dem vorliegenden Fall machte die Frau die ‚not-wendige' Entwicklung und lernte auf eigenen Füßen zu stehen und ihren eigenen Erfolg zu haben. Da der Ehemann diese positive Entwicklung unterstützte, hatte die Ehe auch weiter Bestand. Hätte der Mann diese Entwicklung der Frau nicht mitmachen können, wäre die Ehe unweigerlich zum Scheitern verurteilt gewesen und hätte zur Trennung geführt. Die Partnerin war ja nicht mehr dieselbe, die sie war, als er sie geheiratet hatte. Also auch der Ehemann, der ja den Gegenpol spielte, musste sich ändern.

Nun ist der dominante Teil in einer Beziehung nicht für Männer reserviert. Ein schönes Beispiel ist eine Frau, die in ihrer Kindheit schon eine dominante Rolle spielte. Sie musste ihre Mutter vor ihrem Vater „beschützen", wie sie es ausdrückte. Sie hatte immer das Gefühl, ohne sie läuft nichts in der Familie. Diese Grundhaltung übertrug sie auf ihre – vermutlich deswegen nicht wenigen – Partnerschaften. Da sie eine intelligente, kreative und starke Frau ist, suchte sie sich auch starke Partner. Gleichstarke Partner aber akzeptierten ihre Dominanz und Führerrolle nicht, und schwache konnte sie auf die Dauer auch nicht aushalten, weil sie diese nicht respektierte.

Dieses Muster der polaren Anziehung findet man auch in Partnerschaften, die sich auf dem spirituellen Weg befinden. Echte Spiritualität bedeutet, dass Spirituelles und Materielles integriert sind. Nicht selten findet man die Konstellation, dass in einer Beziehung ein Partner den spirituellen Aspekt mehr betont und der andere den materiellen. Beide haben meist ein Defizit: Der „Spirituelle", der seine materiellen Bedürfnisse verdrängt, bekommt sie vom Partner präsentiert, der ihm immer wieder damit in den Ohren liegt, wie wichtig doch eine finanzielle Absicherung, ein eigenes Haus etc. ist. Auf der anderen Seite steht ein Partner, der seiner spirituellen Sehnsucht nicht voll bewusst ist oder sie verdrängt und sich ja gerade deshalb einen Partner gesucht hat, der diesen Aspekt repräsentiert. Das Gleichgewicht aber ist in der Mitte, und deshalb brauchen sich die beiden und ziehen sich an.

– O	O	O +
Minuspol	Gleichgewicht	Pluspol
Mangelnde Beachtung	von	Überbetonung
materieller Bedürfnisse	Spiritualität und	materieller Bedürfnisse
	materiellem Streben	

Beachten Sie auch hier, dass beide das gleiche Problem haben und es nur spiegelverkehrt ausleben.

Interessant ist weiter zu beobachten: Je mehr der eine Partner den einen Pol lebt, desto mehr betont der andere Partner den anderen Pol. Sie bewegen sich mehr und mehr auseinander und das Band der Verbindung wird mehr und mehr belastet, obwohl sie beide das Gleiche suchen. Nur wenn sich die beiden aufeinander zubewegen, wenn sie voneinander lernen und den anderen Part integrieren, entsteht eine fruchtbare und erfüllende Partnerschaft, weil sie beide in ihrer Entwicklung weiterkommen und ganz werden. So kann es geschehen, dass ein Mensch zu bestimmten Lebenszeiten bestimmte Partner anzieht. Ein Beispiel mag dies wieder veranschaulichen.

Ein erfolgreicher Topmanager war mit einer Frau verheiratet, die sehr repräsentativ war und auch gerne repräsentierte. Sie waren ein ideales Paar, das sich gegenseitig unterstützte und die gegenseitigen Bedürfnisse erfüllte, bis … er in seine Lebenskrise kam. Trotz allen Erfolges stellte sich eine tiefe Unzufriedenheit und Leere ein und er stellte sich die Frage nach dem Sinn seines bisherigen Lebens. Er hatte den Mut und zog die Konsequenz und kündigte, um sich neuen Aufgaben zuzuwenden, die mit alternativer Lebensführung verbunden waren. Seine Frau konnte diese Entwicklung weder verstehen und noch weniger nachvollziehen, fühlte immer mehr ihre eigenen Bedürfnisse unerfüllt und folglich kam es zur Trennung.

Der Mann lernte einige Zeit darauf eine neue, ‚alternative' Partnerin kennen, die ihn verstand, auffing und bei seiner Veränderung hilfreich war. Aber auch das stellte sich nur als eine Übergangsphase heraus, denn nach dem ersten Totalausstieg, sozusagen der Antithese, folgte die Synthese: Er nahm seine wirtschaftlichen Kenntnisse, Erfahrungen und Verbindungen und setzte sie ein, um Geschäfte mit natürlichen, nachhaltigen Produkten zu machen. In dieser Phase lernte er erneut eine neue Partnerin kennen, mit der er jetzt verheiratet ist.

Ganz entscheidend ist immer, dass wir *unsere Natur* leben, uneingeschränkt. Nur auf der Grundlage der eigenen Natur kann eine echte Beziehung aufgebaut werden. Alles, was unserer Natur widerspricht, erfahren wir als Barriere zwischen uns und unserem Partner.

Wenn wir von Natur sprechen, so ist damit vor allem unsere *seelische Eigenart* gemeint, unser Denken, Fühlen und Empfinden. Es ist unsere ganz spezielle Art und Weise gemeint, unsere Gefühle auszudrücken, Zuneigung und Zärtlichkeit zu zeigen. Es ist die Fähigkeit zu *geben*, aber auch zu *empfangen*. Ein Mensch, der seine seelische Eigenart und Empfindungsfähigkeit nicht entwickelt hat, wird dies in der Partnerschaft als ein Zärtlichkeitsdefizit erfahren oder durch überstarkes Geben von Zärtlichkeit kompensieren und sich vermutlich einen Partner suchen, den er bemuttern kann.

Hier eine Übung zur Selbstwahrnehmung: Wo haben Sie Ihr Defizit?

- Ausdruck der Gefühle
- Kontaktfähigkeit
- Kommunikation
- Zärtlichkeit
- Geborgenheit
- Bindungsfähigkeit, Treue

- Selbstständigkeit
- Durchsetzungsfähigkeit
- Eigene Meinung, Standpunkt
- Erotik
- Eigener Lebenssinn
- Eigene Rechte und Verantwortung
- Schuldgefühle
- ....
- ....
- ....

Wo kompensieren Sie Ihr Defizit?

- Elternrollenspieler
- Maßregelung anderer
- Normen, Gebote
- Streben nach Anerkennung
- Ehrgeiz, beruflicher Erfolg
- Idealisierung von Ehe, Bindung
- Bemutterung
- Dominanz
- Unterdrückung
- Aggression
- Altruismus
- Prahlen, Statussymbole
- Luxus, Mode
- ....
- ....
- ....
- ....

Eine Frau, die in ihrem Eigenwert blockiert ist, wird sich Partner, Kollegen oder Chefs suchen, die sie in ihrem Eigenwert herabsetzen. Und selbst wenn der Partner dies nicht beabsichtigen oder tun sollte, wird sie seine Äußerungen dementsprechend *interpretieren*. Der arme Mann weiß oft gar nicht mehr, was er sagen soll, weil ihm das Wort im Munde verdreht wird. Der andere aber sieht und interpretiert jeden auch noch so lieb gemeinten Kommentar oder Ratschlag durch seine Brille. Irgendwann wird der Mann frustriert aufgeben und schweigen, weil er nicht mehr weiß, was er sagen soll; dann wird möglicherweise das Schweigen fälschlicher Weise als Desinteresse oder mangelnde Liebe ausgelegt. Dieses grausame Spielchen gilt natürlich auch genauso für Männer. Dieses *Spiel der Interpretation* ist eines der Hauptursachen für Partnerschaftsprobleme und schafft das Gefühl: Der andere versteht mich ja doch nicht.

Anregung:

Überlegen Sie, wo Sie vielleicht Ihren Partner falsch interpretieren!
....
....

Überlegen Sie, wo Sie vielleicht einem stereotypen Muster folgen!
....
....

Lassen Sie den Gedanken zu, dass Ihr Partner es gut mit Ihnen meint.

Man sieht nur mit dem Herzen gut

Nun lassen Sie uns der Frage nachgehen, wie wir aus der ewigen Falle der Projektion und Spiegelung entkommen können.

Der Weg aus der Falle der Interpretation und Projektion geht nur über das Herz. Das Herz ist der Ort der Liebe, und Liebe toleriert, Liebe akzeptiert, Liebe verzeiht, Liebe liebt.

In unseren Märchen finden wir nicht nur unterhaltsame Geschichten für Kinder, sondern viele Grundwahrheiten des Lebens. So wird uns im *Märchen vom Froschkönig* gezeigt, wie wir unseren ungeliebten Schatten transformieren können. Es ist die Liebe.

Durch den Kuss der Prinzessin wird die hässliche Kröte zum Prinzen. In jedem von uns sind die Prinzessin und der Prinz verborgen, oder wie die Buddhisten sagen: in jedem Menschen – auch im Verbrecher – ist ein Buddha verborgen. Das Herz, Mitgefühl und Liebe, helfen dem Menschen das zu werden, was er ist, das zu werden, was in ihm angelegt ist. Und mit unserer Liebe helfen wir dem anderen, das zu werden, was er immer schon war und was nur verborgen und verschüttet war.

**Das Herz ist fähig,
im anderen das zu befreien,
was ,verzaubert' wurde.**

Für die Erziehung etwa könnte ein Grundsatz gelten: Wenn ein Mensch 99 schlechte Eigenschaften hat und nur eine gute, so lenke deine Aufmerksamkeit auf diese eine. Das kann nur ein liebendes Herz – und nur mit einem liebenden Herzen kann man hinter all der Dunkelheit das verborgene Licht in einem Menschen sehen.

Der Intellekt dagegen ist kaum dazu fähig. Im Gegenteil: Er ur-teilt und verurteilt und sieht niemals die Ganzheit des Lebens. Der Intellekt findet auch für jedes noch so schräge Verhalten einen ,vernünftigen' Grund. Er rationalisiert. Deshalb empfehlen die Veden Methoden wie *Meditation und Yoga*, die letztlich nur zum Ziel haben, diesen unfähigen Intellekt mit seinen Konditionierungen, Programmen und Konzepten zu überschreiten (transzendieren) und die Konditionierungen aufzulösen. Der Intellekt steht für Zweiheit und für Trennung. Der Intellekt unterscheidet und trennt. Liebe eint. Jenseits des Intellekts, wenn das Denken und Unterscheiden aufhört, finden wir Einheit. Ein anderes Wort dafür ist Liebe. Unser innerster Wesenskern ist Liebe. Wenn wir von „Herz" sprechen, so meinen wir diese einigende Kraft der Liebe. Das Herz kann sprichwörtlich alles integrieren. Das Herz be- und vor allem verurteilt nicht! Aber wo finden Sie in unserem Erziehungssystem das Fach „Herzensbildung"? Vom Kindergarten bis zur Universität werden unser Verstand und Körper trainiert, aber Emotionen, Gefühle und das Herz bleiben außen vor.

Vergessen Sie nicht, der verzauberte Prinz oder die Prinzessin sind in uns selbst und warten auf ihre Befreiung.

Was Sie im anderen lieben, wird auch in Ihnen befreit.

Und ... seien Sie gut und lieb zu sich selbst.
Das ist der Weg, Ihr Spiegelbild zu verändern.

Liebe ist das Schwert, mit dem Sie die Dornenhecke aus engen Vorurteilen, Erwartungen, Ablehnung, Neid, mangelndem Selbstvertrauen, Angst und, und, und ... durchschneiden können und zu Ihrer Prinzessin oder zu Ihrem Prinzen vordringen können.

Befreiung aus dem Gefängnis

Professor **Hans Christian Pape** von der Universität Münster hat 2007 den Max-Planck-Preis für seine Forschung über das Phänomen Angst erhalten. Er kommt zu dem Ergebnis, dass ein Angsterlebnis sich als „lang andauernde Gedächtnisspur" einprägt. Es werden tatsächlich neue Verbindungen im Gehirn ausgebildet. Unsere Verhaltensmuster sind also neuronal strukturiert und biologische Realität. Der Mensch muss nun lernen, *„Furchterlebnisse, die sich im Gedächtnis eingeprägt haben, zu überschreiben ... Das Ganze geschieht durch ein Überschreiben der Gedächtnisspur, die wir das Exstinktionsgedächtnis nennen."* In der Praxis heißt dies, dass man seine Angst konfrontiert und genau in die Situationen geht, vor denen man Angst hat. Bei diesem Prozess ist die Hilfe eines Therapeuten oder Coaches hilfreich.

Ich möchte Sie an dieser Stelle auf eine spezielle Methode hinweisen, mit der Sie sich selbst coachen und nach und nach selbst therapieren können. Die amerikanische Heilerin **Sue Gurnee** hat in ihren inneren Studien eine höchst wirkungsvolle Methode entwickelt, wie Sie mit Ihrer multidimensionalen Körperintelligenz kommunizieren und energetische Belastungen durch alte Programme, Konditionierungen, Glaubenssätze oder Verletzungen, Traumata und Verteidigungsmuster auflösen können. Es empfiehlt sich, einen ihrer Kurse zu besuchen, um das Prinzip zu lernen und dann völlig autark an Ihrer Veränderung arbeiten zu können.

Die Abfolge ist so: Zunächst können Sie mit dem Muskel-Test-Verfahren Ihre multidimensionale Körperintelligenz fragen, was *Ihr begrenzendes Denk- oder Verhaltensmuster* ist, das Sie abhält, ein glückliches und erfülltes Leben zu führen. Wenn Sie z.B. feststellen, dass eines Ihrer selbstzerstörerischen Denkmuster lautet: *„Ich werde nicht geliebt, wie ich bin"*, so können Sie dieses Programm auflösen und dann neu strukturieren, indem Sie ein anderes Muster etablieren, das mit Ihrer inneren Wahrheit übereinstimmt.

Ich möchte betonen, dass man dies systematisch lernen muss. So wie Sie als Baby sprechen lernen müssen, müssen Sie auch die Sprache Ihrer multidimensionalen Körperintelligenz erlernen. Eigentlich sollte dies schon in der Schule geschehen, denn das ist das ABC der Selbstheilung.

Es geht weit über bloße Affirmationen oder NLP-Verfahren hinaus. Die Löschung des alten falschen Programms übernimmt unsere eigene multidimensionale Intelligenz für uns. Wir müssen nur die Sprache lernen, mit einer genauen Diagnose das Problem eingrenzen bzw. definieren und dann den entsprechenden Auftrag an unsere multidimensionale Intelligenz erteilen, es zu beseitigen. Wichtig dabei ist, dass alle Aspekte unserer multidimensionalen Intelligenz voll präsent sind und den Prozess auch vollständig durchführen können. Dann kann die Kraft der Selbstorganisation des Universums übernehmen und uns wieder in Einklang mit den universellen Gesetzen bringen. Die Selbstwahrnehmung wird sich verbessern und wir brauchen keine Autorität von außen mehr, weil wir unsere Entscheidungen selbstständig treffen können. Das bedeutet Unabhängigkeit und Freiheit.

Natürlich gilt auch hier wieder: Am Anfang stehen der Wunsch und Wille nach Veränderung!

Therapieresistenz

Oft halten wir an den alten Mustern und Maskenspielchen fest, weil sie uns scheinbar einen Gewinn oder Vorteil versprechen: Sicherheit, Anerkennung oder soziale Akzeptanz in der Gruppe. Warum müssen wir z.B. immer von allen akzeptiert werden? Warum haben wir Angst, uns lächerlich zu machen? Warum all die Maskenspiele?

Unsere Ängste lassen uns Verteidigungshaltungen einnehmen und bauen an unseren Gefängnismauern. Wenn wir unsere Selbstablehnung nicht aufgeben, wird sie uns außen in der Projektion begegnen. Das kann durch den Partner, Kollegen, Freunde oder wen auch immer geschehen. Wir schauen immer in den eigenen Spiegel. Werden die Muster aufgelöst, verändert sich unser Spiegelbild. Wenn wir uns allerdings mit unserer Unsicherheit, mit unseren Schuldgefühlen, Widerständen oder Ängsten nicht auseinandersetzen, werden sie uns als *Selbstsabotagen* begegnen.

Im Ayurveda, der vedischen Medzin, wird die letzte Ursache aller Probleme als „Pragya Paradh", als ein „Irrtum des Intellekts", beschrieben. Der Irrtum des Intellekts geschieht, wenn unsere subjektive Innen- und Außenwahrnehmung nicht im Einklang mit unserer inneren Wahrheit ist. Wenn wir also Konditionierungen, Programme, Konzepte oder Glaubenssätze haben, die nicht der inneren Wahrheit (satyam) oder der Wissenheit in uns entsprechen.

Nehmen wir uns noch einmal das Beispiel: *„Ich werde nicht so geliebt, wie ich bin".* Wenn Sie Ihr innerstes Selbst, Ihre Seele oder Ihr Gewissen (Ritam bhara pragya) fragen, wird es Ihnen sagen, dass diese Aussage falsch ist und nicht mit Ihrer inneren Wahrheit übereinstimmt.

Da in den seltensten Fällen die innere Stimme so klar ist, dass Sie eine eindeutige Antwort bekommen, können Sie Ihr unsicheres und wackeliges subjektiv-intuitives Gefühl mit dem kinesiologischen Muskel-Test-Verfahren objektivieren.

Nun kann eine innere Blockade den Prozess der Auflösung eines falschen Glaubenssatzes behindern. Manche Muster, die in unserem Unterbewusstsein abgespeichert sind, möchten wir nämlich gar nicht beseitigen. Wir sagen zwar, dass wir es wollen, aber in Wirklichkeit sträubt sich irgendein Intelligenzaspekt in uns, sich von dem Muster zu trennen. Der Grund dafür ist, dass etwa unsere Persönlichkeit, unser Intellekt oder die Gefühle sich einen Vorteil davon versprechen, wenn sie das alte und falsche Muster behalten.

In der Regel verspricht das falsche Muster und das daraus resultierende Maskenspiel, dass wir Achtung, Wertschätzung und soziale Anerkennung oder Sicherheit erhalten. Warum also sollte ich meine Maskerade beenden? Man spricht in diesem Zusammenhang von *sekundärem Krankheits- oder Vorteilsgewinn*. Sie brauchen nur in die Wartezimmer unserer Ärzte zu schauen. Dort finden Sie Patienten, vornehmlich ältere Damen, die zwar dauernd über ihre Krankheiten klagen, aber diese nicht wirklich aufgeben wollen. Warum? Weil sie ja gerade durch diese Krankheiten Aufmerksamkeit, Mitgefühl und Zuwendung erhalten. Sie haben bewusst oder unbewusst Angst, dass mit der Krankheit auch die Liebe, Wertschätzung und Zuwendung aus ihrem Leben verschwindet.

Wichtig ist zu verstehen, dass wir jeden Aspekt unserer Persönlichkeit konfrontieren und annehmen müssen, auch und gerade diejenigen, die wir lieber verdrängen wollen wie Eitelkeit, Neid, Gier, Boshaftigkeit, Grausamkeit oder was auch immer. Nur die Auseinandersetzung mit diesen negativen Energien wird diese Verzerrungen in positive schöpferische Energie verwandeln. Wenn nicht, werden wir genau diese dunklen Aspekte nach außen projizieren und ihnen dort begegnen. Auf diese Weise kreieren wir unser Schicksal. Wir schaffen Lebensbedingungen, die wir beklagen und unter denen wir leiden. Wenn wir dagegen den Mut haben, uns unseren negativen Tendenzen, Gefühlen oder Ängsten zu stellen, wird ihr lähmender Einfluss aufgelöst und in positive, lebendige und schöpferische Energie verwandelt.

Meditation kann sicher ein hilfreiches Mittel sein, aber nur, wenn sie mit der Auseinandersetzung und Konfrontation mit all unseren Persönlichkeitsaspekten gepaart ist. Geschieht dies nicht, so kann auch die in bester Absicht durchgeführte Meditation zur bloßen Weltflucht degenerieren, wie ich dies leider allzu häufig in der „spirituellen Szene" erlebt habe.

Das innere Schlachtfeld ...
der Kampf mit Mephisto

Sehr treffend hat der geniale rumänische Dirigent **Sergiu Celibidache**, der mehr als ein Jahrzehnt die Münchner Philharmoniker leitete, den Kampf beschrieben, der in uns stattfindet. Celi, wie er von den Münchnern liebevoll genannt wurde, hatte sich viele Jahre mit der Weisheit des Ostens auseinandergesetzt. Intensiv studierte er die *Bhagavad Gita*, das Gespräch zwischen dem Bogenschützen *Arjuna* und seinem Lehrer *Krishna*, das vor dem Hintergrund der kriegerischen Auseinandersetzung der feindlichen Brüder, der Pandavas und Kauravas, stattfindet. Dabei wurde ihm klar:

„Das Innere ist die Kurukshetra,
das Schlachtfeld unseres ständigen Kampfes.
Das ist der Kampf, welcher in der Bhagavad Gita beschrieben wurde.
Dieser Kampf hat nicht vor 5000 Jahren mit Krishna stattgefunden,
sondern findet jeden Tag statt."

Unser Inneres ist tatsächlich ein Schlachtfeld. Denn wir sind besetzt von Fremdmustern und Fremdenergien, die uns manipulieren und korrumpierbar machen. Jedes Konzept oder jede Glaubenshaltung etwa, die nicht in Einklang sind mit unserer inneren Wahrheit, sind eine Fremdbesetzung, die uns permanent unsere Lebensenergie absaugt, um selbst am Leben erhalten zu werden. Der Kampf findet also tatsächlich in uns statt. Um wieder ganz „ich selbst" zu werden, müssen wir unsere gesamte Persönlichkeit, unseren Geist, unsere Gefühle, unseren Willen oder unser Unterbewusstsein von diesen Fremdeinflüssen befreien. Wie in Goethes „Faust" sind wir mit der Macht und Magie des *Mephistopheles* einen Pakt eingegangen, weil wir meinen, auf diese Weise erfolgreicher, anerkannter oder beliebter zu werden. Dass wir dadurch immer abhängiger und unfreier werden, versuchen wir zu verdrängen: *„Die Geister, die ich rief, ich werd sie nimmer los".* Es kostet Faust einen lebenslangen Kampf mit sich selbst und immer strebendes Bemühen, um wieder frei vom verführenden Einfluss Mephistos zu werden.

Ähnlich werden in den Veden diese Fremdenergien als Dämonen dargestellt, die nicht freiwillig gehen wollen und deshalb getötet werden müssen. Die meisten Geschichten von *Krishna* beschreiben den Kampf und Sieg von Krishna über diese Dämonen. Die Hausbesetzer sind nicht mit gutem Zureden zu vertreiben, sondern das ist tatsächlich ein harter Kampf, denn schließlich wird den „Dämonen" ihre Lebensexistenz entzogen. Wer als Therapeut oder als Betroffener z.B. mit Drogenentzug zu tun hatte, weiß dies aus eigener Erfahrung und kennt die schlimmen Entzugserscheinungen.

Dabei sollte uns bewusst sein, dass jedes Konzept, jede Überzeugung psycho-physiologisch und neuronal verankert ist. Jede Angst und all die anderen „Dämonen" sitzen in Fleisch und Knochen.

KAPITEL 3

Authentisch sein

Wir sind aufgezogen worden, uns ständig mit anderen zu vergleichen.
Unsere Erziehung und unsere Kultur
basiert auf Konkurrenz und Wettstreit.
Aus diesem Grunde kämpfen wir darum,
jemand anders zu sein als der, der wir wirklich sind.

JIDDU KRISHNAMURTI

Eine wirkliche Partnerschaft setzt voraus, dass jeder immer er selbst bleiben kann. Beide! Das bedeutet aber auch, dass jeder seine Angst davor, vom anderen durchschaut zu werden, ablegen muss. Wir haben Angst davor, dass der Partner, wenn er uns und unsere nicht so tollen Seiten erkennt, uns nicht mehr lieben könnte. Wir haben Angst davor, in seiner Werteskala zu sinken, und deshalb versuchen wir mit allen Mitteln ihn zu beeindrucken und ein *Scheinbild* von uns aufrechtzuerhalten.

Warum meinen Sie Ihr „Authentischsein" einschränken zu müssen?
Was meinen Sie damit vermeiden zu müssen oder vermeiden zu können?

Ist es vielleicht:

1. *Das Gefühl, nicht geliebt zu werden?*
2. *Das Gefühl, nicht anerkannt zu werden?*
3. *Das Gefühl, nicht respektiert zu werden?*
4. *Das Gefühl, das Gesicht zu verlieren?*
5. *Das Gefühl, unterlegen zu sein?*
6. *Angreifbar zu sein oder angegriffen zu werden?*
7. *Das Gefühl, ausgeschlossen zu werden?*
8. *Das Gefühl, isoliert zu sein?*
9. *Verlassen zu werden?*

Oder haben Sie eines der folgenden falschen Denkmuster und Bewertungen (= Selbstsabotagen), die Sie zu dem irrigen Schluss verleiten, dass Sie nicht authentisch sein können?

1. *Glaube ich, dass ich immer der Stärkere sein muss? Meinen Standpunkt verteidigen muss?*
2. *Glaube ich, immer toll dastehen zu müssen?*
3. *Glaube ich, Gefühle und Emotionen nicht zeigen zu dürfen?*
4. *Glaube ich schwach zu sein, wenn ich meine Emotionen und Gefühle zeige?*
5. *Glaube ich, verletzt zu werden, wenn ich mir selbst erlaube, verwundbar zu sein?*
6. *Glaube ich, dass ich nicht liebenswert wäre, wenn ich mich so zeige, wie ich bin?*
7. *Glaube ich, Opfer bringen zu müssen, um geliebt und anerkannt zu werden?*
8. *Glaube ich, dass der Wert meiner Person von der Beurteilung anderer abhängt?*
9. *Glaube ich, wenn jemand eine andere Meinung hat, dann schätzt er mich nicht?*
10. *Glaube ich, dass ich nicht geliebt werde, wenn ich einen Fehler mache?*
11. *Glaube ich, mein Gesicht zu verlieren, wenn ich einen Fehler eingestehe?*
12. *Glaube ich, immer alles perfekt machen zu müssen?*
13. *Glaube ich, immer rechthaben zu müssen? Immer alles wissen zu müssen?*
14. *Glaube ich, mein Verhalten immer rechtfertigen zu müssen?*
15. *Glaube ich, mit meinem Verhalten nie jemanden verärgern zu dürfen?*
16. *Glaube ich, dass andere für meinen Zustand des Erfolgs oder Misserfolgs, des Glücklichseins oder Unglücklichseins verantwortlich sind?*
17. *Glaube ich, mich für Misserfolg selbst bestrafen zu müssen?(Schuldgefühle)*
18. *Glaube ich, Anerkennung und Erfolg nicht verdient zu haben?*
19. *Spiele ich mich selbst herunter? Schätze ich mich nicht genügend?*
20. *Glaube ich, nur erfolgreich sein zu können, wenn ich manipuliere, trickse etc.?*
21. *Glaube ich, vorgespielte Korrektheit als Strategie zur Manipulation und Kontrolle benutzen zu müssen?*

Die Story nimmt ihren Anfang meist schon in der Kindheit. Ausgangspunkt ist: *Wir wollen alle geliebt werden.* Wir wollen um unser selbst willen akzeptiert werden. So, wie wir sind. Die raue Wirklichkeit in Familie, Schule und

Umwelt ist ein Dschungel von Normen, Geboten und Verboten, in dem unsere *eigene unschuldige Natur* kaum überleben kann. Der Dschungel zwingt uns seine Gesetze auf und wir passen uns an. Wir spielen Rollen und sind Liebkind, weil das belohnt wird und unser Überleben sichert. Es ist ein Schutzschild, der sogar teilweise seine Berechtigung hat. „Liebkindsein" garantiert später vielleicht, dass die Beziehung funktioniert, weil dadurch die eigene Rolle und grundlegende Bedürfnisse wie Sicherheit oder soziale Anerkennung nicht gefährdet werden. Jedenfalls meinen wir das.

Nun ist es aber so, dass nur auf der Grundlage der wahren Natur eine echte und ehrliche Beziehung zu einem anderen Menschen aufgebaut werden kann. Deshalb müssen wir unsere Illusionen über uns selbst aufgeben und erst den Weg zurück zu unserer eigenen Natur finden, was nicht selten ein schmerzhafter Prozess sein kann.

Aufgabe:

1. Schauen Sie zurück auf Ihr Leben und entdecken Sie Ihre Nummern, Masken, Rollen.

2. Schreiben Sie an jemanden (Partner, Kollege, Freund) einen Brief, mit dem Sie nicht ehrlich oder nicht authentisch waren.

3. Teilen Sie der Person (oder Ihrem Partner / Ex-Partner) mit, was Sie gehindert hat, authentisch zu sein, und was Sie dafür bezahlt haben (z.B. Nähe, Freundschaft, gutes Gefühl mit sich selbst ...).

4. Erfinden Sie sich neu! Teilen Sie jemandem aus Ihrem Leben (oder Ihrem Partner) eine neue Möglichkeit mit, die Sie für sich und Ihr Leben erfunden haben. Teilen Sie sich auf eine Weise mit, dass der andere dadurch berührt, bewegt und inspiriert ist (z.B. Bitte um Verzeihung, dass Sie Ihren Partner immer dominiert haben, seine Arbeit nicht anerkannt haben, dass Sie nicht ehrlich waren, intrigiert haben, schlecht über ihn gesprochen haben ....).

Fassen Sie einen Beschluss:

Die Möglichkeit, die ich für mein neues Leben kreiert habe, ist …

....

....

Verpflichten Sie sich:

Ich verpflichte mich

....

....

Geben Sie etwas auf … (Rechthaberei, Stolz, Zynismus …)
Bieten Sie etwas an …
Ersuchen Sie etwas …
Sprechen Sie eine Einladung aus …
Seien Sie großzügig …

Eine erwachsene und erfüllende Partnerschaft fordert, wozu nicht sehr viele Menschen bereit sind: Beseitigung unserer Masken und Wahrhaftigkeit gegen uns selbst. Wir müssen wieder lernen, auf ein übertriebenes Schutzbedürfnis zu verzichten, und authentische Gefühle zulassen. Scheinbar wird man dadurch sehr verletzlich, wovor wir natürlich alle Angst haben. Aber wir müssen die eigene Verletzlichkeit zulassen. In Wirklichkeit wird man nämlich dann erfahren, dass man gerade dadurch erst stark wird. Es gilt: Je stärker ich bin, desto schwächer kann ich mich zeigen. Da offenbart sich wahre Stärke.

Dies scheint nicht einfach und ist auch nicht einfach. Allerdings, wenn Sie einmal den bewussten Entschluss getroffen haben, ist der Wagen am Rollen … und ein natürlicher Prozess beginnt.

Wenn unser Selbstwertgefühl schwach ist und wir ständig das Gefühl haben, nicht gut genug zu sein, werden wir notwendig versuchen, Wertschätzung, Anerkennung und Liebe zu erhaschen, indem wir eine einzigartige und attraktive Persönlichkeit vortäuschen.

Die Angst, unsere Attraktivität zu verlieren, macht uns korrumpierbar und erpressbar.

Wir verhalten uns in einer Weise, die letztlich immer erniedrigend ist, weil wir nicht das tun, was wir wirklich wollen, und uns nicht so verhalten, wie wir wirklich sind, sondern tun, was wir meinen, das andere von uns erwarten. Wir verkaufen uns! Wir sind permanent damit beschäftigt, ein Bild von einer Persönlichkeit aufrechtzuerhalten, die wir nicht sind. Und das schafft Stress! In uns und in unserer Beziehung. Man kann zweifellos behaupten, dass die meisten Partner sich nicht wirklich kennen, weil sie sich nicht offenbaren. In dem Maße aber, wie wir unser authentisches Selbst stärken, können wir uns offenbaren. Wir können negative und positive Erfahrungen und Erlebnisse besser konfrontieren und verarbeiten. Das ist die Voraussetzung für echte Gefühle und Emotionen, die mit innerer Zufriedenheit, Freude, Glück und Erfüllung einhergehen.

Echte Emotionen

Solange wir uns hinter Masken verstecken und Rollen spielen, sind wir auch nicht in der Lage, authentische Gefühle und Reaktionen zu zeigen. Die Ursachen sind wiederum mangelnder Selbstbezug und mangelndes Selbstbewusstsein.

Authentische Gefühle und Emotionen sind für eine Beziehung lebensnotwendig. Nur so kann Nähe, Vertrauen und eine echte Beziehung aufgebaut werden. Man darf sich nicht wundern, dass viele Partnerschaften unter einer unbefriedigenden sexuellen Beziehung leiden, wenn die emotionale Beziehung gestört ist oder wenn ein oder beide Partner nicht fähig sind, authentische Gefühle und Emotionen zu zeigen und dem anderen zu schenken. Wie soll es da auf der sexuellen Ebene klappen, wenn keine wirkliche Beziehung vorhanden ist? Zärtlichkeit braucht Vertrauen und Nähe. Bin ich selbst nicht authentisch, so werde ich mir tief im Innern nicht einmal selbst vertrauen können. Wie soll ich dann in der Lage sein, mich hinzugeben und dem anderen auszuliefern?

Der Bewusstseinsforscher **Peter Rohr** sieht die *Ursache von negativen Emotionen* in der Unfähigkeit unseres Energie-Emotion-Geist-Körpersystems, (negative) Erfahrungen vollständig zu verarbeiten und zu verdauen. Als Folge fühlt man sich wütend, ohnmächtig oder verzweifelt.

Dabei gibt es verschiedene Reaktionsmuster:

Das erste richtet sich gegen uns selbst. *Wir bestrafen uns gleichsam selbst für unsere Unfähigkeit, angemessen mit negativen Gefühlen umzugehen und sie zu meistern.* Dies äußert sich in selbstzerstörenden Gefühlen wie Angst, Resignation, Ohnmacht, Verzweiflung, Trauer, einem Gefühl von Minderwertigkeit, schlechtem Gewissen oder Schuldgefühlen bis hin zur Selbstablehnung und Selbsthass. Kein Mensch möchte Sklave seiner Emotionen sein. Da er sich aber so empfindet, bestraft er sich selbst. Das ist Selbstsabotage in Reinkultur. Diese negativen Emotionen beeinflussen und schwächen nicht nur unsere Wahrnehmung, Entscheidungs- und Handlungsfähigkeit, sondern haben auch Auswirkungen auf unsere körperliche Befindlichkeit. Negative Emotionen vergiften unseren Körper und natürlich auch unsere Beziehung zum Partner.

Das zweite emotionale Reaktionsmuster versucht *die eigene Frustration oder die eigenen Schuldgefühle auf andere zu projizieren.* Dazu gehören Gefühle wie Eifersucht, Neid, Hochmut oder Heuchelei. Die Gefühle sind vorgeschützt und sollen das eigene Verhalten rechtfertigen. Der Schuldige ist ja eigentlich der andere.

Die dritte Art der Reaktion auf die Unfähigkeit, negative Emotionen zu verarbeiten, geht noch einen Schritt weiter und versucht *die eigene Frustration in Form von offenen oder versteckten Aggressionen auf andere zu übertragen.* Man bestraft andere für die eigene Unzulänglichkeit, bestimmte Erfahrungen zu verarbeiten. Man bedient sich dabei strategischer Vorgehensweisen wie Manipulation, Kontrolle, Unterdrückung, Arroganz, Bestrafung, Intrige oder auch Gewalt.

In jedem Fall werden diese unreifen oder nicht verarbeiteten Emotionen eine echte Beziehung einschränken oder verhindern. Leider haben wir in unserer Kindheit nicht gelernt, unsere Erfahrungen vollständig zu verarbeiten, und müssen mit diesem Müll leben, der jetzt im Unterbewusstsein lagert und permanent all unsere Emotionen, unser Denken und Handeln beeinflusst. Machen Sie sich bitte deutlich, wie sehr Ihre Gefühle und Emotionen aus der Vergangenheit bestimmt werden.

**Echte und authentische Gefühle
finden im Hier und Jetzt statt.**

Wenn die Psychologie sagt, dass wir nur einen Teil unseres Bewusstseins wachbewusst nutzen und der Rest un- bzw. unterbewusst ist, so bedeutet dies, dass unsere Gefühle weitgehend von den unverarbeiteten Eindrücken der Vergangenheit, die im Unterbewusstsein abgespeichert sind, gefärbt sind. Wir sind nicht im Jetzt! Wir sind nicht präsent. Wir sind nicht *in* unseren Gefühlen und nicht voll *mit* unserem Gefühlen beim Partner.

Haben Sie sich einmal vor Augen geführt, was dies bedeutet? Es bedeutet, dass wir zu einem ganz großen Teil von unseren un- oder unterbewussten Prägungen, Verhaltensmustern, Glaubenssätzen, Motiven etc. gesteuert werden! Nur wenn wir diese Programmierungen ins Bewusstsein bringen, sprich: nur wenn wir uns mit diesen Konditionierungen und unverarbeiteten Eindrücken aus der Vergangenheit auseinandersetzen, können wir die unbewusste Manipulation durch diese alten Programme ausschalten und zu selbstbestimmten Menschen werden. Hier beginnt unsere Selbstständigkeit und unsere Freiheit!

Ohne Aufarbeitung der Vergangenheit keine Gegenwart

Warum ist es so ungemein schwierig, tiefe und erfüllende Beziehungen aufzubauen? Eine der wirklich wesentlichen Ursachen ist, dass unsere Gefühle keine Möglichkeit hatten, sich zu entwickeln und zu reifen.

Dies hat seine Hauptursache nun wiederum darin, dass nur wenige Kinder reife – und damit genügend – Liebe erfahren haben. Als erwachsene Menschen werden sie unbewusst genau danach lechzen, was ihnen ihre Eltern nicht geben konnten, und der Partner soll jetzt dieses schmerzende Defizit ausfüllen. Vielleicht hatten die Eltern keine Zeit – ich persönlich habe im Internat sehr unter der Abwesenheit meiner Eltern gelitten – oder waren eben nicht fähig, reife Liebe zu geben. Ich betone reife Liebe. Nur selten wurden die Bedürfnisse der Kinder erfüllt, sondern die Eltern haben durch die Kinder ihre eigenen Bedürfnisse und Defizite aufgefüllt.

Wenn ich mich im Bekanntenkreis umsehe und die Beziehung der Eltern zu ihren Kinder betrachte, fällt mir häufig auf, wie Kinder verhätschelt werden und keine Grenzen durch eine gesunde Autorität gesetzt bekommen. Die armen Lehrer in den Schulen sollen es dann richten und die Partnerschaften werden es ausbaden müssen. Dieses Verhalten der Eltern ist letztlich ein Zeichen der Unfähigkeit, reife Liebe zu geben, und/oder eine Kompensation des eigenen Mangels in der Kindheit. Die mit Spielsachen überfüllten Kinderzimmer und das fordernde Verhalten der Kinder gegenüber ihren Eltern sprechen oft ihre eigene Sprache. Dabei haben die Kinder ein sehr feines Gespür für die Wahrheit, die aber meist unbewusst bleibt, weil sie ja scheinbar so viel „Zuwendung" bekommen. Deshalb wissen die Kinder auch nicht, warum sie unglücklich sind.

Kinder von autoritären Eltern haben es insofern einfacher, weil die Kinder ihre Rebellion, die eigentlich ein Schrei nach Liebe ist, offen zur Schau tragen und deshalb das Symptom „Liebesmangel" leichter auszumachen ist.

Authentische Gefühle und Emotionen

1. Haben Sie in Ihrer Kindheit authentische Liebe erfahren?
   Wenn nicht: Suchen Sie dieses Defizit jetzt bei Ihrem Partner aufzufüllen? Wie drückt sich dies aus?

   ....

   ....

2. Sind Sie gehemmt, Ihre Gefühle und Emotionen auszudrücken?
   Wenn ja: Liegt die Ursache davon in der Kindheit?

   ....

   ....

3. Kennen Sie Ihre negativen Emotionen und Gefühle?

....

....

4. Können Sie Ihre negativen Emotionen und Gefühle mitteilen?

....

....

5. Bestrafen Sie sich für Ihre negativen Gefühle und Emotionen? Wie?

....

....

6. Projizieren Sie Ihre negativen Emotionen auf andere oder den Partner (z.B. in Form von Schuldzuweisungen)?

....

....

Wichtig ist auch hier, sich mit der Vergangenheit zu versöhnen, damit die Gegenwart Leben und Kraft erhalten kann. Die Verbindung von frühkindlicher Sehnsucht nach mehr Liebe und Problemen in der Partnerschaft ist nicht immer auf den ersten Blick zu erkennen, aber von essentieller Bedeutung. Solange die unerfüllten Bedürfnisse der Kindheit nicht bewusst werden und wir Angst haben, uns damit auseinanderzusetzen, können wir sie nicht bewältigen. Solange wir wie ein Kind geliebt werden wollen, werden wir nicht fähig sein, echte Liebe zu geben noch zu erhalten. Deshalb ist es so wichtig, hier ganz genau hinzuschauen!

Um uns wieder heil zu machen, werden wir vielleicht einen Partner, Freunde oder auch Kollegen und Chefs suchen, die uns ermöglichen, das alte Muster wieder zu erfahren. Häufig wählen wir also gerade den Partner, der unsere Eltern und deren Liebesfähigkeit repräsentiert. Anders ausgedrückt: Wenn wir die Vergangenheit nicht bewältigen und uns bewusst mit den Eltern versöhnen, werden wir immer wieder ein ähnliches Theaterstück kreieren. In unseren Beratungen erleben wir sehr häufig, dass die Beziehung zur Mutter oder zum Vater nicht aufgearbeitet ist und die Ursache für Partnerprobleme darstellt.

Das idealisierte Selbstbild

Eine weitere Ursache dafür, dass unsere Gefühle nicht reif und wir damit nicht wirklich reif für eine erwachsene Partnerschaft sind, ist, dass wir unsere eigenen Gefühle schon in frühkindlicher Zeit unterdrückt haben.

Schon als Kinder haben wir entdeckt, dass wir nicht so gut und nicht so vollkommen sind, wie „man" sein sollte. Wir haben diese negativen Aspekte von uns und die nicht so guten Emotionen aus unserem Gesichtsfeld verbannt und uns ein *idealisiertes Selbstbild* geschaffen, mit dem wir meinen, besser in der Welt zurechtzukommen, mehr Anerkennung zu ernten oder mehr Erfolg zu haben.

**Gefühle oder Emotionen aber können nicht reifen,
solange sie unterdrückt werden
und nicht ins Bewusstsein kommen.**

**Haben die Gefühle keine Möglichkeit zu reifen,
kann auch die Liebe nicht reifen.**

Der Prozess der Unterdrückung der Gefühle hat eine lange Tradition. In der Kindheit haben wir z.B. die Erfahrung gemacht, dass Unglücklichsein immer mit Emotionen verbunden ist. Die falsche Schlussfolgerung war, wenn wir unsere Emotionen verbannen, werden wir Unglücklichsein vermeiden. So haben wir unsere Emotionen unterdrückt bzw. in unser Unterbewusstsein abgeschoben, wo sie bis heute auf ihre Befreiung warten und, was eben das Fatale ist, ein Filter sind, durch den wir alle unsere jetzigen Erfahrungen bewerten.

Bestimmte Emotionen waren nicht erlaubt und destruktive Gefühle und Emotionen wurden bestraft. Aber in der Wachstumsphase müssen auch unreife Gefühle sich ausdrücken dürfen, und es ist eine Hauptaufgabe der Erziehung, die Kinder darin zu unterstützen, mit ihren negativen Emotionen umzugehen und sie in positive Energie zu transformieren. Wir aber wurden normiert und sozialisiert, Gefühle wie Ärger, Zorn oder Hass nicht zu zeigen. Ich kann mich an ein Ereignis in der Kindheit erinnern, wo ich, aus meiner Sicht berechtigt, meinen Zorn an einem anderen Kind ausgelassen hatte und dafür von meinem Vater bestraft wurde. Diese Bestrafung hat mich tief verletzt, aber auch dazu geführt, dass ich meine Emotionen und Gefühle nicht mehr so zeigte, wie sie wirklich waren. Ich hatte mir eine neue – aus meiner damals beschränkten Sicht – „bessere" Überlebensstrategie angeeignet.

Das Reifen der Gefühle

Wie können unsere Gefühle reifen? Das, was wir in der Kindheit verdrängt bzw. ins Unterbewusstsein abgeschoben haben, müssen wir wieder ins Wachbewusstsein holen. Wir müssen sozusagen den Prozess, den wir in der Kindheit nicht erlaubten oder der uns durch Androhung von Strafe ausgetrieben wurde, nachholen. Jeder von uns hat Gefühle und Emotionen, die er nicht so gerne mit seinem Selbstbild vereinbaren kann und will. Wenn wir aber dort nicht hinschauen wollen, werden wir diese Eigenschaften auf andere projizieren und dort bekämpfen. Wir werden genau die Personen anziehen, die perfekt unsere unverarbeiteten und verdrängten Persönlichkeitsmerkmale spiegeln. Es beginnt ein unendliches Spiel. Unsere unterbewussten Gefühle und Emotionen **reinszenieren** immer und immer wieder Situationen, die uns mit unseren eigenen ungeliebten Eigenschaften konfrontieren ..., bis wir unsere Lektion gelernt haben. Erinnern Sie sich an den Kinofilm „*Und immer grüßt das Murmeltier*"? Immer und immer wieder bekommen wir die gleiche Situation vorgesetzt, bis wir die Lektion schließlich gelernt haben. So ziehen wir Personen und Situationen an, die ein Versuch sind, die Kindheitssituation zu berichtigen und uns dadurch zu heilen.

Dabei kommt mir Barbara (Name geändert) in den Sinn. Sie hatte Probleme, eine echte Beziehung mit Männern einzugehen. Darüber war sie sehr unglücklich, wobei sie dies vor sich selbst nicht zugab. Sie zeigte sich nach außen sehr „tough" und bezeichnete die Männer gerne als „Schlappschwänze". Mit dieser Grundeinstellung, so dachte ich bei mir, wirst du auch keine erwachsene Partnerschaft eingehen können. Im Gespräch stellte sich heraus, dass sie bzw. ihre Mutter von ihrem Vater verlassen wurde. Diese frühkindliche Erfahrung hatte ihr Männerbild geprägt: „Auf Männer kann man sich nicht verlassen; Männer sind Schlappschwänze." Wenn Barbara diese Erfahrung und Verletzung nicht aufarbeitet, wird sie immer wieder das gleiche Männermuster anziehen und mit Sicherheit keine erfüllende Partnerschaft bekommen.

Ein anderes Beispiel: Claudia (Name geändert) zieht immer Männer an, die sich mehr oder weniger von ihr aushalten lassen und sie im Gegenzug nicht einmal gut behandeln.

Was ist ihr Problem, dass sie diese Situation immer wieder anzieht? Claudia hatte in der Kindheit nicht genügend Anerkennung bekommen und schon in sehr frühem Alter versucht, diese durch Leistung zu erzwingen. Zu mehr Selbstbewusstsein hat dies aber nicht geführt. So versucht sie weiterhin durch Leistung zu überzeugen und leitet eine kleine, aber recht erfolgreiche Firma. Interessanterweise zieht sie immer, was sie selbst inzwischen erkannt hat, Männer an, die von ihr profitieren, um nicht zu sagen, sich von ihr aushalten lassen. Bewusst oder unbewusst gefällt ihren Männern aber diese Rolle natürlich nicht und sie sind auf ihren Erfolg eifersüchtig. Sie bekommt deshalb von ihnen nicht, was sie sich so sehr wünscht: Anerkennung. Ganz im Gegenteil, sie wird für ihre Leistung immer wieder bestraft.

Der Schlüssel zur Lösung dieses Problem liegt wie immer in ihr. Sie muss die Situation in der Kindheit aufarbeiten, den Eltern verzeihen und sich heute bewusstmachen, dass sie die Anerkennung der anderen gar nicht braucht. Sie muss sich selbst ihrer eigenen Qualitäten bewusstwerden und vor allem sich selbst mehr lieb haben. Dann wird sie auch einen Partner anziehen, der ihre Eigenschaften wertschätzen kann. Möglicherweise verändert sich auch ihr gegenwärtiger Partner.

In der Kindheit haben viele Menschen schwerwiegende Verletzungen im Gefühlsbereich erfahren, die zu teilweise tiefen Traumata wurden und unser heutiges Leben stark beeinträchtigen. Die Re-Inszenierung der Vergangenheit hat den Zweck, nachzuholen, was in unserer Kindheit versäumt wurde.

Wenn ich in der Kindheit oder in einer früheren Partnerschaft auf der Gefühlsebene verletzt wurde, hat sich vielleicht ein Programm installiert: *„Wenn ich mich der Liebe öffne, werde ich verletzt"*. Deshalb kann dieser Mensch eine tiefe – meist un- oder unterbewusste – Angst haben, sich dem anderen zu öffnen. Diese traumatische Erfahrung muss aufgearbeitet werden. Es ist ein falsches Muster, denn Liebe kann nicht verletzen. Menschen können verletzen, Liebe nicht. Wir brauchen also keine Angst vor der bedingungslosen Liebe zu haben.

Gefühle, der Schlüssel zur Liebe

Es ist nicht möglich zu lieben, wenn wir nicht das Risiko eingehen, verletzt zu werden und Enttäuschungen oder Schmerz zu erleben. Vielleicht sind wir schon als Kinder verletzt worden, wenn wir unsere unreifen Gefühle offenbart haben, und haben uns eine Überlebens- oder Erfolgsstrategie zu eigen gemacht, die wir nicht aufgeben wollen, weil wir nicht wissen, was uns ohne diesen „scheinbaren" Schutzmantel geschieht. Der Schritt ins Ungewisse macht uns Angst. Liebe aber bedeutet, sich und seine Gefühle zu offenbaren. Liebe kann nur wachsen, wenn die Gefühle wachsen und reifen. Nicht zu verwechseln ist dies mit Gefühlsduselei oder dem, was die Amerikaner „moothmaking" nennen. Liebe ist eben kein verstandesmäßiger Prozess, der mit Analyse und Distanz gelebt werden kann. Liebe ist sich ausliefern und hingeben. Der Intellekt aber will immer alles unter Kontrolle haben.

Liebe ist Verzicht auf Widerstand,
und da Widerstand das Grundprinzip des Verstandes darstellt,
vertragen sich im allgemeinen Liebe und Verstand so schlecht.

OTTO FLAKE

Selbst, wenn wir vor unseren eigenen Gefühlen Angst haben oder uns dafür schämen, weil sie vielleicht nicht so edel sind, wie es die gesellschaftlichen, religiösen oder spirituellen Normen und Gesetze fordern, müssen wir sie an die Oberfläche bringen. Ja sicher, es braucht schon etwas Mut, sich selbst auch die zerstörerischen oder negativen Gefühle einzugestehen und bewusstzumachen, aber ohne diesen Prozess können sich gesunde und tiefe Gefühle nicht entwickeln. Nur in der Konfrontation und Auseinandersetzung mit diesen negativen Gefühlen können sich konstruktive Gefühle entwickeln. Abgesehen davon, wenn wir dies nicht tun, werden wir unsere Welt immer (unbewusst) durch diese negative Brille betrachten, das Ungeliebte auf die anderen projizieren und in unseren eigenen Schuldzuweisungen unsere Gefühle und unsere Liebe ersticken.

Wie können wir diesen Prozess begleiten?

Wir können uns darauf einstellen, dass verdrängte negative Gefühle, wie Ärger, Zorn oder Wut, sich wie ein Gebirgsbach aufstauen, um dann in einem ungewünschten Durchbruch möglicherweise alles mitzureißen. Deshalb ist es sinnvoller, diesen Gefühlen einen Kanal zu geben, damit sie sich nicht anstauen und unbeherrschbar werden.

Wichtig ist, sich für die negativen Gefühle nicht schuldig zu fühlen. Unser idealisiertes Selbstbild wird unsere destruktiven Seiten vermutlich ablehnen, aber niemals sollten wir uns als schlechte oder „gefallene" Menschen fühlen, wie die Religionen es gerne suggerieren. Es ist vielmehr das Bild von uns selbst bzw. das damit verbundene Maskenspiel, das korrigiert werden sollte. Und das Erstaunliche dabei: Sobald wir beginnen uns selbst liebevoll anzunehmen, wie wir sind, beginnen sich die negativen und destruktiven Tendenzen zu transformieren.

Emotionale Kommunikation

Achtsamkeit ist ein Schlüsselwort, um Nähe zu erzeugen. Achtsam sollten wir z.B. mit unserer Sprache umgehen. Wie oft habe ich die Sprache missbraucht, um meine Partnerin zu manipulieren!

Wenn wir den Partner um etwas bitten, dann muss diese Bitte dem Partner auch die Möglichkeit geben, „Nein" zu sagen; sonst ist es keine Bitte, sondern eine Forderung, die bei Nicht-Erfüllung eine Strafe nach sich zieht – vielleicht Liebesentzug, wie wir es möglicherweise von den Eltern erfahren haben, oder Sexentzug? Manipulation ist ein sehr durchgängiges Muster, das wir beide gegenseitig angewandt haben, und ein Zeichen ist, dass wir die Gefühle des anderen nicht wirklich ernst nehmen.

Beispiel: Meine Partnerin erzählt mir, dass sie sich in einer bestimmten Arbeitssituation mit bestimmten Personen sehr unwohl fühlt, und ich antworte sofort mit einer Lösung oder sage: Du schaffst das schon, bist so clever usw. Sicher, wir meinen es gut. Wir wollen doch dem anderen helfen. Oder wollen wir uns vielleicht nur selbst helfen und uns mit dem Problem nicht auseinandersetzen?!? Jedenfalls fühlt sich unser Partner nicht angenommen. Wir sind nicht auf seine Gefühle eingegangen, haben ihn mit seinem Problem nicht wirklich ernst genommen. Er hat unser Mitgefühl gesucht und wir haben ihn allein gelassen, indem wir ihn mit logischen Argumenten abgespeist haben. Das Herz hat zu uns gesprochen und wir haben mit dem Verstand geantwortet. So reden wir aneinander vorbei. Nähe kann auf diese Weise nicht entstehen.

Hier ein Vorschlag zu einer erfüllenden Kommunikation:

1. Hören Sie dem Partner zu, ohne zu bewerten. Seien Sie ein unschuldiger Beobachter. Wir fühlen uns deshalb in der Natur so gut, weil sie nicht permanent bewertet, urteilt und verurteilt.
2. Finden Sie heraus, welches Bedürfnis hinter den Gefühlen und Emotionen Ihres Partners steht.
3. Drücken Sie Ihre Wertschätzung aus, dass Ihr Partner Sie an seinen Gefühlen und Emotionen teilnehmen lässt.
4. Überlegen Sie zusammen, wie Sie die Bedürfnisse des Partners in Zukunft erfüllen können.

Dasselbe gilt natürlich auch für Sie selbst:

1. Fühlen Sie, wie Sie sich selbst in einer bestimmten Situation fühlen. Seien Sie Ihr eigener stiller Beobachter.
2. Spüren Sie nach, welches Bedürfnis hinter Ihren Gefühlen und Emotionen steht. Ist es das Bedürfnis nach Anerkennung, Wertschätzung, Sicherheit, Zärtlichkeit oder was auch immer?
3. Kommunizieren Sie dann offen Ihre Gefühle und Bedürfnisse dem Partner. Seien Sie dabei ganz ehrlich und authentisch!
4. Überlegen Sie zusammen, wie Sie Ihre Bedürfnisse erfüllt bekommen können.

Um nicht auf der Ebene der Symptome zu bleiben, sollten Sie aber auch hier grundsätzlich Ihre Programme überprüfen, die Sie bisher zu bestimmten Verhaltensweisen geführt haben. Authentische Beziehungen sind erst dann möglich, wenn wir unsere Gefühls-, Denk- und Verhaltensmuster erkennen, die uns glauben lassen, die eigenen Wünsche und Bedürfnisse nur über das berechnende Kalkül von Vortäuschung und Manipulation erfüllen zu können.

Bei der Erkennung und vor allem bei der Auflösung dieser Muster kann wiederum die Energiearbeit sehr hilfreich sein. Dies wird einen Prozess in Richtung authentischen Denkens, Fühlens und Wollens einleiten, der die Basis einer erfüllenden Partnerschaft sein kann. Die Feuerprobe für all meine Konzepte, Wertvorstellungen, Glaubenssätze, für mein Denken, Fühlen und Wollen sollte sein: *„Stimmt dies mit meiner inneren Wahrheit überein?"* Die Autorität, diese Frage zu beantworten, haben wir alle in uns!

Eine gewaltfreie Kommunikation, wie sie heute propagiert wird, ist nur dann möglich, wenn wir unsere eigenen Illusionen über uns und unsere dunklen Seiten konfrontieren. Nur dann sind wir zu „Ahimsa" (Gewaltlosigkeit), wie sie z.B. in den Yogaschriften gelehrt wird, fähig. Und nur dann hat die Forderung: „Liebe Deinen Nächsten wie Dich selbst" eine reale Chance.

Der Wolf in mir

Gewaltfreie Kommunikation ist nicht genug. Sie können die „Sprache der Giraffe" (Rosenberg) sprechen, aber immer noch ein Wolf sein. Sicher kann die Reflexion über die eigene Sprache einen Lernprozess auslösen, aber ohne einen grundlegenden Veränderungsprozess führt es nur zu einer weiteren manipulierenden Maske. Wie soll ich die Bedürfnisse des anderen hinter seiner Sprache erkennen, wenn ich die eigenen Bedürfnisse nicht kenne? Wie soll ich die andere Person erkennen, wenn ich mich selbst nicht kenne?

Der wichtigste Schritt wird also sein, sich mit sich selbst zu konfrontieren. Also hinschauen, wo der Wolf in mir sitzt, den ich im anderen immer bekämpfe. Wenn Sie anfangen, sich selbst zu konfrontieren und den anderen nur als Ihren unschuldigen Spiegel zu sehen, werden sich die Wolfsanteile in Ihnen nach und nach auflösen. Natürlich kann es bei diesem Bewusstwerdungsprozess sehr hilfreich sein, sich seine Sprache und seinen Umgang mit dem anderen genauestens anzuschauen, denn Sprache ist der Ausdruck unseres Denkens und unserer Einstellung. Es war für mich fast erschütternd, wie oft ich, der ich mich nicht für besonders aggressiv halte, die Wolfssprache benutze – und sie natürlich auch bei meiner Frau erkenne. Nun auch hier gilt: Diese Selbstspiegelung ist der erste Schritt zur Besserung. Noch einmal die wichtigste Botschaft dieses Buches: Egal, was der andere macht und wie er sich verhält, wenn es uns beunruhigt und betroffen macht, ist etwas in uns, dass wir nicht angeschaut haben und nicht sehen wollen und in der Regel in der Schuldzuweisung: „ Du machst immer", „Du bist schuld" oder „Das hast Du mir angetan" endet.

Ursprung unserer Maskenspiele

Der Ursprung unseres Versteckspiels liegt – wie wir bereits gesehen haben – meist in unserer frühkindlichen und späteren Erziehung begründet. Man nennt diesen unheilvollen Prozess auch ‚Sozialisation' oder ‚Über-Ich-Bildung'. Hier werden wir programmiert und lernen uns selbst und andere zu unterdrücken, zu manipulieren und zu betrügen. Das tun wir dann auch in unserer Partnerschaft: Wir belügen uns selbst und manipulieren, verzerren, unterdrücken und erpressen den anderen, was das Zeug hält. So wie es die Eltern mit uns gemacht haben. Besonders schwer haben es Personen, die in einem sehr autoritären Haus aufgewachsen sind.

Haben veraltete (manchmal steinzeitliche) und lebensfremde Normen der Eltern ein Kind dazu geführt, seine Eigenheit, seine Gefühle und Emotionen zu verdrängen, oder es zur Lüge gezwungen, werden diese Heimlichkeiten und Lügen in der Partnerschaft weiter gepflegt. Aus Angst vor Entdeckung und Strafe umgeht man die Norm heimlich. Der Partner übernimmt dabei die Rolle der (bestrafenden) Eltern.

Unser späteres Rollenspiel wird hier schon weitgehend normiert und festgezurrt. Und unser Intellekt findet für alle auch noch so schwachsinnigen

Programmierungen eine scheinbar vernünftige und sinnvolle Begründung!

Das, was wir in der Kindheit erleiden muss-ten, wenden wir jetzt gerne auf andere an oder begeben uns erneut in eine Situation der Abhängigkeit. Wir werden selbst zum Unter-drücker oder Unterdrückten. Beides ist gleich unheilvoll. Wurden wir von den Eltern mit Liebesentzug bestraft und gefügig gemacht, so versuchen wir dieses Mittel der Manipulation vermutlich auch in der Ehe.

In unseren jungen Jahren wird angelegt, „was man darf" und „was man nicht darf". Durften wir als Kind unsere Gefühle nicht zeigen, so werden wir es auch jetzt nicht wagen. Oder wir kritisieren den anderen als Schwächling, wenn er seine Gefühle zeigt. *Giordano Bruno*, der am eigenen Leibe die Auswirkungen der in der Kindheit programmierten Zombies seiner Zeit erfahren musste, erklärte: *„Weißt Du nicht, wie sehr unsere Glaubensgewohnheit und die Tatsa-che, dass wir von Kindheit auf in bestimmten Überzeugungen erzogen wurden, imstande sind, uns an der Erkenntnis ganz offenkundiger Dinge zu hindern."* *Max Planck*, der auch unter dieser Tatsache gelitten hat, kam zu dem Schluss: *„Eine neue wissenschaftliche Wahrheit trumpft nicht auf, indem ihre Gegner überzeugt und erleuchtet werden, sondern dadurch, dass diese Gegner allmählich sterben."* Nicht sehr inspirierend, wenn wir dies auf unsere persönlichen An-schauungen und Beziehungen übertragen. Denn prinzipiell verhält es sich nicht anders mit unseren Denk- und Verhaltensmustern in unserer Partnerbeziehung.

Ein wissenschaftliches Experiment aus der Verhaltensforschung zeigt auf anschauliche und sehr lustige, aber zugleich erschütternde Weise, wie neue Paradigmen und neue Verhaltensmuster entstehen können:

Eine Gruppe von Wissenschaftlern brachte 5 Affen in einen Käfig mit einer Leiter in der Mitte, auf deren oberster Sprosse Bananen lagen. Jedes Mal, wenn ein Affe die Leiter hochkletterte, begossen die Wissenschaftler die anderen Affen mit kaltem Wasser.

Nach kurzer Zeit geschah Folgendes: Jedes Mal, wenn ein Affe die Leiter hochkletterte, verhauten ihn die anderen.

Nach einiger Zeit getraute sich kein Affe mehr auf die Leiter zu klettern ... trotz der verführerischen Bananen.

Die Wissenschaftler ersetzten dann einen der Affen. Als erstes kletterte er die Leiter hoch und sofort verhauten ihn die anderen Mitglieder. Nach mehrmaligen Schlägen lernten die neuen Gruppenmitglieder, dass sie nicht auf die Leiter klettern sollten, obwohl sie nicht wussten, warum. Der zweite Affe wurde ersetzt und es passierte das Gleiche, und der erste ausgetauschte Affe beteiligte sich daran, den ersten Affen zu schlagen. Der dritte Affe wurde ersetzt und das Gleiche geschah. Der vierte und fünfte wurde ausgetauscht und es geschah wieder das Gleiche.

Zum Schluss blieb eine Gruppe von fünf Affen, die jeden verhauten, der versuchte, die Leiter zu erklimmen, obwohl keiner jemals eine kalte Dusche erhalten hatte.

Wenn es möglich gewesen wäre, die Affen zu fragen, warum sie jeden ihrer Artgenossen verprügelten, der versuchte auf die Leiter zu steigen ... ich wette, die Antwort würde sein ... *„Ich weiß nicht, aber so läuft das bei uns hier."* Klingt Ihnen das nicht vertraut?

„Das ist halt so! Da kann man nichts machen!" Das Gefühl, nichts ändern zu können, haben wir durch die übermächtige Autorität der Eltern verinnerlicht und wir ergeben uns ohnmächtig unserem Schicksal.

Erwachsen werden heißt Selbstermächtigung!

Erwachsen werden bedeutet, sich all diesen Mustern, Programmierungen und Ängsten zu stellen. Wenn nicht, dann stellen sie uns! Erwachsen werden heißt die *Freiheit der Selbstbestimmung* wiederzugewinnen.

Letztlich halten uns die Über-Ich-Programme ab, ein selbstbestimmtes Leben zu führen, und das ist nach **C.G. Jung** der direkte Weg in die Neurose. Es ist ein Zustand der eigenen Unfreiheit und der Freiheitsberaubung des anderen.

Kenneth Walsh, ein Vertreter der kognitiven Psychologie, beschreibt diesen Vorgang in unserem täglichen Leben: *„Überzeugungen haben die Tendenz, ihre eigene Gültigkeit zu bestätigen, da sie unsere Wahrnehmung und unser Verhalten in der Weise formen, dass sie mit ihnen übereinstimmen."*

Kinder bis ca. 3 Jahre können nach neueren Experimenten nicht lügen. Auch dazu werden sie „sozialisiert". Und das Erstaunlichste ist, dass wir Menschen es zu schaffen scheinen, uns sogar selbst zu belügen. Scheinbar! Denn tief innen spüren wir, ob etwas richtig ist oder nicht! Auch unser Körper lässt sich, wie wir gesehen haben, nicht wirklich austricksen. Er macht uns wahr! Ob wir wollen oder nicht!

Ein ganz wesentlicher Grund für unser Rollenspiel ist, dass es uns *Sicherheit* suggeriert. Gleichzeitig aber engt es ungemein ein und wir fühlen uns wie in einer Zwangsjacke. Auch hier läuft natürlich wieder der bekannte Mechanismus ab: Wenn wir schon selbst in einer Rolle leben müssen, dann wollen wir auch, dass es andere tun müssen. Falls es dann einer wagt, aus der Rolle auszusteigen, dann wird er von uns bestraft; er wird bestraft für das, was wir selbst gerne tun würden, uns aber nicht zu tun trauen. Wenn wir es schon nicht tun dürfen, dann sollen es gefälligst die anderen auch nicht tun dürfen!

Interessant ist, dass sich viele Menschen so sehr mit ihrem eigenen Gefängnis arrangiert haben, dass sie nicht einmal darunter leiden. Zumindest der Verstand findet genug Argumente, warum wir im Gefängnis glücklich sein können … Ob allerdings auch ihre Seele glücklich ist?

Unsere Entwicklungschance

Wie finde ich meinen eigenen schwachen Punkt (= meine Entwicklungsmöglichkeit)?

Wenn Sie Schwierigkeiten haben, zu identifizieren, wovor Sie Ihren Kopf gerne in den Sand stecken, hilft ein einfacher Hinweis: Wenn Ihr Partner Sie auf ein Thema anspricht und Sie sofort abblocken, gereizt oder gar verletzt reagieren, sobald er nur das Thema berührt, dann haben Sie meist Ihren schwachen Punkt gefunden.

Fragen Sie sich deshalb: Worauf reagiere ich immer gereizt?

Die andere Seite: Wenn Ihr Partner Sie immer wieder verletzt, dann macht er dies nur so lange, wie Sie sich verletzen lassen. Einer jungen Frau, die sich von Ihrem Partner in Auseinandersetzungen immer wieder aufs tiefste verletzt fühlte, hat folgender Ratschlag geholfen: *Machen Sie sich bewusst, dass ihr Partner in diesem Augenblick der Schwache ist* und dass eigentlich er der Bemitleidenswerte ist, dann haben Sie das Spielchen gewonnen. Es geht dabei natürlich nicht darum, das Spiel zu ,gewinnen', sondern *bei sich zu bleiben*. Also ziehen Sie sich beim nächsten cholerischen Ausbruch Ihres Partners den Schuh nicht an und sagen Sie still für sich: Das ist dein Problem! Schauen Sie sich das Teufelchen an, das ihn gerade wie ein Rumpelstilzchen herumtoben lässt. Der Spaß hört für ihn auf, wenn er merkt, dass er Sie nicht treffen kann und wie lächerlich seine unfaire Attacke ist. Dazu müssen Sie allerdings selbst stark sein und fest in sich selbst ruhen. Und ganz wichtig: Es sollte nicht aus Überheblichkeit oder Arroganz geschehen!

Hier können wir eine Lektion bei den Sumo-Ringern nehmen. Ein Sumo-Ringer versucht den anderen aus dem Gleichgewicht zu bringen. Gelingt ihm das, so hat der andere verloren.

Immer sollten wir uns aber auch ehrlich die Frage stellen, warum ich mich so verletzt fühle und ob dies nicht tatsächlich mein eigener schwacher Punkt ist.

Eine Möglichkeit, sich „ehrlich" die Meinung zu sagen, ist, dass Sie es als eine „Übung" oder „Spiel" ganz bewusst machen.

Setzen Sie sich also hin und schreiben Sie auf Papier:

Meine Stärken	Meine Schwächen

Danach sollten Sie in liebevoller Weise zusammen über die Ergebnisse sprechen. Diese Ehrlichkeit kann nur funktionieren, wenn die Grundlage zwischen den Partnern noch stimmt und ein regelmäßiger und offener Austausch – übers Herz – vorhanden ist. Außerdem braucht es schon etwas Mut und Erwachsensein.

**Wenn Sie übrigens Ihre wichtigsten Lebenslektionen herausfinden wollen,
dann schauen Sie sich Ihre größten Schwächen an!**

Da viele gegenseitige Verletzungen nur aus einem Mangel an Selbstwertgefühl geschehen, möchten wir das „Wertschätzungsspiel" empfehlen, weil es uns gegenseitig hilft, ein gutes Selbstbewusstsein aufzubauen, indem wir uns unserer Stärken, Erfolge, Vorteile und positiven Eigenschaften etc. bewusstwerden.

Das Wertschätzungsspiel hat 3 Phasen:

1. Sagen Sie sich selbst z.B. am Abend vor dem Schlafengehen, was Sie generell an sich selbst gut finden und was Sie heute gut gemacht haben.
2. Machen Sie die Übung mit dem Partner und sagen Sie sich gegenseitig, was Sie an sich selbst gut finden.
3. Sagen Sie sich gegenseitig, was Sie am anderen schätzen und gut finden.

Viele Reibungspunkte, die zwischen Ihnen und Ihrem Partner vorherrschen, werden sich einfach durch liebevolle Wertschätzung auflösen.

Ich mache Dich glücklich

Es gibt manchmal noch einen tieferen Grund, warum wir unseren Partner hassen und deshalb verletzen mögen. Wir haben erwartet, dass unser Partner uns glücklich macht, und nun geschieht dies nicht. Vielleicht hat er es sogar

versprochen. Wir wollten es hören, also hat er es in seiner blinden Verliebtheit getan. Auch ich habe es wohl bei einem unserer ersten Treffen in einem
Bremer Altstadt-Café getan. So sagt jedenfalls Sabine, und das kann sehr gut
der Fall sein, auch wenn ich mich daran nicht so recht erinnern kann oder
will?! Denn … kann ein anderer Mensch uns wirklich glücklich machen?

Eine echte Partnerschaft braucht zwei Partner, die *alleine* glücklich sein
können. Wenn sie dann ihr Glück teilen, ist es doppeltes oder vervielfachtes
Glück.

- Wenn aber der Partner nur mit Ihnen glücklich ist, wird er abhängig und
  für Sie zur Last.
- Wenn der Partner nur mit Ihnen glücklich sein darf, wird tief in ihm oder
  in ihr ein leises Gefühl der Ablehnung – meist unbewusst – zu schwelen
  beginnen und wachsen und sich in Unzufriedenheit oder Gereiztheit nach
  außen zeigen und schließlich vielleicht in einer Trennung enden.

Wir sind tatsächlich so verdreht, dass wir schon unglücklich sind, wenn unser
Partner ohne uns glücklich ist. Wie kann das sein? Liebt er mich nicht mehr?
Es entsteht ein Gefühl: Braucht er mich nicht mehr, bin ich überflüssig?

Dies ist ein Zeichen für ein schwaches ICH und ein mangelndes Selbstbewusstsein. Das Glück meines Partners soll gefälligst von mir kommen, nicht
von ihm selbst und schon gar nicht von einem anderen. Deshalb reagieren
wir so eigenartig, wenn unser Partner mit einem anderen Menschen viel Ge-
löstheit und Spaß hat. Schon das anerkennende Lächeln eines Fremden oder
ein harmloser Flirt kann zu einem Konflikt oder zu einer Krise ausarten,
wenn der Partner nicht genügend Selbstbewusstsein und innere Freiheit hat.

Ein Journalist beschwerte sich bei mir über seine Partnerin: *„Dauernd stellt
sie mir die Frage: ‚Liebst du mich noch?' Wenn ich mal mit meinen Freunden
einen heben gehe, interpretiert sie es sofort: ‚Bist du nicht mehr gerne mit mir
zusammen? Gehe ich dir auf die Nerven? Was mache ich falsch?' Und diese
Fragerei und dass ich mich immer rechtfertigen muss, geht mir gehörig auf die
Nerven.“*

Verreist der Partner nur für zwei Tage, müssen wir ihm gestehen, wie sehr
wir ihn vermisst haben. Etwas reifere Partnerschaften ertragen es schon, dass
man dem anderen eingesteht, wie sehr man das Alleinsein genossen hat.

KAPITEL 4

Das Gesetz der Anziehung

Das Gesetz der Anziehung bedeutet ein positives oder negatives Feedback der Natur und wirkt wie ein Verstärker. Wer selbst in seinem Selbstwert gehemmt ist, zieht Eltern, Lehrer, Partner, Kollegen oder Chefs an, die ihn in seinem Selbstwert schmälern. Wer in seiner Durchsetzungsfähigkeit gehemmt ist, zieht Eltern, Lehrer, Partner, Kollegen oder Chefs an, die ihn in seiner Durchsetzung blockieren. Ein schönes luxuriöses Haus könnte hier eine Kompensation sein und ein Defizit widerspiegeln, so wie ein teurer Sportwagen einen Mangel an Selbstwert spiegeln kann.

Die Blockaden sind in uns! Das Außen ist ein unschuldiger Spiegel. Wir sollten uns also über unsere Welt nicht beschweren, sondern besser für uns sorgen, uns annehmen und lieben lernen. Wer nicht anerkannt wird oder sich nicht anerkannt fühlt, sollte an seinem Selbstwert arbeiten.

Wer dagegen sich selbst wertschätzt und liebt, wird eine positive Verstärkung erfahren und Eltern, Lehrer, Partner, Freunde, Kollegen oder Chefs anziehen, die ihn achten, wertschätzen und lieben und in seinem Selbstwert stärken. Wer sich selbst annimmt, wird auch andere annehmen und von anderen angenommen werden, weil es Menschen sind, die ebenfalls sich selbst annehmen können. Wer in sich geborgen ist, wird Geborgenheit außen anziehen. Und wer seinen Körper genießen kann, ist fähig, auch den Körper des anderen zu genießen. Er zieht Menschen an, die ebenfalls ihren Körper genießen und durch ihren Genuss seinen Genuss verstärken. Das Außen ist ein positives Feedback meiner eigenen inneren Haltung und meiner Einstellung zu mir selbst!

Eine schicksalhafte Begegnung

„Bei der Brautwerbung ist der Mann so lange hinter einer Frau her, bis sie ihn hat", stellte **Jacque Tati** einmal bissig fest, um dann nach der Heirat doch festzustellen, dass es die bzw. der Falsche war. Nun, es ist niemals die oder der Falsche, wie wir im Folgenden noch darstellen werden. Wir werden vielmehr zeigen, dass wir nicht irgendeinen Partner anziehen, sondern nur *den einen* ganz bestimmten … wenn auch vielleicht nur für eine begrenzte Zeit.

Wie oft haben Sie sich schon gefragt, warum bin ich ausgerechnet mit diesem Mann bzw. dieser Frau zusammen? War es Zufall, der uns zusammengeführt hat, oder war es Schicksal?

Nun, wir glauben nicht an ein Universum, in dem der Zufall herrscht, und wenn es Zufälle gibt, dann sind es *sinnvolle Zufälle*.

Ein Freund traf seine Herzensdame „zufällig" an der Telefonzelle, ein anderer flog nach Kalifornien, um dort sein kosmisches Gegenstück abzuholen. Oder wie der Prinz von Dänemark, der um den halben Globus reiste, um im australischen Tasmanien seine Prinzessin Mary zu finden.

Zufall? Schicksal?

In seiner ‚Theorie der Synchronizität' stellt **Carl Gustav Jung** die These auf, dass es ein nicht-kausales Prinzip gibt, das physische und psychische Ereignisse verbindet, dass also eine unendliche unsichtbare Kommunikation stattfindet, unabhängig von Raum und Zeit.

Ein Beispiel: Ein Mann fährt mit der U-Bahn, um seinen Freund in der Stadt zu treffen. Aus Versehen fährt er zwei Stationen zu weit und … trifft dort ‚zufällig' seine künftige Frau. Ein sinnvoller Zufall? Hat ein unsichtbarer Computer oder eine allgegenwärtige Intelligenz den Vorgang gelenkt? Ich habe das Beispiel, das Jung selbst erzählte, etwas abgewandelt, denn genau so, wie oben geschildert, erging es einem meiner Freunde, als er seine Frau kennen lernte. Er stieg versehentlich in München an der U-Bahnhaltestelle „Münchner Freiheit" aus und traf dort „zufällig" seine spätere Frau.

Mit den „sinnvollen Zufällen" hat **C.G. Jung** letztlich die Sinnhaftigkeit aller Dinge in unserem Universum entdeckt. Nichts passiert zufällig und alles hat seinen Sinn. Er hat erkannt, dass alles mit allem in perfekter Verbundenheit steht und dass alles im Universum intelligent abläuft. Das sagen auch die Philosophen unserer Zeit: die Quantenphysiker.

Die Quantenphysik hat schon lange erklärt, dass alles im Universum mit allem anderen verbunden ist, auch wenn dies noch nicht bis in unsere Schulen vorgedrungen zu sein scheint.

Anregung:

> Schauen Sie einmal genau hin, betrachten Sie Ihr Leben, wo Ihr Leben durch ‚sinnvolle Zufälle' verändert wurde oder wo Sie durch ‚sinnvolle Zufälle' geleitet wurden.
>
> Was können Ihnen diese ‚zufälligen' Ereignisse sagen?
>
> Was haben diese ‚Zufälle' Sie gelehrt?

Die unsichtbaren Fäden

Bereits in den zwanziger Jahren hat der Züricher Physiker **Wolfgang Pauli** erkannt, dass Elektronen ein Erinnerungsvermögen besitzen und *„wissen"* und *„behalten"* können, ob sie einem anderen Atom schon mal begegnet sind. *„Und damit die Quantentheorie wirklich funktioniert,"*, erklärt der amerikanische Forscher und Psychologe **George Leonard**, *„muss jedes Elektron, umgangssprachlich formuliert, ‚wissen', was es tun soll. Es ist, als ob sich an jedem Punkt jedes elektromagnetischen Feldes ein winziger Supercomputer befände, der ständig alles berechnet, was im Universum vor sich geht."*

Alles ist immer wohl geordnet, folgt einem sinnvollen, intelligenten Muster. Ob wir dieses Muster erkennen oder nicht, ist zunächst nicht von Bedeutung. Die Wirkungen des Musters aber erkennen wir immer. Die Wissenschaft beschreibt dieses sinnhafte und intelligente Funktionieren der Natur als Naturgesetze. Wäre die Welt nicht ein perfekt geordnetes Ganzes, das Gesetzmäßigkeiten folgt, so gäbe es auch keine Naturwissenschaft. *Albert Einstein* sieht in der Natur „*eine Intelligenz von solcher Erhabenheit, dass verglichen damit das ganze systematische Denken und Handeln des Menschen ein unbedeutender Abglanz ist*".

In der Vedischen Wissenschaft gibt es einen ganz zentralen Begriff: DHARMA. Dharma ist die geniale Intelligenz und Ordnung in allem Wirken der Natur. Alles läuft nach Gesetzmäßigkeiten ab und alles existiert im Zusammenhang von allem mit allem. Es ist ein gewaltiges Naturgesetz am Wirken, und hinter allem, was im unendlich weiten und permanent expandierenden Universum geschieht, steckt ein Sinn. Diese Intelligenz ist allgegenwärtig und alldurchdringend. Diese Intelligenz weiß und erinnert sich. So wie die Atome dies tun, die Ausdruck dieser Intelligenz sind, und so wie wir es tun, die ebenfalls Ausdruck dieser Intelligenz sind.

Begegnen wir einem Menschen, so ist es die – meist unbewusste – *Erinnerung*, die einen Menschen für mich anziehend macht oder mich eher abstößt. Wenn in der Bibel von Liebe gesprochen wird, heißt es: Er „erkannte" sie. Lieben ist Erkennen oder Wiedererkennen.

**Es ist diese Erinnerung,
die sogar das Ereignis des Wiedersehens erst schafft!**

In der Physik kennt man die sog. EPR-Teilchen, die nach ihren Entdeckern **Einstein/Podolski/Rosen** benannt wurden. Sind bestimmte Teilchen sich einmal begegnet, so behalten sie ihre Erinnerung, egal, wie weit sie voneinander entfernt sein mögen. Man kann sie auf den Mond oder irgendwohin ins All schießen, die Erinnerung und Beziehung bleiben bestehen. Das ist das, was die Veden als die unsichtbaren Fäden beschreiben, die uns miteinander verbinden. Es sind die Fäden des *Karma*.

In der Natur herrscht ein allgegenwärtiges Naturgesetz. Diese allwissende Intelligenz merkt sich alles und diese alldurchdringende, allgegenwärtige Wissenheit, diese omni-präsente allwissende Ebene des Lebens kann nicht betrogen werde. Menschliche Gesetze und Verfassungen können umgangen, Institutionen können ausgetrickst und Menschen beschummelt werden, aber nicht das allwissende Sein, nicht Dharma, das allgegenwärtige, allwissende Naturgesetz. Alle Religionen lehren dieses Naturgesetz. Es ist das *Gesetz des Dharma* der Veden, das sich uns als unser persönliches *Karma* präsentiert. Wörtlich übersetzt bedeutet das Gesetz des Karma: Das Gesetz der Handlung. Das Gesetz von ,actio' und ,reactio'. Wir sind frei in der Handlung, aber nicht in den Folgen.

In der *Bibel* wird dieses Gesetz in *Galater 6, Vers 7* beschrieben.:

Lasst Euch nicht irreführen –
denn was immer ein Mensch sät, wird er ernten.

Sind wir einem Menschen begegnet, so hat dies Spuren hinterlassen – positive oder negative. Es sind diese unsichtbaren Spuren oder Fäden, die uns wieder zusammenziehen. Es ist der Same, den wir irgendwann gesät haben, den wir jetzt wieder ernten werden.

Sicher haben Sie sich auch schon das eine oder andere Mal gefragt: Warum habe ich ausgerechnet diesen Menschen getroffen und geheiratet? Oder bei Freunden und Bekannten: Warum sind ausgerechnet die beiden zusammen?

Für uns Außenstehende ist es manchmal völlig unverständlich, warum gerade diese zwei Personen zueinander gefunden haben. Was sie zusammentreibt, könnte das Gesetz der Anziehung oder ein gemeinsames Karma aus einer früheren Begegnung sein, das in einer Neuauflage der Beziehung aufgearbeitet werden muss.

Dass die Natur es so eingerichtet hat, dass wir uns nicht mehr daran erinnern, was mir mein früherer Partner vielleicht an Leid zugefügt hat oder wie wir ihn verletzt oder betrogen haben, ist ein großer Segen. Es ermöglicht uns, unvoreingenommen auf den anderen zuzugehen. Unvoreingenommen natürlich nur bedingt, den die un- oder unterbewussten Programme sind natürlich da und zeigen sich dann in den ganz konkreten Problemen, die wir in einer Partnerschaft zu lösen haben.

Wie die Natur uns in die Falle lockt

Um die Evolution aufrechtzuerhalten und uns in *unsere* Lernaufgabe zu bringen, ist die Natur sehr erfinderisch. Wir werden genau die Personen oder die Situationen anziehen, die unserer Entwicklung am besten dienen.

Es ist vor allem die Sexualität, derer sich die Natur bedient. Die sexuelle Kraft ist Ausdruck des universalen Dranges nach Einheit. Es sind archaische instinktive Programme, die unser Verhalten und Denken formen und bestimmen. Der Drang nach Einheit und die Lust, die mit dem Akt der Fortpflanzung verbunden ist, sind wohl entscheidend dafür, dass sich ein Mensch auf die Verantwortung, die mit Fortpflanzung verbunden ist, überhaupt einlässt. Speziell männliche Gehirne schalten regelmäßig ab, wenn sie ein paarungswilliges Weibchen sichten, was **Esther Vilar** einmal zu dem Ausspruch veranlasste: *„Die Frau kontrolliert ihren Sex, weil sie für Sex all das bekommt, was ihr noch wichtiger ist als Sex."*

Aber ist Sex der Grund, warum ich gerade mit diesem Mann oder mit jener Frau zusammen bin? Das würde ja auch bedeuten, dass Sie mit völlig beliebigen Menschen eine feste Verbindung oder Ehe eingehen würden oder könnten. Aber das ist eines der größten Märchen, die uns immer wieder aufgetischt werden! Es ist schlichtweg Unwissenheit über die Gesetze des Lebens.

Wie läuft dann dieses Spielchen ab?

Um mich in den Partner zu verlieben, der für mich passend ist, setzt uns die Natur die berühmte rosarote Brille auf. Freiwillig würden wir uns nämlich nicht oder kaum in unsere Lernaufgabe begeben, aber gerade das ist unsere Beziehung ja in der Regel. Wir verlieben uns sozusagen in unsere Lernaufgabe! Wir finden den anderen sexuell attraktiv, verlieben uns in ihn oder besser gesagt in das Bild, das wir uns von ihm machen, und schon sitzen wir in der Falle. Die Natur hat uns dorthin gebracht, wo sie uns hinhaben wollte: in unsere Entwicklungschance. Nicht sehr romantisch – oder?

Hier ist eine Kraft am Wirken, die sich in zwei Aspekten zeigt:

Zum einen will die Natur sich weiter erhalten. Es ist die unbesiegbare Kraft der Natur, welche die Evolution aufrechterhält. Diese Kraft äußert sich als unsere sexuelle Kraft. Ohne die sexuelle Kraft und die Freuden, die mit dieser Zeugungskraft verbunden sind, wäre die Fortpflanzung und Evolution nicht möglich und die Menschheit vermutlich schon lange ausgestorben.

Der andere Aspekt derselben Medaille ist die Kraft der Liebe als die ewige Sehnsucht nach Ganzheit und Einheit. Dieser Drang nach Einheit äußert sich als die Suche nach der Vereinigung mit dem kosmischen Gegenpart. Es ist die Suche nach Ganzheit und Vollkommenheit. Im Augenblick der Vereinigung der beiden Pole erfahren die Partner einen Vorgeschmack auf die letztendliche Einheit in der SELBST-Verwirklichung. Dieses Erlebnis ist so intensiv, dass Frau und Mann es immer wieder, wieder und wieder suchen. Nach dem Akt der Vereinigung fallen sie wieder auseinander und das Spiel beginnt von neuem.

Eine schöne Geschichte über die Kraft der Anziehung und Sehnsucht nach Einheit erzählt uns *Plato* im „Gastmahl". Er spricht von Kugelmenschen, von einer *„an Kraft und Stärke gewaltigen ... Ur-Rasse"*, in der Männliches und Weibliches noch eine Einheit bildeten:
„Von so lange her also ist die Liebe zueinander den Menschen angeboren, um die ursprüngliche Natur wieder herzustellen, und versucht, aus zweien eins zu machen und die menschliche Natur wieder ganz zu machen ..." „Nun liegt aber der Grund für das Streben nach Vereinigung und Verschmelzung mit dem Geliebten darin, dass dies gerade unsere ursprüngliche Natur war, in der wir eine noch unversehrte Einheit bildeten; das Verlangen und Trachten nach dieser Einheit trägt den Namen Liebe."
EROS ist also Begierde und Jagd nach Wiedervereinigung. Dass der Pfeil des Eros nicht ein zufälliges Opfer trifft, werden wir an späterer Stelle noch weiter ausführen.

KAPITEL 5
Liebe, Eros und Sexualität

Eros oder die erotische Kraft ist die Brücke zwischen Sex und Liebe. Er ist die Brücke, aber nicht die Liebe selbst. Soweit man sagen kann, dass Liebe entsteht, so ist es ein Vorgang, den wir vorher beschrieben haben. Es ist die Transformation der Seiten in uns, die wir nicht akzeptieren oder ablehnen. Plötzlich stellen wir fest, dass da Liebe ist. Sie war immer schon da, nur verstellt und verborgen durch unsere falsche Sicht. Dunkelheit hat keine Substanz, sie löst sich in nichts auf, wenn das Licht kommt. So ist es auch mit der Liebe. Sie verwandelt alles, was mit ihr in Berührung kommt.

Eros ist die Anziehungskraft zwischen Menschen. In vielen Partnerschaften verschwindet der Eros nach einigen Jahren des Zusammenseins. Was ist der Grund dafür?

Eros ist eine ungemein starke Kraft, die, wie Platon es beschreibt, die Sehnsucht nach Wiedervereinigung weckt. Selbst Menschen, die ihre höheren Qualitäten nicht sehr entwickelt haben, sehr eigennützig oder sogar kriminell sind und anderen Menschen schlimme Dinge antun, können durch die Kraft des Eros – wenn auch vielleicht nur für kurze Zeit – zu Gefühlen fähig werden, die sonst außerhalb ihrer Reichweite liegen. Aber wenn die Seele des Menschen nicht bereit ist zur Liebe, dann fällt der Mensch wieder in das alte Muster zurück.

> *Die erotische Erfahrung befähigt den Menschen,*
> *sich nach der Vereinigung mit wenigstens einem anderen Menschen*
> *zu sehnen.*
>
> Eva Pierrakos

Deshalb kann sich jeder Mensch glücklich schätzen, der die Erfahrung des Eros macht. Freuen Sie sich also, wenn der Pfeil des Eros Sie trifft, egal, in welchem Lebensalter Sie sich befinden mögen.

Wer sich dem Eros verweigert, weil er z.B. fürchtet, verletzt zu werden, beraubt sich selbst einer ganz wichtigen Erfahrung und einer der stärksten Kräfte der Schöpfung.

Eros ist nicht Liebe. Liebe ist dauerhaft. Eros kann den Impuls geben, der uns antreibt, die Eigenschaften, Haltungen und Konzepte zu durchbrechen und zu beseitigen, die Liebe verhindern. Wird der Impuls des Eros nicht von Liebe abgelöst, wird eine Beziehung scheitern. Das ist das Problem vieler Ehen. Es fehlt die Liebe.

Um eines noch einmal klarzustellen: Unsere Seele sucht immer nach Liebe und ist nur glücklich, wenn wir auf dem Wege sind oder uns im Zustand der Liebe befinden. Trotzdem kann es viele Eigenschaften unserer Persönlichkeit geben, die noch nicht reif für die Aufrechterhaltung dauerhafter Liebe sind. Auch die Seele selbst macht einen Reifungsprozess durch. Und nur reife Seelen sind zu reifer oder universeller Liebe fähig.

Für den Reifungsprozess wird die Seele viele Erfahrungen machen und durch viele Stadien ihrer Entwicklung gehen müssen. Manche Seelen befinden sich im Babyzustand, andere sind in der Kindheit, wieder andere befinden sich im pubertären Zustand. Schon viel weniger sind im erwachsenen Zustand und wohl nur sehr wenige im reifen Zustand, denn sonst würde es auf diesem Planeten anders aussehen.

Das Programm für die jeweilige Erfahrung, welche die Seele zu machen hat, ist ihr Seelenplan (= Dharma). Deshalb ist es so wichtig, unser Dharma zu finden, denn es ist der schnellste und optimale Weg für die Entwicklung unserer Seele. Einer Seele im Zustand des Erstklässlers wird die Aufgabe des Zweit- oder Drittklässlers überfordern. Ganz zu schweigen von noch schwierigeren Aufgaben, die in höheren Klassen gestellt werden, aber dort normal sind.

Eros ist nicht die Liebe selbst, aber der Drang oder die Sehnsucht nach Liebe. Aber er kann sehr wohl den Geschmack der Liebe vermitteln. Eros wird aber nur ein kurz aufloderndes Feuer sein, wenn er nicht durch die geläuterten Qualitäten der Seele genährt wird. Nur wenn die beiden Seelen vorbereitet sind, kann Eros tatsächlich die Brücke zur Liebe sein.

Natürlich ist Eros oder auch Sex grundsätzlich Ausdruck der Liebe, denn aus Liebe ist alles geboren, aber es sind in ihrer Manifestation doch sehr differenzierte Kräfte.

Eros ist wie eine jugendliche Neugier,
die den anderen bzw. die andere Seele
und damit sich selbst mehr kennen lernen will.

Solange das Feuer des Eros mit der Erfahrung neuer interessanter Aspekte, neuer Gefühle, neuer Emotionen der anderen Seele und Persönlichkeit genährt wird, bleibt die Beziehung interessant. Der Partner darf nie zur Gewohnheit werden. Es muss immer das Gefühl vorhanden sein: Es gibt noch etwas zu entdecken.

Deshalb ist Kommunikation so wichtig in der Partnerschaft. Aber die Kommunikation muss so gestaltet sein, dass sie immer neue Schichten unseres Wesens offenbart. Dann bleibt die Beziehung immer neu und interessant. Hört dieses Wachstum auf geistiger, seelischer und emotionaler Ebene auf, wird auch der Fluss des Eros versiegen. Und auf einmal ist die Attraktivität verloren. Still und heimlich oder schleichend hat sie sich davongemacht. Die Gewohnheit und Vertrautheit hat den Funken des Eros gelöscht. Dabei sollte uns klar sein, dass unsere Seele unendliche Facetten und Schichten besitzt und damit ein nie versiegendes Potential von Anziehungskraft hat. Eigentlich kennen wir uns kaum. Ist Ihnen dies bewusst?

Gewohnheit und Vertrautheit bedeutet, dass wir mit den Eindrücken (Sanskaras), die der Partner bei uns hinterlassen hat, kommunizieren. Wir kommunizieren also mit der Vergangenheit, mit dem Bild, das wir vom anderen haben, und nicht mit dem anderen selbst, so wie er jetzt ist. Die Lösung ist also, ganz im Hier und Jetzt zu sein und auf die jeden Augenblick neue Situation zu reagieren. Es bedeutet, die Situation, den Menschen oder den Augenblick zu *fühlen*. Vergleichen Sie einmal, wie aufmerksam und achtsam Sie dem anderen gegenüber in der Phase der Verliebtheit waren. Mit Routine und

Gewohnheit stirbt der Eros! Die Lebensfreude und die staunende Gegenwart, wie sie Kinder haben, geht weg und deshalb wendet sich die Persönlichkeit ab und die Seele trauert.

Die *sexuelle Kraft* ist ebenfalls Ausdruck der einen Liebe. Sie ist die *schöpferische Kraft der Fortpflanzung*, des Zeugens und Gebärens. Als Geschlechtstrieb gehört sie zu unserem animalischen Körper bzw. zu unserem Reptiliengehirn. Ohne den Einfluss des Säugetiergehirns (Gefühle, Emotionen) und ohne Einfluss des Neo-Kortex (Vernunft, höhere Werte wie Integrität, Treue und Liebe) wird Sex in seiner tierischen Form gelebt: selbstsüchtig und häufig pervertiert, was sich z.B. in dem starken Bedürfnis nach Pornographie in unserer Gesellschaft zeigt. Das Reptiliengehirn ist heute leider sehr dominant, was sich u.a. daran zeigt, dass Gewinnsucht, Ehrgeiz, Habgier, Neid und Wettbewerb vorherrschen im Gegensatz etwa zu Religion, Mitgefühl, Gemeinschaft und Kooperation.

Unter dem Einfluss des Eros und der Liebe wird auch die Sexualität zu einer geistigen Kraft und dafür sorgen, dass sie immer weniger egoistisch wird. Fehlt der Eros, wird auch die sexuelle Beziehung leiden, weil der Reiz und die Anziehungskraft schwinden.

Ein Plädoyer für die Ehe

Die Ehe ist der Platz, in der Liebe reifen kann, weil sie es ermöglicht, sich gegenseitig zu offenbaren. Schicht für Schicht. Das braucht Zeit. Die Ehe gibt den Raum und die Zeit. Ich habe jetzt bewusst das Wort „Ehe", anstatt „Partnerschaft" gewählt, weil die Entscheidung zur Ehe ein bewusster Akt für eine gemeinsame Entwicklung ist – oder zumindest sein sollte! „Ent-Wicklung" in dem Sinne, dass wir im Austausch mit dem anderen immer tiefere Schichten von uns selbst erkennen, denn die Erkenntnis des anderen ist im Prinzip immer Selbsterkenntnis. Nur die Erkenntnis und der ständige Austausch – auch gerade der Dinge, die uns Angst machen – wird die Ehe lebendig erhalten. Vermutlich ist dies eines der großen Geheimnisse glücklicher Ehen.

„Wir haben uns getraut", haben wir das vorliegende Buch betitelt, denn das Leben und so auch die Ehe ist immer ein Risiko. Es ist das Risiko, sich zu offenbaren, verletzlich zu sein und sich den Ängsten vor dem Unbekannten, den eigenen Schattenseiten oder dem Scheitern zu stellen. Täglich aufs Neue! Aber nur wer dieses Risiko eingeht, lebt, und nur wer dieses Risiko eingeht, wird wachsen können. Und solange wir wachsen, wird unsere Seele happy sein. Das ist der Lohn, wenn wir uns täglich stellen – gegen alle Bequemlichkeit und alle Trägheit. Was dabei immer sehr hilfreich ist, ist ein guter Schuss Humor. Es steht nirgends geschrieben, dass die Entdeckung neuer Facetten unserer Persönlichkeit und unsere Entwicklung notwendig immer mit Leiden verbunden sein müssen.

Sexuelle Befreiung und Emotionen

Eine erfüllende sexuelle Beziehung beruht auf einer erfüllenden gefühlsmäßigen und emotionalen Beziehung. Die sogenannte sexuelle Emanzipation, die im letzten Jahrhundert stattfand, ist noch lange nicht abgeschlossen. Es war ein heilsamer Prozess, sich von der Unterdrückung durch Kirchen und Priesterschaft zu lösen. Gebote und Verbote waren ein Mittel, die Menschen zu beherrschen. Das ist ein generelles Muster. Vielleicht sollten Sie sich einmal grundsätzlich fragen, ob Sie überhaupt einen Mittler zwischen sich und Gott brauchen, ob er Pastor, Imam oder Pandit heißt? Hören Sie auch hier immer auf Ihre innere Wahrheit. Selbstständig denkende und unabhängig handelnde Persönlichkeiten wurden von Kirchen und den Herrschenden – egal welcher Couleur – selten gefördert.

Die sexuelle Kraft ist eine „Kraft". Sie ist eine Energie, die den Menschen stark und frei macht, wenn sie richtig kanalisiert und benutzt wird. Deshalb hat man gezielt versucht, die Menschen dieser Kraft zu berauben. Menschen, die in der sexuellen Umarmung erfahren, dass sie sich an die universelle Urkraft anschließen und diese Kraft in sich spüren, lassen sich nicht unterdrücken. Die Unterdrückung der Sexualität hatte die Menschen geschwächt und letztlich zu willfährigen Sklaven der Priesterschaft gemacht. Das geschieht heute auch häufig durch Gurus, denn die Sexualität ist der Bereich, mit dem sie die Menschen am stärksten unter ihre Knute bekommen. Natürlich verlangt der Umgang mit dieser wunderbaren Kraft Wissen und Verantwortung.

Warum ist die Befreiung nicht wirklich gelungen?

Sexuelle Befreiung fand fast ausschließlich im Kopf statt. Man hat sich intellektuell von Schranken und Dogmen befreit. Aber nicht vollständig. Sie kennen sicher das Sprichwort, dass Sex im Kopf passiert. Das ist richtig. Viele Blockaden sind hier zu finden. Wir haben eine Menge der jahrhundertealten Prägungen und Einschränkungen über Bord geworfen, lassen uns nicht mehr von verklemmten und unterdrückenden Haltungen der Kirchen beeindrucken.

Leider aber hat die sexuelle Befreiung nur auf der Oberfläche stattgefunden, denn der Intellekt ist nur eine ziemlich grobe Ebene. Sicher, heute lassen sich nur wenige Menschen sagen, welche Stellung erlaubt ist und wann und wie oft sie Sex haben dürfen. Aber das Wesentliche ist nicht geschehen. Sex erschöpft sich nicht in Techniken, die zeigen, wie ich am schnellsten und möglichst häufig zum Orgasmus kommen kann. So ist es nicht erstaunlich, dass wissenschaftliche Untersuchungen zeigen, dass erfüllte Beziehungen eher die Ausnahme sind.

Eine wichtige Rolle für eine erfüllte sexuelle Beziehung spielen die Gefühle und Emotionen. Aber die Befreiung der Gefühle und Emotionen hat kaum im Ansatz stattgefunden. Dabei spielen Emotionen oder Herzensqualitäten eine enorm wichtige Rolle. Ohne emotionelle Verbindung oder ohne Liebe wird die Beziehung nach dem Orgasmus unterbrochen. Die sexuelle Entladung ist geschehen und der Partner verliert seine Attraktivität ..., wenn .... ja wenn nicht Liebe im Spiel ist.

Die guten sexuellen Ratgeber zielen darauf ab, in der sexuellen Verbindung die Achtsamkeit und die Herzverbindung zwischen den Partnern zu verstärken und die feinen Energien zu beleben.

Sie können dann auch lernen, Sex auf völlig andere Weise zu praktizieren, als Sie es bisher getan haben, so dass sich Sex nicht im schnellen Orgasmus erschöpft, sondern auch das Gefühl mitkommen lässt und das Herz zufrieden stellt. Vor allem die Zärtlichkeiten der Männer suchen gerne den schnellsten Weg zum Orgasmus. *„Frau spürt die Absicht und ist verstimmt"*, könnte man ein Dichterwort abändern, denn diese Zärtlichkeit ist nicht auf den anderen bezogen, sondern auf sich selbst. Sie ist egoistisch. Die Öffnung zum anderen ist nicht vorhanden. Deshalb muss man(n) vielleicht auch schauen, wie man den Überdruck im Dampfkessel beherrscht – oder vorher schon eigenhändig ablässt, so dass Kopf und Herz frei werden und sich dem anderen wirklich zuwenden können.

Praktizieren Sie Sex einmal auf stille Weise, meditativ. Erwecken Sie die zarte Energie und lassen Sie diese „tun". Meditation ist das „Nichttun tun". Versuchen Sie einmal, auch beim Sex nicht so viel zu tun, sondern diese Energie zuzulassen. Überlassen Sie der sexuellen Energie die Führung. Machen Sie einmal „stillen Sex". Vielleicht endet er ja laut! Wie beim Schmetterlingseffekt kann ein feiner Impuls sich zu einer gewaltigen Welle aufbauen. Wenn Sex achtsam und einfühlsam praktiziert wird, werden auch die Chakren (Energiezentren) genährt. Dieser Weg geht weg vom sportlichen Leistungsdenken, das wir leider aus unserem Berufsleben in unsere Betten mitgenommen haben. Vermutlich wird es dann auch weniger Prostata-Leiden geben. Das neue Motto: Loslassen, still sein, nicht bewegen, den anderen fühlen und spüren, sich selbst fühlen und spüren.

Bewusster lieben

Anregungen dazu können Sie aus dem Tao oder Tantra bekommen. Oder seien Sie einfach experimentierfreudig. Wichtig ist, achtsam zu sein, um die beiderseitigen Gefühle, Emotionen, Regungen, Wünsche und Reaktionen mitzubekommen. Fragen Sie Ihren Partner genau nach seinen Bedürfnissen, was er mag und was er nicht mag. Beschreiben Sie Ihrem Partner genau, was sie in der Berührung gerne haben, lassen Sie ihm aber auch die Freiheit, es nicht zu tun. Geben Sie ihm exakte Feedbacks. Auch hier ist eine offene und liebevolle Kommunikation und ein Austausch im gegenseitigen Respekt sehr wichtig. Sehr häufig antizipieren wir, was der andere mag, und liegen dabei völlig daneben, was zu beiderseitiger Frustration führt. Der eine ist frustriert, weil er nicht bekommt, was er wünscht, der andere ist enttäuscht, weil der andere trotz aller Bemühungen nicht so reagiert, wie er es erwartet. Irgendwann lässt man es eben ...

Derjenige, der Zärtlichkeit gibt, sollte nichts erwarten. Aber es ist ebenso eine Kunst zu empfangen. Nicht wenige Menschen tun sich bei einer Tantra-Massage leichter, wenn Sie die Rolle des Gebenden einnehmen. Das scheint erstaunlich, aber Empfangen ist nur die andere Seite von Geben. Wer nicht empfangen kann, hat nämlich in Wirklichkeit auch Schwierigkeiten beim Geben. Probieren Sie es aus: Geben Sie einfach und schauen Sie einfach, was geschieht ... absichtslos. Und genießen Sie als Empfangender das Geschenk der Zärtlichkeit ohne das Gefühl, zum Schuldner zu werden, der dieses Geschenk gleich wieder ausgleichen muss. Dabei sollte auch der Empfangende, so weit ihm dies möglich ist, seine Erwartungen und Wünsche loslassen und ganz entspannt darauf vertrauen, dass er bekommt, was er braucht und sich wünscht. Vor allem am Anfang ist es natürlich hilfreich für den Gebenden, dass der Empfangende ein Feedback gibt, was er gerne mag, was nicht. Sonst ... na ja, das kennen Sie ja!

Präsenz ist auch hier das Zauberwort. Sie fehlt uns im Alltag und wir haben sie erst recht nicht beim Sex, weil wir hier von unseren Erwartungen eingenommen werden. Meist ist es die eigene Befriedigung oder die Befriedigung des Partners, um die wir uns sorgen. Erwartungen kommen aus der Vergangenheit und weisen in die Zukunft. Tantra bedeutet ganz im Augenblick sein. Tantra ist Meditation. Tantra bedeutet, sich dem Augenblick anzuvertrauen. Es bedeutet ganz bei dem zu sein, was gerade geschieht. Wie in der Meditation schenken wir den Gedanken keine Aufmerksamkeit. Wir verdrängen sie aber auch nicht. Sie kommen und gehen wie die Wolken am Himmel. Wenn wir im Jetzt sind, ist jede Berührung neu und spannend – wie Kinder dies erfahren. Das Spiel wird nie langweilig oder anstrengend. Anstrengend wird es, wenn ich ein bestimmtes Ziel erreichen will, und besonders anstrengend, wenn ich es schnell erreichen will.

Wir haben uns auch selbst mit Tantra befasst und können Ihnen gerne eine gute Adresse weitergeben. Für uns waren die Erfahrung von Langsamkeit, Absichtslosigkeit und Achtsamkeit entscheidende Erfahrungen. Wenn wir sehr präsent sind, werden wir automatisch langsam und sehr achtsam.

Bewusstes Lieben wird automatisch dazu führen, auch im täglichen Leben präsenter zu sein. Fließt die sexuelle Energie, wird auch die Lebendigkeit und Vitalität im täglichen Leben zunehmen. Präsenz ist auch eines der essentiellen Ziele aller Energiearbeit, die wir seit Jahren für uns selbst leisten. Je mehr wir wieder vom Kopf ins Fühlen kommen, was vor allem für Männer schwierig ist, desto mehr werden wir im Augenblick und ganz nah beim andern sein. Fühlen Sie, was gerade ist! Es ist nicht wichtig, was war und was sein wird! Dann kann Ekstase entstehen. Dann kann die Erfahrung von Einheit entstehen.

Experimentieren Sie auch mit Übungen wie Meditation, Yoga, Qigong oder Tai-Chi. Diese Übungen helfen Ihnen, dass die Energie in Geist und Körper sich harmonisiert und dass Ihre Achtsamkeit und Empfindsamkeit sich erhöhen. Der Zustand des Yoga ist nichts anderes als völlige Präsenz!

Die sexuelle Energie hat eine spirituelle Dimension, ist eine spirituelle Kraft und schöpferische Energie, die uns vor allem die Erfahrung der Einheit mit der Schöpfung vermitteln kann. Es ist die Kraft, welche die Polaritäten immer (und immer wieder) zur Vereinigung drängt. Nur wenn sich das Spielchen im Dampfkesselsex und schneller Entladung – soweit es überhaupt dazu kommt – erschöpft, hat man Gold für Blech eingetauscht. „Schlechter Sex" führt zur Frustration und gegenseitiger Ablehnung. „Guter Sex" macht harmonisch, fröhlich und zufrieden. Er bringt uns mehr zu uns selbst, gibt uns Energie und schafft Nähe.

Nähe ist aber nicht nur das Ergebnis, sondern auch Voraussetzung. Ist Nähe vorhanden, kann auch erfüllender Sex geschehen. Deshalb müssen wir uns fragen, wie wir mehr Nähe schaffen können. Nähe geschieht durch Austausch. Deshalb ist Kommunikation zwischen den Partnern so wichtig. Echte und nährende Kommunikation wird aber nur entstehen, wenn authentisches Interesse am Partner besteht. Dazu muss ich frei sein im Kopf und im Herzen. Tausendmal haben Sie sich schon vorgenommen, dem Partner mehr zuzuhören und auf seine Regungen und Bedürfnisse zu achten. Aber immer wieder misslingt es. Und wieder ist der Partner unzufrieden. Warum schaffen wir dies nicht? Der Grund ist, weil unser Kopf und unser Unterbewusstsein total zugemüllt sind. Alle unverarbeiteten Erfahrungen, Verletzungen, Probleme, Sorgen, Konflikte, Ängste … werden ins Unterbewusstsein abgeschoben und warten dort auf ihre Verarbeitung oder Erlösung. Räumen wir hier nicht regelmäßig auf, hindern sie uns, voll im Augenblick präsent und voll beim Partner zu sein. Wir sind unter- und unbewusst so mit uns und der Auflösung des alten Schrotts beschäftigt, dass wir den anderen gar nicht richtig wahrnehmen, dass wir nicht wirklich fähig sind, bei ihm zu sein, obwohl wir körperlich hautnah zusammen sind. Seine Bedürfnisse und seine Gefühle bekommen wir aber nicht im Geringsten mit.

Stellen Sie sich die folgenden Fragen:

1. Haben Sie mit Ihrem Partner über Ihre emotionalen Bedürfnisse gesprochen? Was wünschen Sie sich von Ihrem Partner?
   ....
   ....

2. Haben Sie mit Ihrem Partner über Ihre erotischen Bedürfnisse gesprochen? Welche Bedürfnisse haben Sie?
   ....
   ....

3. Haben Sie mit Ihrem Partner über Ihre sexuellen Bedürfnisse gesprochen? Welche Bedürfnisse haben Sie? Weiß er, welche Berührungen Sie gerne mögen?
   ....
   ....

4. Wissen Sie, was Ihr Partner sich wünscht? Welche Berührungen mag er gerne? Beschreiben Sie!
   ....
   ....

117

5. Warum ist der Eros aus Ihrem Leben verschwunden? Was können Sie dafür tun, dass er zurückkehrt?

....

....

6. Wie können Sie eine erfüllendere sexuelle Beziehung haben?

....

....

7. Haben Sie sich über die spirituelle Dimension von Eros und Sexualität ausgetauscht?

....

....

8. Was werden Sie tun?

....

....

Empfehlen möchten wir auch hier die Energiearbeit, wie sie z.B. von **Sue Gurnee** oder **Peter Rohr** gelehrt wird. Diese Energiearbeit zeigt praktische Techniken, wie wir alten Müll aufräumen und mehr *präsent* sein können. Wir können so Blockaden abbauen und selbst gefühlsmäßig und emotional ausgeglichen sein. „Präsent sein" bedeutet, dass wir völlig bei uns selbst sind, dass wir völlig *wir selbst* sind. Das setzt voraus, dass alle Aspekte unseres Energie-Gefühl-Emotion-Geist-Körper-System präsent sind. Und genau darauf zielt die energetische Arbeit ab: Präsenz, Präsenz, Präsenz! Wir können damit auch direkt harmonisierend auf unseren Partner wirken. Wenn der Partner die Veränderung an Ihnen feststellt, ist er vielleicht auch inspiriert, selbst an sich zu arbeiten. Außerdem können wir mit dieser Methode lernen, ganz in unserer eigenen Energie zu bleiben, auch wenn wir mit dem anderen zusammen sind.

Durch Energiearbeit können wir grundlegend eine harmonische Basis für erfüllenden Sex schaffen, und zwar, indem wir energetisch in allen Chakren Harmonie und Ausgleich bei uns selbst schaffen. Sie können Energiearbeit so auch als Vorbereitung verstehen, denn Achtsamkeit und Präsenz sind nicht erst kurz vor dem Sexualakt notwendig, sondern diese Herzens-Verbindung muss permanent auch im Alltag genährt werden. Dazu gehört auch der Austausch in Form des Zuhörens und der Kommunikation. Miteinander reden und seine Gefühle, Erwartungen und Wünsche auszutauschen oder gemeinsame Ziele zu formulieren schafft das Vertrauen und die Nähe, auf deren Basis eine erfüllende sexuelle Beziehung gedeiht. Nur wenn Sie sich verstehen, werden Sie beide einander verstehen. Nur wenn Sie selbst erfüllt, harmonisch und im Augenblick sind, können Sie den anderen fühlen und spüren.

Nähe und Vertrautheit werden dann besonders bedeutsam werden, wenn die erste Leidenschaft verebbt ist. Davor haben viele Paare Angst und meinen, dass mit dem Verschwinden der sinnlichen Erregung und Leidenschaft auch die Liebe gegangen ist. Das aber wird allen Paaren geschehen und wenn dann diese Leere nicht durch die Intimität der Nähe und Vertrautheit ersetzt werden kann, wird die Liebe enden, auch wenn Sie die Verbindung aufrechterhalten sollten. Gerade jetzt besteht die große Chance zur Vertiefung der Beziehung und zu einer neuen Qualität der Liebe, vorausgesetzt, die Partner geben sich die Zeit dazu und sind nicht schon unterwegs zum nächsten Kick.

Maskulin und Feminin

Wir haben wiederholt über die naturgegebene Verschiedenartigkeit von Mann und Frau gesprochen und dass jeder Partner die Qualität des jeweilig anderen Prinzips in sich trägt. Außerdem haben wir betont, dass das Dharma, der Seelenplan eines Menschen, einzigartig ist und nicht beurteilt werden darf.

Welche Rolle spielen nun feminines und maskulines Prinzip in der erotischen und sexuellen Beziehung? Um eine erfüllende sexuelle Beziehung zu haben, müssen beide Pole stark sein: das männliche Prinzip und das weibliche Prinzip. Der gegenseitige Magnetismus ist umso stärker, je stärker die Pole sind.

Das ist nicht immer einfach. Eine Frau, die in einer männerdominierten Wirtschaft Karriere macht und ihre maskulinen Eigenschaften den ganzen Tag über trainiert, tut sich möglicherweise schwer, in der Partnerschaft das feminine Prinzip der völligen Hingabe zuzulassen. Der Hausmann wiederum mag durch seine tägliche mütterliche Rolle die männliche Qualität des

Eroberns und Nehmens scheuen. Viele Männer haben ohnehin Angst vor der eigenen (positiven) Aggression des männlichen Prinzips. In der Kindheit wurde nicht selten diese natürliche Tendenz sanktioniert, und sie wurden zu „netten" und angepassten Kindern erzogen. Ich selbst kann ein Lied davon singen. Zu den Kunden meiner Eltern sollten wir Kinder immer nur höflich und nett sein und im Klosterinternat wurde ohnehin jede Tendenz zur Nicht-Anpassung bestraft. Auf diese Weise wird der Weg zum Maskenselbst bereitet, bis wir uns häufig völlig damit identifizieren.

Eine positive männliche Aggression aber ist natürlich und für eine Partnerschaft wichtig. Das Wort „Aggression" ist abgeleitet vom lateinischen „aggredi", was „heranschreiten, sich annähern, einnehmen" bedeutet. Es ist die positive maskuline Kraft des Einnehmens. Unterdrücke und verdränge ich als Kind Aggression, Wut oder Zorn, so kann diese Energie sich nicht verwandeln und reifen. Es ist vor allem für Männer wichtig, sich dieser verdrängten Aggressionen bewusstzuwerden und als eine positive männliche Kraft zu erkennen. Angst vor Ablehnung, wenn sie ihre Aggression zeigen, ist häufig die Ursache, dass Männer ihre eigene positive aggressive Natur sich nicht zu zeigen trauen. Sie werden zum Softie und büßen so ihre natürliche Attraktivität für das andere Geschlecht ein. Zu einem Gutteil schuld daran ist ein falsch verstandener Feminismus. Seine eigene feminine Seite zu entwickeln bedeutet eben nicht, seine Männlichkeit zu verlieren.

Ein entwickeltes feminines Prinzip will sich hingeben. Das geht nicht ohne die Gefahr von Verletzung oder Schmerz. Feminines Prinzip heißt, die Kontrolle aufzugeben und sich völlig zu öffnen. Im Beruf aber muss die Frau sich in einem Haifischbecken von aggressiven männlichen, vernunftregierten Konkurrenten durchsetzen. Sie wird für ihre Leistung geschätzt und nicht wegen ihrer Gefühle oder Weiblichkeit. Das ist ihre Erfahrung. In der Liebe soll sie jetzt völlige Offenheit und Hingabe leben. Ihre Angst wird sein, dass ihre Hingabe als Schwäche interpretiert wird, und sie fürchtet, verlassen zu werden. Erst wenn die Frau ihre Gefühle und Weiblichkeit voll anerkennt, wird sie auch die Macht und Attraktivität ihrer Weiblichkeit wiederfinden. Nur so wird sie keine Angst haben und muss sich vor der aggressiven Männlichkeit nicht mehr schützen. Männer, die ihre Männlichkeit nicht voll entwickelt haben, werden vor dieser Power der Weiblichkeit schnell den „Schwanz einziehen".

Wir wollen nochmals betonen, dass diese Polarität für die erotische bzw. sexuelle Beziehung von großer Wichtigkeit ist. Dadurch wird das eigene Dharma, unsere Lebensaufgabe und unser Seelenplan, nicht berührt und es bedeutet nicht, die traditionelle Rollenverteilung von Mann und Frau zu leben. Aber die Anziehungskraft und die Intensität der Beziehung wird um so stärker sein, je mehr die beiden Partner ihr eigenes sexuelles Wesen ausdrücken. Sagen wir es einfacher: Männer dürfen wieder Männer sein und Frauen dürfen wieder Frauen sein! Und ... es schadet der Männlichkeit nicht, die schlafenden femininen Qualitäten zu entwickeln, ebenso wie es der Weiblichkeit keinen Abbruch tut, wenn die Frau ihre männlichen Qualitäten entfaltet.

Der Feminismus hat – einmal abgesehen von der sozial-politischen Wirkung – hier viel Verwirrung geschaffen.

KAPITEL 6

Der Partner in mir

Meine bessere Hälfte

Wahrscheinlich haben Sie auch schon Ihre Frau als „meine bessere Hälfte"
vorgestellt? In der patriarchalisch geprägten Gesellschaft sind es vor allem
die Männer, die den Frauen nur eine „Hälfte" zugestehen.

Es ist wohl eine biblische Einstellung, dass Mann und Frau wie zwei Hälften
gesehen werden, die zusammen ein Ganzes ergeben. Schließlich wurde nach
dieser Vorstellung die Frau aus einer Rippe des Mannes geschaffen.

Ist die Sicht richtig oder falsch? Oder ist sie falsch und doch richtig?

Falsch ist sie, weil jeder Mensch, ob Frau oder Mann, in sich eine Ganzheit
darstellt. Mann und Frau sind verschieden und das brauchen wir auch nicht
in Frage zu stellen. Aber: Die Frau ist ganz und der Mann ist ganz. Die Frau
ist ein Individuum, der Mann ist ein Individuum, ganz im Sinne des Wortes
‚Individuum': unteilbar. Jeder ist eine unteilbare Ganzheit; jeder ist eine unteilbare Einheit. Ihre Frau ist ein Weg zu Ihrer inneren Frau und Ihr Mann
ist ein Weg zu Ihrer inneren Frau. Nur wenn Sie Ihre eigene innere Hälfte voll
entwickelt haben, sind Sie im vollen Sinne ein Individuum.

Die moderne Quantenphysik vergleicht unsere Welt mit einem Hologramm.
Nehmen wir an, wir machen eine holographische Photographie von Ihnen und
zerschnipseln anschließend das Bild in beliebig viele Teile, so finden wir in
jedem Schnipsel, also in jedem Teilbild, immer das ganze Bild von Ihnen. Im
Teil ist immer das Ganze. Die Welt ist in jedem Punkt ganz. Auch unser Gehirn
ist so ein Hologramm, wie der Neurologe **Karl Pribram** fand. Als man aus
medizinischen Gründen bei Epileptikern die Verbindung zwischen linker und
rechter Gehirnhälfte trennte, fand man, dass plötzlich die rechte Gehirnhälfte
Funktionen übernahm und Dinge tun konnte, die vorher nur die linke Gehirnhälfte durchführte. Beide hatten potentiell alle Möglichkeiten, aber sie hatten
sich die Arbeit geteilt. So ist es prinzipiell auch bei Frau und Mann. Jeder ist

„holo", also ganz. Jeder hat Mann und Frau in sich. Was nicht heißt, dass beide gleich sind. Aus der Ganzheit hat sich die Verschiedenheit herausdifferenziert und bleibt doch immer Ganzheit. In den **Upanishaden** gibt es den schönen Satz:

Wenn die Fülle die Fülle entlässt, bleibt doch die Fülle zurück.

Wenn aus Ganzheit der Teil entsteht, finden wir in jedem Teil immer wieder nur die Ganzheit. Eigentlich ist schon das Wort „Teil" nicht richtig. Es gibt immer nur Ganzheit, wohin unser Auge reicht. In diesem Sinne ist jedes Individuum immer eine unteilbare Ganzheit.

Wo ist nun diese Aussage richtig? Richtig ist, dass die Frau mehr die weibliche Energie (wenigstens in den meisten Fällen) und der Mann mehr die männliche Energie ausdrückt.

Mann und Frau sind sowohl Ganzheit als auch Teil. Jeder ist in sich ganz und sie ergeben zusammen wieder eine Ganzheit. Und was mich am anderen anzieht, ist die Sehnsucht ganz zu werden. Bei vielen Partnern äußert sich dies zunächst in der Weise, dass ein bestehendes Defizit ausgefüllt werden soll.

Gerne sagen wir unserem Partner, was wir so anziehend an ihm finden, und sind meist nicht so recht ehrlich dabei. Wir lügen, aber nicht bewusst, weil wir es meist selbst nicht besser wissen. So sagen wir unserem Partner, dass uns seine Schönheit anzieht, seine Ehrlichkeit, seine Treue, dass man mit ihm über alles sprechen kann, dass er zuhört, das er Verständnis hat, dass er mir Freiraum gewährt und, und, und …

Warum wir gerade diesen Partner anziehend finden, mag aber andere, ganz profane Gründe haben und das mag uns oft gar nicht bewusst sein. Welcher Mann erzählt schon seiner Partnerin, dass er sie deshalb geheiratet hat, weil er täglich zweimal ein warmes Essen auf den Tisch bekommt und seine Hemden nicht selber bügeln muss? Welche Frau ist sich bewusst, dass sie einen Mann anziehend findet, weil er so praktisch veranlagt ist? Der Mann, der eine Frau wegen ihrer Fähigkeiten als Köchin gewählt hat, hat seine eigenen weiblichen Eigenschaften nicht richtig entwickelt. Ebenso die Frau, die durch die handwerklichen Fähigkeiten eines Mannes angezogen wird.

Aber selbst das sind nicht die wirklichen Gründe, warum wir gerade diesen und keinen anderen Partner anziehen. Das, was Sie als Mann bei einer Frau anziehend finden, sind die eigenen weiblichen Persönlichkeitsanteile (Anima-Anteile), die bei Ihnen nach Entfaltung und Ausdruck streben.

Anregung für Männer:

Setzen Sie sich mit Ihrer Venus auseinander. Es ist wichtig für Sie, Ihre Weiblichkeit zu erkennen und zu lieben.

Gefühle sind mehr weiblich – nehmen Sie Ihre Gefühle an! Zeigen Sie Ihre Sensibilität, Ihre Bedürfnisse und auch Ihre Schwäche.

Betrachten Sie Ihre Erfahrungen mit Weiblichkeit und Ihre Vorstellungen von Weiblichkeit.

Die Frau, die Freundin, die Mutter ist auch in Ihnen. Erkennen Sie diese Qualitäten in sich an und seien Sie zu sich wie eine Freundin oder Mutter.

Das Rollenverständnis des Mannes in der patriarchalischen Gesellschaft hat es dem Mann fast unmöglich gemacht, die eigenen weiblichen Anteile zu entfalten. Durch Evolution, Erziehung und gesellschaftliche Konditionierung haben Männer sich fast nur mit der maskulinen Seite ihrer Persönlichkeit identifiziert. Die Gesellschaft hat ein ,feminines' Verhalten bei Jungen sanktioniert, und so haben Männer diese Eigenschaften verleugnet, verdrängt oder sogar bekämpft – bei sich und dann natürlich auch beim Partner. Denn was sie sich selbst nicht zugestehen, erlauben sie auch anderen nicht; vielmehr bekämpfen sie es im anderen. Das musste zwangsweise dazu führen, dass der Mann, der seine innere Weiblichkeit ablehnt und unterdrückt, auch seine Ehefrau oder Partnerin ablehnt und auf irgendeine Weise – offen oder subtil – unterdrückt.

Die Integration der eigenen Weiblichkeit bietet die Chance zu echter Männlichkeit.

Was suchen Sie bei Ihrer Frau? Ist es die perfekte Mutter, die verständnisvolle Freundin, die Geliebte? Welche weiblichen Qualitäten suchen Sie? Sind es Zartheit, Sensibilität? Gefühle?

Anregung für Frauen:

Setzen Sie sich mit Ihren männlichen Aspekten auseinander.

Die logisch- analytische Denkweise ist mehr männlich – nehmen Sie sie an! Betrachten Sie Ihre Erfahrungen mit Männlichkeit und Ihre Vorstellungen von Männlichkeit.

Der Mann, der Vater, Freund oder Geliebte ist auch in Ihnen.

Das, was Sie als Frau bei einem Mann anzieht, sind die eigenen männlichen Persönlichkeitsanteile (Animus Anteile), die bei Ihnen nach Entfaltung und Ausdruck lechzen.

Von Frauen wird erwartet, dass sie ihre weiblichen Anteile leben und ihre männlichen Aspekte unterdrücken.

Solange Sie im Mann die Eigenschaften suchen, die Sie in sich nicht verwirklicht haben, wird Ihre Beziehung zu Ihren Partnern unbefriedigend sein. Entweder kämpfen Sie gegen Ihren Partner, weil er Ihren Ansprüchen nicht genügen kann, oder sie begeben sich in Abhängigkeit, was sie letztlich auch bekämpfen werden.

Was suchen Sie bei Ihrem Mann? Ist es der perfekte Vater, der starke Freund? Ist es Autorität? Welche männlichen Eigenschaften vermissen Sie?

Da Frau und Mann einen Teil ihrer Persönlichkeit nicht leben können, versuchen sie dieses Defizit über den anderen auszugleichen. Der andere wird damit überfordert und ein wirkliches Gleichgewicht und innere Zufriedenheit können auf diese Weise nicht entstehen. Es führt nur zu gegenseitiger Abhängigkeit zweier innerlich unzufriedener Menschen, die notwendig in Enttäuschung enden muss. Nur wenn jeder in sich seine Ganzheit entwickelt, ist die Basis für eine erfüllende Partnerschaft gegeben. *Ihre* Partnerschaft ist *Ihre* Chance dafür!

Wenn Sie den schlafenden Teil in sich entwickeln, können Sie Ihrem Partner als vollständiges Individuum entgegentreten; sie sind unabhängiger vom anderen und damit freier. Sie leben nicht mehr zusammen, weil sie sich brauchen, sondern weil sie ihren Reichtum und ihre Einzigartigkeit teilen wollen. Das Erstaunliche: Im Teilen wird es mehr!

Hilfe! Ich bin mit mehreren Personen verheiratet

Was die Ehe oder Partnerschaft zwar interessanter, aber auch schwieriger macht, ist die Tatsache, dass wir nicht nur mit einer Person verheiratet sind. In unserem Heim tummeln sich immer mehrere Personen, die oft gleichzeitig Aufmerksamkeit und Beachtung fordern oder manchmal sogar recht gewaltig im Widerstreit liegen.

Wir haben schon darüber gesprochen, dass der Mann eine weibliche Person in sich hat und die Frau eine männliche. Mit *Anima* und *Animus* sind wir also schon vier. In der chinesischen Tradition würden wir von unseren *Yin*- und *Yang*-Anteilen sprechen. Dazu gesellt sich noch die Person, die wir uns in unseren Träumen vorgestellt haben: unser Traummann und unsere Traumfrau. Damit sind wir schon sechs. Und nicht selten geschieht es, dass die wirkliche Person, mit der wir zusammen sind, dabei nicht die besten Karten hat, weil sie immer am Ideal gemessen wird, das ohnehin unerreichbar ist und bleiben wird.

Die Anforderungen, die wir an unseren Traumpartner stellen, sind so, dass sie wohl kein Mensch aus Fleisch und Blut erfüllen kann. Es müsste schon ein Superweib oder ein Supermann sein.

Frauen wünschen sich einen Helden; sie träumen von dem Ritter, der sie auf einem weißen Pferd reitend raubt und ihr die Welt zu Füßen legt. Heute darf das Pferd auch ein Jaguar oder Mercedes sein. Er ist Freund, Beschützer, Vater und Geliebter. Er ist zärtlich, charmant, liebenswürdig, hat exzellente Manieren, setzt sich beim Pinkeln und trägt sie permanent auf Händen (allein das kann schon – je nach Gewicht – eine fast unlösbare Aufgabe darstellen!). Er ist aufmerksam, interessiert, ein guter Zuhörer, mitfühlend und in seinen starken Armen fühlen sie sich geborgen und beschützt. Natürlich ist er auch intelligent, wenn's sein muss philosophisch und spirituell, und kann sich gleichzeitig in der Welt der Männer tatkräftig und erfolgreich durchsetzen.

In der Liebe ist er gefühlvoll, zärtlich und stark, feurig wie ein Italiener und ausdauernd ... Und ... er sagt immer „JA".

Bei Männern ist die Sache noch viel einfacher: Sie träumen von der heiligen Hure; die Frau soll ihm gleichzeitig Mutter, Schwester und Geliebte sein und den Kindern eine aufopfernde Mutter; sie sieht natürlich reizend aus, hat umwerfenden Charme sowie elegantes und würdiges Auftreten, so dass man sie jederzeit dem eigenen Chef vorführen kann; gleichzeitig ist sie so verführerisch, erotisch und sexy, dass die Kumpels neidisch werden; nach 14 Stunden Beruf, Arbeit im Haushalt und Hausaufgaben mit Kindern schafft sie eine Atmosphäre, die vor lauter Erotik vibriert, und hat nur eins im Kopf: Wie kann ich meinen Mann verführen? ... Intelligent soll sie natürlich auch sein ...

Wer passt zu mir?

Die vedische Tradition will dem ‚Zufall' in der Partnerwahl ein Schnippchen schlagen und empfiehlt vor einer Eheschließung eine eingehende Partnerschaftsanalyse.

- Passen die beiden zukünftigen Partner wirklich zusammen?
- Wie ist ihre geistige und seelische Übereinstimmung?
- Wie ist die körperliche und sexuelle Attraktivität?
- Wie passen die Partner sozial zusammen?

Alle diese und weitere Fragen lassen sich mit wissenschaftlicher Genauigkeit beantworten. Das Instrumentarium ist der Abgleich beider Horoskope. Die Planeten, ihre Positionen und Beziehungen sind die Schwingungsmuster, die uns anziehend oder abstoßend machen. Ein vedisches Horoskop zeigt, ob und wie zwei Personen zusammenklingen, wo sie übereinstimmen und wo es vielleicht Dissonanzen geben kann.

Ich habe selbst viele Jahre dieses faszinierende Wissen studiert und auch in meine persönlichen Beratungen und Coachings integriert, was sich in vieler Hinsicht als sehr hilfreich herausstellte. So kann man z.B. das Dharma

(= Lebensplan), die Lebenslektionen oder Entwicklungsmöglichkeiten einer Person erkennen und herausarbeiten.

Nun, dem „Zufall" oder der Gesetzmäßigkeit wird man auch hier keinen Streich spielen können, denn es ist eben auch kein Zufall, dass man zum Astrologen geht, der bei der Wahl des passenden Partners unterstützend wirken kann.

Aber wo bleibt bei diesem Auswahlverfahren der Platz für die Liebe und Romantik, mögen Sie vielleicht fragen? Der berühmte ayurvedische Arzt Dr. Triguna hat darauf treffend geantwortet: *„Im Westen beginnen die Partnerschaften heiß und enden kalt, in Indien beginnen sie etwas kühler, aber mit der Zeit werden sie heiß."* Man könnte sich auch noch eine dritte Variante vorstellen: Es beginnt heiß und bleibt.... Dazu muss es aber wirklich passen!

Die indischen Astrologen schütteln sich vor Lachen, wenn man ihnen erzählt, wie bei uns die Partnersuche abläuft. Unsere wissenschaftliche und vernünftige Zeit geht hier zweifellos völlig unwissenschaftlich vor. Die jungen Menschen bei uns wollen aus Liebe heiraten. Sie sind verliebt, finden sich sexuell attraktiv – in der Regel in der umgekehrten Folge – und heiraten. Gegen sexuelle Attraktion und Verliebtsein ist nichts zu sagen. Es ist Ausdruck einer Anziehung, die wie alle Attraktivität – wie gesehen – auf einer gewissen harmonikalen Übereinstimmung zwischen beiden Personen beruht oder karmisch bedingt ist. Genau genommen passt es also immer, denn auch der ‚falsche' Partner ist der ‚richtige' für unsere Entwicklung. Und Gott sei's gedankt, es ist relativ häufig, dass dieses ‚unwissenschaftliche' Auswahlkriterium als Ergebnis eine relativ harmonische Partnerschaft hervorbringt. Aber fast ebenso häufig ist dies eben nicht der Fall. Das beweisen die vielen unglücklichen, disharmonischen Ehen und die hohe Scheidungsrate.

Wer sich von einem vedischen Experten diesbezüglich beraten lässt, wählt dagegen bewusst und hat wohl einen ‚passenden' Partner für eine erfüllende Partnerschaft verdient. Das ist der kleine, aber entscheidende Unterschied: unbewusster Spielball des Schicksals oder bewusster Mitgestalter des Schicksals. Immer aber ist mein Leben oder Schicksal Ausdruck meiner inneren seelisch-geistigen Struktur.

Auf Gefühle oder sexuelle Anziehung allein eine lebenslange Partnerschaft gründen zu wollen ist ein doch recht kindisches Unterfangen. Wahrscheinlich haben Sie es selbst schon erlebt, dass Ihr Partner Ihnen ins Ohr geflüstert hat: *„Ich liebe Dich"*, und kaum eine halbe Stunde später aus voller Inbrunst:

„Ich hasse Dich"? gebrüllt hat. Gefühle ändern sich, die Natur des Menschen kaum. Kaum ein Mensch denkt bei der Trauung, dass sich dieses wunderbare Hochgefühl der Einheit wieder verflüchtigen könnte, aber, wie gesagt, Gefühle sind sehr veränderlich … Ergeben die zwei Naturen aber zusammen einen Wohlklang, ist die Chance für eine dauerhafte Beziehung sehr groß.

Deshalb prüfe sich, wer sich ewig bindet … mit oder ohne Astrologen!!!

Die wichtigste Voraussetzung für eine Partnerschaft haben wir noch nicht besprochen.

Die Partner sollten in etwa die gleiche Entwicklungsstufe haben. Das bedeutet, dass die Seelen in etwa die gleiche Reife haben sollten.

Das ist die Basis. Eine Seele im Kindheitszustand muss andere Erfahrungen machen und hat andere Interessen als eine erwachsene oder reife Seele. Das Gefühl, ob der andere Partner uns gut tut, kann aber täuschen, solange das Gefühl nicht von Konditionierungen befreit ist. Es ist aber entscheidend für eine Partnerschaft, dass beide Seelen in die gleiche Richtung gehen.

Natürlich ist auch der Reifezustand etwa des Intellekts oder der Emotionen zu betrachten. Bei manchen Partnern ist es so, dass sie sich hier ergänzen und voneinander lernen können.

Der Partner in mir

Die vedische Disziplin „Jyotish" (Vedische Astrologie) kann uns die Möglichkeit geben, Aussagen über den Partner und unser Verhältnis zu unserem Partner zu machen. Das heißt: In meinem Horoskop finde ich die Art meiner Beziehung zum Partner, aber auch die Eigenschaften und Charaktermerkmale des Partners. Ich kann also im Horoskop der Frau sehr gut den Ehemann beschrieben finden und im Horoskop des Ehemannes die Ehefrau. Auch der Zeitpunkt, *wann* der Partner oder die Partnerin in mein Leben tritt, ist zu sehen.

So kann man z.B. im 7. Haus die Qualität der Beziehung oder Ehe, aber auch die Eigenschaften des Partners ablesen, während man im 5. Haus die Qualität der Liebesbeziehungen und Romanzen erkennen kann. Darüber schaut man auch das 2. Haus und 4. Haus besonders an, weil diese viel über die Qualität des Familienlebens bzw. den häuslichen Frieden aussagen.

Die Auswertung von Venus in den Horoskopen von Männern und bei Frauen von Jupiter geben weitere Indikatoren für die Art und Qualität der Partnerschaft, dem sie repräsentieren die Frau bzw. den Mann im Horoskop.

Die Beurteilung ist sehr komplex und kann letztlich nur im Zusammenhang mit dem ganzen Horoskop gemacht werden; dies aber würde über den Rahmen dieses Buches hinausgehen. Trotzdem wollte ich Ihnen zumindest eine Idee davon mitgeben und den Anreiz, sich einmal näher mit dieser Thematik zu befassen.

Was sind die wichtigen Schlussfolgerungen, die wir daraus ziehen können?

1. Die Frau ist im Horoskop des Mannes und umgekehrt.
2. Es ist nicht zufällig, wem wir im Leben begegnen und als unseren Partner wählen.
3. Unser Partner ist unsere perfekte Entwicklungschance und umgekehrt.

In vedischer Tradition wird vor einer Ehe die Kompatibilität der beiden zukünftigen Partner geprüft. Die Kriterien sind u.a.

- Grundcharakter / Persönlichkeitsstruktur
- Bindungs- und Kontaktfähigkeit
- Mond und Mondhäuser: Gefühlsleben; Innenleben; Geist, also wie sich Menschen verstehen, wenn sie ungestört und unbeobachtet im Haus zusammen sind; gleiche Freuden, Vergnügen; Kleinigkeiten, die das Leben bestimmen und entscheidend sind, ob eine Beziehung hält.
- Sonnenzeichen: ob zwei Menschen in der sichtbaren Welt harmonieren
- Mentale und soziale Übereinstimmung (Gunas)
- Harmonie der physischen Körper (Doshas)
- Stärke des sexuellen Impulses zwischen zwei Menschen (Yoni-Tabelle)
- Lebenserwartung

Beispiel sexuelle Anziehung:

Hat eine Person Venus oder Mars im 7. Haus, so weist dies u.a. auf eine starke sexuelle Wunschnatur hin, während Jupiter oder Merkur im 7. Haus auf ein eher bescheidenes sexuelles Bedürfnis hinweisen. Wenn sich Menschen mit so unterschiedlichen sexuellen Bedürfnissen und Wünschen zusammenfinden, könnte man ausgesprochen oder unausgesprochen folgenden Dialog vernehmen: *„Mein Gott, jetzt will er schon wieder ..."* und auf der anderen Seite „ ... *mit der geht ja gar nichts".*

Falsch wäre es, das eine oder andere Bedürfnis als negativ zu bewerten. Es ist einfach die Natur, die hier verschieden ist, und die kann man nicht ändern! Das Wissen über die Andersartigkeit und die unterschiedliche Bedürfnisstruktur kann allerdings das Verständnis für den anderen verbessern und damit zu einem besseren Umgang damit führen. Wenn der Partner nicht so oft mit mir schlafen möchte, so muss das nicht daran liegen, dass er mich nicht mehr liebt oder begehrt, sondern dass ganz einfach sein Bedürfnis geringer ist.

Wichtig ist das Verständnis für die unterschiedlichen Bedürfnisse, dass man offen darüber spricht und nach Möglichkeiten sucht, dass beide zu ihrem Recht kommen. Beide sind in Ordnung, denn es ist lediglich die unterschiedliche Natur der beiden. Kann ich dies nicht anerkennen oder kämpfe ich dagegen, wird sogar der gegenteilige Effekt erzielt. Wenn also der „sexhungrigere" Partner den anderen Partner mit seinen Wünschen ungestüm bedrängt, wird er in der Regel nur die gegenteilige Reaktion hervorrufen und sich der Partner noch mehr verschließen oder verweigern.

Was hilft, ist wiederum Liebe. Liebe ist Verständnis, Einfühlungsvermögen und Zärtlichkeit und auf dieser Grundlage kann auch bei einer solchen Konstellation eine schöne und befriedigende sexuelle Beziehung entstehen.

Im Sex suchen Paare nicht nur Lust, sondern erfüllen zuallererst ihr Bedürfnis nach Angenommensein, Wertschätzung und Liebe. Ist diese Zuneigung und Zuwendung vorhanden, wird sie sich in körperlicher Liebe ausdrücken. Der Körper lügt auch hier nicht, sondern übersetzt unsere Empfindungen in Form von sexueller Anziehung oder Ablehnung. Entscheidend ist wie immer, dass eine echte Beziehung besteht, dass sich Mann und Frau aufeinander beziehen. Das bedeutet, dass Sex die Folge ist und nicht die Voraussetzung. Gerade bei langjährigen Partnerschaften wird diese Sequenz an Bedeutung zunehmen.

Möglicherweise hilft auch, wenn beide Partner ihre Einstellung zur Sexualität überprüfen und ändern, denn beide haben vielleicht kein natürliches Verhältnis dazu.

Eine gute Basis ist vorhanden, wenn sich von vorneherein Partner mit gleichen Bedürfnissen finden und zusammentun. Und dazu ist eine Auswertung der Kompatibilität sehr hilfreich, wobei natürlich die sexuelle Übereinstimmung nur einer von mehreren Gesichtspunkten ist.

Bei manchen Partnerschaften kann man zweifelsohne voraussagen, dass eine Partnerschaft kaum zu einer erfüllenden Partnerschaft werden oder immer nur Kampf und Krampf sein wird. Also warum nicht diese uralte Wissenschaft zu Rate ziehen? Die Entscheidung wird Ihnen auch hier nicht abgenommen. Auf jeden Fall kann ein Horoskop sehr gut Aufschluss darüber geben, wo die jeweiligen Lernaufgaben oder Entwicklungschancen liegen, wo ich einen Mangel habe oder fühle und vielleicht durch ein gegenteiliges Verhalten oder durch den Partner kompensieren möchte. Das Horoskop ist ein unschuldiger Spiegel und kann ein wunderbarer Helfer zur Selbsterkenntnis sein. Auf jeden Fall kann es dazu beitragen, dass sich die beiden Partner besser *verstehen*. Nicht umsonst sagt die Umgangssprache: *„Die verstehen sich nicht mehr"*, wenn eine Partnerschaft nicht mehr in Ordnung ist. Beziehung ist Verstehen, Partnerschaft ist Verstehen, Liebe ist Verstehen. Deshalb ist das Verstehen des anderen so wichtig!

Jyotish kann uns darüber hinaus noch eine sehr entscheidende Antwort geben. Sie kann uns helfen, die Frage zu beantworten:

Was ist unsere Lebensaufgabe?

In einem Horoskop wird nichts anderes als *unsere Persönlichkeitsstruktur* dargestellt, die wir dann als unsere nach außen projizierten Lebensumstände erfahren. Die *Persönlichkeitsstruktur ist unser Schicksal*; sie ist unsere natürliche Aufgabe.

Es ist auf diese Weise möglich zu sehen, ob für Sie als Frau in Ihrem Leben die (natürliche) Rolle als Mutter ansteht und Kinder in Ihrem Lebensplan vorgesehen sind oder ob Ihr Lernfeld die Karriereleiter in einem Unternehmen ist. Wenn Sie ganz ehrlich in sich hineinhören, können Sie auch ohne dieses Hilfsmittel zu dem richtigen Ergebnis kommen. Nicht immer ganz einfach, wie die Erfahrung zeigt, weil das innere Geplapper und Geschwätz, geformt durch gesellschaftliche Konditionierungen, Programme und Konzepte (= Selbstgespräch), uns nicht selten auf die falsche Fährte locken.

Am Ende dieses Kapitels möchte ich noch eins ganz deutlich feststellen: Wenn Sie es wirklich wollen, können Sie alles im Leben ändern!!!

> *Karma ist keine ewig bindende Kette, es ist eine Kette,*
> *die jederzeit durchbrochen werden kann.*
> *Was gestern getan wurde, kann heute aufgehoben werden.*
> *So etwas wie unausweichliches Schicksal gibt es nicht.*
>
> JIDDU KRISHNAMURTI

Sicher sind die Voraussetzungen bei dem einen einfacher und beim anderen schwieriger. Aber wir sind nicht die Gefangenen unserer Vergangenheit.

> *Wenn ein weiser Mensch leidet, so fragt er sich:*
> *Was habe ich bisher getan, um mich von meinem Leiden zu befreien?*
> *Was kann ich noch tun, um es zu überwinden?*
> *Wenn aber ein törichter Mensch leidet, so fragt er:*
> *»Wer hat mir das angetan?«*
>
> LORD BUDDHA

KAPITEL 7

Man sieht nur mit dem Herzen gut

Du verstehst mich nicht

„Du verstehst mich nicht" ist wohl eine der häufigsten und nervigsten Phrasen, die wir in einer Partnerschaft zu hören bekommen. Wir haben dargelegt, warum das so ist, und gefunden, dass es hauptsächlich zwei Ursachen hat:

1. weil Frau und Mann so verschieden sind und
2. weil wir alle unsere eigene Brille aufhaben und jeder in seinem ganz eigenen Universum lebt und dieses ungeniert auf den anderen projiziert.

Nun haben wir eine dritte und die eigentliche Ursache gefunden:

3. Weil wir nicht genug lieben – den anderen *und* uns selbst!

Kommunikation beginnt dann,
wenn man den Standpunkt des Gegenübers vollkommen versteht.

Volles Verstehen wird letztlich nur dann möglich, wenn ich aus dem Standpunkt des anderen wahrnehme. Und das ist nur möglich mit einem so weiten Herzen, dass ich eins mit dem anderen bin. Ich werde meine Frau erst dann voll verstehen, wenn meine innere Frau lebendig ist. Wobei mir die äußere Frau hilft, meine schlafende innere Frau aufzuwecken.

Anregung zur Verbesserung des gegenseitigen Verständnisses:

Sieh die Sache vom Standpunkt des anderen
und versuche seine Sichtweise zu verstehen!

Übung:

> Nehmen Sie sich die Zeit, in die Rolle des anderen zu schlüpfen. Erspüren Sie seine Wünsche, seine Bedürfnisse, seine Gefühle und seine Argumente. Dann berichten Sie Ihrem Partner.
>
> Dann soll Ihr Partner sich in Sie versetzen und versuchen, Ihre Sehnsüchte, Ihre Bedürfnisse, Ihre Ängste und Ihre Gefühle zu erfassen. Dann berichtet er Ihnen.

Generell gilt natürlich, dass Sie regelmäßig Ihre Bedürfnisse auch kommunizieren sollten, denn nicht immer kann Ihr Partner Ihre Bedürfnisse erraten oder erahnen. Nicht selten kommen die wahren Bedürfnisse oft erst bei der Trennung auf den Tisch: „... und übrigens, Deine selbstgestrickten Pullis habe ich gehasst!" In der Phase der Verliebtheit hat er sich über den selbstgestrickten Schal gefreut und bekam seitdem regelmäßig Selbstgestricktes, weil sie meinte, ihm damit eine Freude zu machen. Er hat sie regelmäßig zu Jazzkonzerten geschleppt, um ihr eine Freude zu machen, dabei konnte sie Jazz nicht ausstehen. Museen findet sie langweilig, er kann sich daran begeistern. Das Thema „Shoppen" kennen Sie wohl alle. Auch ich geh gerne mal mit Sabine einkaufen, um mit ihr zusammen zu sein, vielleicht auch um etwas zu kaufen, aber nach einer gewissen Zeit ... Sie hat unendliche Ausdauer, ich werde irgendwann grantig.

„Du verstehst mich nicht ..."

Wenn Frauen z.B. Ärger mit einem KollegenIn haben, wollen Sie darüber sprechen. Sie wollen ihr Gefühl ausdrücken und brauchen das Mitgefühl ihres Partners. Der will helfen und macht dabei alles falsch. Er fühlt zweifellos, wie es seiner Frau geht, und versucht ihr zu helfen. Er analysiert die Situation und schafft sofort eine Lösung und --- ist total enttäuscht, wenn er dafür nur Unmut oder Ärger erntet.

Haben Sie sich als Mann auch schon total hilflos in solchen Situationen gefühlt? Sie wollen helfen oder trösten, aber Sie wissen nicht so recht, wie Sie es anstellen sollen. Das Schlimme: Sie können tatsächlich das Bedürfnis der Frau nicht zufrieden stellen. Irgendwie scheinen Sie immer alles falsch zu machen. Wenn Sie, um die Emotionen rauszunehmen, z.B. als außenstehender, „objektiver" Berater den Standpunkt des anderen aufzeigen, so wertet sie Ihren Lösungsversuch sehr schnell als einen Mangel an Verständnis oder Mitgefühl für sie und Sie können schnell hören: *„Du hältst nicht zu mir".* Ihre Frau will, dass Sie mit ihr mitfühlen, dass Sie für sie Partei ergreifen, dass Sie eben zu ihr halten. Sie will, dass Sie ihr Ritter sind, der sie beschützt. Es geht nicht um „recht" oder „richtig". Sie aber reagieren mit Ihrem Intellekt und haben Lösungen parat, während Ihre Frau Ihr Herz, Ihr Mitgefühl und Ihr Verständnis sucht. Ganz nebenbei bemerkt: Wo Emotionen regieren, hat der Intellekt keine Chance!

In ihrer Not ruft Ihre Frau ihre Freundin an und die schafft spielend, was Ihnen einfach nicht gelingen will. Die beiden verstehen sich und ihr Anliegen ganz einfach. Nach dem Gespräch fühlt sich Ihre Frau erleichtert, weil sie sich verstanden und angenommen fühlt. Allein die Kommunikation und der Ausdruck ihrer Gefühle befreit sie aus dem Tal ihrer Emotionen, und wenn sie über ihre Situation sprechen und ihre Empfindungen mitteilen kann, findet sie schließlich selbst auch ihre Lösung.

Anregung:

Seien Sie einfach da! Hören Sie einfach zu und schenken Sie Ihrer Frau einfach Ihr Mitgefühl, Ihre Aufmerksamkeit und Ihre herzliche Anteilnahme! Geben Sie ihr das Gefühl, auf ihrer Seite zu stehen!

Halten Sie sich in dem Augenblick mit Ihren Lösungen zurück und geben Sie Ihren Rat erst, wenn Sie darum gebeten werden.

Liebe kann sehr schnell enden, wenn das Verständnis fehlt. Das gegenseitige Verstehen hilft bei der Entwicklung von Vertrautheit und Nähe. Es ist ganz essentiell für eine Beziehung, den Partner verstehen zu lernen, sein Wesen, seine Bedürfnisse, sein Anderssein. Nehmen Sie es also das nächste Mal ernst, wenn Ihnen Ihr Mann bzw. Ihre Frau sagt: „Du verstehst mich nicht". Das Nicht-Verstehen schafft einen Graben zwischen Ihnen, während das Verstehen Sie näher und näher bringt. Vollkommenes Verstehen ist Liebe.

Emotionen und Intellekt

Es mag gut sein, einen Grundsatz zu berücksichtigen: Mit emotionalen Menschen kann man sich nicht „vernünftig", das heißt mit dem Verstand, unterhalten und argumentieren. Wenn Gefühle im Spiel sind, werden vor allem Männer meist mit ihrem Verstand darauf reagieren. Damit sind Unverständnis und Streit vorprogrammiert. Wenn der Partner ein Defizit auf der Ebene des Gefühls verspürt, können Sie dies niemals mit dem Verstand nähren. Wenn z.B. ein Hungergefühl im Herzchakra besteht, müssen Sie die entsprechende Energie, Schwingung oder die entsprechende Farbe (grün) senden und Sie werden schnell feststellen, wie der andere friedlich – weil zufrieden – wird.

Wenn wir vorher gesagt haben: „Nur mit dem Herzen sieht man gut", so waren damit nicht die Emotionen gemeint. Verstehen kann nur die Seele. Der Verstand ist nicht qualifiziert, weil er von Konzepten und Dogmen gefangen ist, und diese benutzt er (oder sie ihn), um *Recht zu haben*. Außerdem fühlt sich der Verstand in einem Gebäude aus Glaubenssätzen und festen Programmen sicher und geborgen. Denn mit Konzepten und Mustern lässt sich alles schön einordnen und katalogisieren bzw. aussortieren. Ein Dogma ist immer gleich und gibt einen festen Bezugsrahmen und damit Sicherheit. Die Realität aber ist ständiger Wandel und jeder Augenblick hat *seine* Wahrheit. Wandel und Veränderung machen Angst. Deshalb flüchten sich viele Menschen in festgefügte Glaubenssysteme, wie absurd sie auch sein mögen, und liefern dabei auch gleich noch ihre Selbstständigkeit ab. Anstatt auf die innere Autorität zu hören, folgen Sie einer äußeren Autorität, sei es einer Kirche, einem Papst, Imam oder Guru.

> *„Wenn die Menschen sich selbst nicht mehr vertrauen,*
> *beginnen sie, sich auf Autorität zu verlassen."*
>
> **LAOTSE**

Hier mögen uns wieder die Worte von Johann Gottlieb Fichte ein Wegweiser sein:

„Die Stimme des Inneren gebietet mir in jeder besonderen Lage des Daseins, was ich zu tun oder zu meiden habe; sie begleitet mich, wenn ich nur aufmerksam höre, durch alle Begebenheiten meines Lebens ...".

Unser Selbst, unsere Seele muss der Chef in unserem Hause bleiben. Der Intellekt mit all seinen oft wahnwitzigen Anschauungen ist lediglich Diener und hat nichts auf dem Chefsessel zu suchen!

Auch unsere Emotionen sind meist nicht im Einklang mit der Wahrheit, sondern von alten Erfahrungen, Verletzungen oder Traumata beeinflusst und gesteuert, die als unverarbeitete Eindrücke im Unterbewusstsein wie Wegelagerer lauern und eine Möglichkeit zum Ausdruck bzw. zur Befreiung suchen.

Überprüfen Sie genau:

Wieweit sind Ihr Intellekt und Ihre Emotionen in Übereinstimmung mit der Wahrheit?

Dabei sollten wir verstehen: Emotionen müssen wir zulassen, und der Verstand sollte mit seinen starren Mustern die Emotionen auch nicht zensieren. Eine Beurteilung oder Zensur gräbt jeder authentischen Erfahrung und jedem authentischen Austausch von Gefühlen das Wasser ab. Wenn meine Frau irgendein Erlebnis emotional bewegte und vielleicht sogar aus dem Gleichgewicht gebracht hatte, versuchte ich mit meiner männlichen Verhaltensweise sofort eine Lösung zu finden. Ich versuchte mit dem Intellekt eine emotionale Situation zu bereinigen, was in faszinierender Regelmäßigkeit scheiterte.

Andrerseits dürfen unsere Emotionen uns auch nicht versklaven. Wir sind *nicht* der Intellekt mit all seinen Denkmustern und wir sind *nicht* die Emotionen und Gefühle mit ihren Sehnsüchten, Erwartungen und Hoffnungen. Wir *haben* einen Intellekt und wir *haben* Emotionen. Sobald wir uns ihnen ausliefern, werden wir abhängig und unfrei. Sie wissen ja aus eigener Erfahrung: Gefühle und Emotionen kommen und gehen. Das Gefühl der Verliebtheit verflüchtigt sich manchmal so schnell, wie es gekommen ist. Aber ein Gefühl der Eifersucht oder des Hasses kann ein ganzes Leben zerstören, wenn man ihm die Herrschaft überlässt.

Wie der Intellekt, so greifen auch die Emotionen immer auf den Speicher der alten Erfahrungen zurück, sind nicht spontan und unschuldig. Unser Blatt des Lebens ist gänzlich vollgeschrieben und lässt kaum Platz für neue Erfahrungen. Deshalb müssen wir uns von diesem alten Kram befreien, um Raum für neue Erfahrungen zu schaffen. Wir müssen wieder unschuldig werden wie Kinder. Ein unbeschriebenes Blatt. Dann ist jeder Augenblick immer neu und lässt uns wieder staunen. Echtes Erwachsenwerden bedeutet, die Unschuld der Kinder wiederzugewinnen, aber bewusst! Dann begegnet uns das Wunder der Schöpfung wieder in jedem Augenblick und in jeder Begegnung.

Nur wer erwachsen wird und ein Kind bleibt, ist ein Mensch.

ERICH KÄSTNER

Mit dem Hannoveraner Photographen Achim Giesel hatte ich diesbezüglich ein interessantes Gespräch. Es drehte sich um die Frage, wie man möglichst objektiv die wirkliche Essenz eines Menschen in einem Bild auszudrücken vermag, also auch das, was nicht direkt sichtbar ist, sozusagen das Bild hinter dem Bild. Dabei wurde uns schnell klar, dass wir niemals in der Lage sind, den anderen vollständig zu erfassen. Immer sehen wir den anderen mit der Brille unserer Erlebnisse und Erfahrungen, mit unseren Konditionierungen, Programmen und Glaubenssätzen. Es ist, wie wenn man einen Filter vor das Objektiv setzt und damit den anderen betrachtet. Schon die Objektauswahl wird von meinen alten Erfahrungsmustern und meinen Affinitäten bestimmt. Ich sehe am anderen meine Resonanzpunkte oder interpretiere meine Sichtweisen in ihn hinein. So sind wir niemals fähig, den anderen ohne Filter zu erfahren.

Betrachten Sie dagegen einmal ein Kind, wie es in der Wahrnehmung aufgeht, wie es sich den Objekten ganz zuwendet und wie es sich an jedem voll erfreuen kann. Mit großen Augen staunt es über jeden neuen Eindruck und jede neue Erfahrung. Alles ist ihm immer neu, weil es nicht mit den Augen der Vergangenheit schaut, wie wir es tun. Es ist (weitgehend) ganz im Hier und Jetzt. Wir aber haben diese Unschuld verloren und das ist die eigentliche Vertreibung aus dem Paradies. Wenn wir dies auf unsere Kommunikation übertragen, so könnten wir sagen: Ein Programm kommuniziert mit einem anderen Programm.

> **Authentische Kommunikation aber bedeutet, dass sich
> zwei Menschen, zwei Herzen oder zwei Seelen begegnen.**

Dann geschieht ein echter Austausch auf allen Ebenen und kein Programm und keine Maske stehen dazwischen.

Ehrlich währt am längsten

Ein fast unverzeihlicher Fehler in einer Partnerschaft ist, dass man dem Partner zeigt, dass man ihn durchschaut hat. Wer ist schon begeistert, dass ihm seine Schwächen täglich auf dem Tablett präsentiert werden? Wer liebt schon den Spiegel der eigenen Unzulänglichkeiten? Vor unserem Partner aber sind unsere Schwachpunkte kaum zu verbergen. Das ist auch in Ordnung. Der Fehler beginnt dann, wenn man meint, es dem anderen regelmäßig aufs Brot streichen zu müssen. Wir sind ohnehin sein Spiegel und wenn er einigermaßen wach und mutig ist, wird er dies auch begreifen und annehmen, aber wir müssen es ihm nicht auch noch permanent sagen. Er weiß es selbst!

Warum machen wir es trotzdem? Wir verletzen unseren Partner vielleicht, weil wir ihm sagen wollen: *„Bitte öffne und offenbare Dich!"* Es könnte also ein Hilferuf sein, wenn der Partner sich „unangreifbar" und „unberührbar" abkapselt.

Vielleicht aber machen wir es generell, um Macht auszuüben und um dem anderen zu zeigen, wie toll wir selbst sind, oder zu vermitteln, dass er uns dankbar sein muss, dass er mit uns zusammen sein darf – in jedem Fall geschieht dieser Egotrip aus Schwäche. Egal, wie unsere Motivation aussieht, es ist immer empfehlenswert, dreimal zu überlegen, bevor wir dem Partner seine Schwächen vor Augen halten.

Wie kann sich diese Aussage mit dem Prinzip ‚Ehrlichkeit' vertragen? Ein indisches Sprichwort sagt:

Sag die Wahrheit, die süß ist.

Sag die Wahrheit, aber sag sie in einer Weise, dass sie aufbauend ist. Sag die Wahrheit so, dass unser Partner noch ein kleines Schlupfloch hat, wenn er im Augenblick nicht stark genug ist, sich der Wahrheit zu stellen. Denn wenn wir unseren Partner auf der Gefühlsebene verletzen, richten wir dadurch mehr Schaden an, als wir je durch Ehrlichkeit gewinnen können.

**Wenn Sie jemanden verletzen, dann verletzen Sie alle,
aber ganz besonders sich selbst.**

**Wenn das, was Sie sagen, nicht von Liebe und Respekt
durchdrungen ist,
dann warten Sie so lange, bis es Ihnen möglich ist.**

Wenn Sie feststellen, dass Ihr Partner beim Besuch Ihrer Freunde wieder einmal sein leicht ramponiertes Selbstbewusstsein aufpolieren musste und er es dabei mit der Wahrheit nicht ganz so genau genommen hat, dann lächeln Sie das nächste Mal großzügig darüber, anstatt wieder in gewohnter Regelmäßigkeit zu nörgeln: *„Du musstest ja wieder mal im Mittelpunkt stehen und den Großen spielen.“*

Ihre Wahrnehmung war richtig, aber wenn Sie dem Partner zeigen, dass Sie ihn durchschauen und seine Schwächen kennen und kritisieren, dann wird ihn dies tief innen sehr treffen und vielleicht sogar verletzen. Vermutlich kennt er ja seine Schwäche, sonst würde er sich nicht so verhalten. Deshalb sollten wir sehr vorsichtig mit unserem Wissen umgehen und dies sollte uns auch nicht besonders schwer fallen, es sei denn, wir haben selbst ein Problem damit, weil wir selbst gerne im Mittelpunkt stehen wollen oder wieder einmal zeigen müssen, dass wir der Stärkere sind.

Ein bisschen Diplomatie widerspricht dem Prinzip der Ehrlichkeit nicht. Wenn eine Frau fragt: *„Wie sehe ich aus?“*, dann müssen Sie nicht lange nachdenken, denn es genügt in der Regel nur ein Wort: *„Toll!“* Das will sie hören und die Frage war vermutlich ohnehin eher rhetorisch gestellt. Ein falsch bedachtes Wort kann hier eine gewaltige Lawine auslösen. Wenn Sie das Hosenkleid tatsächlich furchtbar finden, dann können Sie ja sagen: *„Ich finde, das rote Kostüm steht Dir noch bedeutend besser.“*

Auch der Zeitpunkt ist wichtig. Es gilt: Wenn wir erregt, ärgerlich oder aus dem Gleichgewicht sind, sollten wir zurückhaltend mit unserer Meinungsäußerung sein. In diesem Falle sind wir sicher nicht in der Lage, die Wahrheit „süß" zu verpacken. In dieser Situation hat der Stress oder Ärger von uns Besitz genommen und wir sind nicht souveräner Herr der Lage. Sie kennen sicher die eine oder andere Situation, bei der Sie anschließend gesagt haben: „Hätte ich doch lieber meinen Mund gehalten ...". Gerade in Situationen, wenn ein Streit eskaliert, wird bewusst auf die Schwächen gezielt, um den anderen zu treffen, wo es am stärksten weh tut.

- Wenn Sie in der Lage sind, dann brechen Sie jetzt die Auseinandersetzung ab, denn die Emotionen haben Sie im Griff und Sie sind Spielball Ihrer eigenen Emotionen. Sie werden manches von sich geben, was Sie später bereuen werden. Einen Pfeil, den man abgeschossen hat, kann man nicht mehr zurückholen.
- Grundsätzlich ist es immer besser, zum Ausdruck zu bringen, wie Sie selbst sich fühlen, anstatt sich in Vorwürfen und Schuldzuweisungen zu ergießen. Benutzen Sie also die „Ich" Form. „Ich bin total wütend. Ich fühle mich total unfair behandelt."

Trotz aller manchmal gebotenen Vorsicht: Ehrlichkeit und Aufrichtigkeit zahlen sich aus, auch wenn es manchmal etwas schmerzhaft sein kann. Denn nur so kann eine ehrliche Beziehung entstehen. Aber, wenn wir das nächste Mal einen Schwachpunkt des Partners ansprechen wollen, sollten wir immer erst unser Motiv einer genauen Überprüfung unterziehen. Die Absicht macht den Unterschied!

Als Empfänger von wohlgemeinter Kritik können wir uns den Satz von Lord Buddha zu Herzen nehmen:

Betrachte den, der Deine Fehler enthüllt,
als erzähle er Dir von einem Schatz.

Es ist ein Weg zur Selbsterkenntnis und bietet die Möglichkeit zu Veränderung und Wachstum. Dies kann aber nur gelingen, wenn beide Ehrlichkeit wollen und die Ehrlichkeit des anderen schätzen. Durch Ehrlichkeit drücke ich auch meinen Respekt vor dem anderen aus. Von einem wahren Freund erwarte ich, dass er mir die Wahrheit sagt; es muss ja nicht mit dem Hammer sein, aber wenn es nötig ist, muss ein echter Freund auch in Kauf nehmen, sich bei mir unbeliebt zu machen.

Nicht selten geschieht es, dass wir unter dem Deckmantel, den anderen schonen zu wollen, nur uns selbst schützen wollen. Das ist eine Einsicht, für die ich viele Jahre brauchte, und ich arbeite immer noch daran. So werden Probleme in der Beziehung nicht angesprochen oder Sorgen im Beruf verheimlicht, weil wir in Wirklichkeit den Kopf in den Sand stecken und vermeiden wollen, dass wir selbst uns mit der Thematik konkret auseinandersetzen müssen. So kehren wir das Problem einfach unter den Teppich. Dabei wollen wir nicht den anderen schonen, sondern uns selbst! Vielleicht war es auch nicht diese Einsicht, die bei mir eine so lange Reifezeit brauchte, sondern der fehlende Mut, den sich daraus ergebenden Konsequenzen in die Augen zu sehen.

Fragen Sie sich einmal ehrlich: Was kehre ich unter den Teppich?

....

....

Fragen Sie sich: Wo bin ich nicht ganz ehrlich zu meinem Partner?

....

....

Aufgabe:

Wenn Sie diese Fragen beantwortet haben, setzen Sie sich beide zusammen und beschließen, dass Sie in Zukunft *ehrlich* miteinander umgehen wollen. Sicher wird dieser mentale Striptease nicht immer leicht fallen und auch nicht immer gelingen, aber es ist ein Schritt in eine erwachsene und erfüllende Partnerschaft.

Berühren Sie Ihren Partner, indem Sie ihm mitteilen, wie es Ihnen geht und was Sie im Innern beschäftigt. Seien Sie dabei offen und direkt. Dadurch bringen Sie Klarheit in Ihre Beziehung.

Fragen Sie regelmäßig Ihren Partner, was ihn aktuell bewegt und beschäftigt.

Anregung:

> Auch wenn es manchmal schwierig oder sogar hart sein mag – seien Sie ehrlich zueinander!
> Danken Sie Ihrem Partner, wenn er ehrlich ist!
> Sagen Sie sich die Wahrheit, aber in einer Weise, dass sie nicht verletzend ist!

Wenn Sie mit Ihrer Wahrheit die Gefühle des anderen verletzen, so haben Sie vielleicht nach außen hin Ihr Gesicht, oder sagen wir besser, Ihre Maske, gewahrt und gewinnen auf der groben Ebene; mit Sicherheit aber verlieren Sie auf der feinen Ebene des Lebens. Letztlich verletzen wir uns dabei selbst. Jeder Mensch komponiert die Musik seines Lebens. Wenn er einen anderen verletzt, zerstört er diese Harmonie und bringt einen Missklang auch in die Melodie seines eigenen Lebens, so wird dieser Zusammenhang im Rik Veda beschrieben. Auch wenn der andere negativ zu uns war, gilt: Wir sind für unser Verhalten verantwortlich.

**Negativität nicht zurückzugeben ist ein Heilungsprozess
für den anderen, vor allem aber für uns selbst!**

Das Ego sucht immer etwas zu kritisieren. Es urteilt und verurteilt. Es sucht nach Unvollkommenheiten und Schwächen. Und das beinhaltet immer einen Vergleich mit der Vergangenheit. Liebe dagegen ist ganz im Augenblick und sucht nach jedem Zeichen von Stärke. Sie sieht, wie weit man schon gekommen ist, und nicht, wie weit man noch gehen muss.

Dabei ist es so einfach zu lieben und so erschöpfend, immer Fehler finden zu müssen, denn jedes Mal, wenn wir einen Fehler finden, meinen wir, dass damit etwas geschehen muss oder dass wir den anderen verändern müssen.

**Liebe weiß, dass niemals etwas anderes
als mehr Liebe benötigt wird.**

Es ist das, was wir mit unseren Herzen machen, das andere am tiefsten beeinflusst. Wir lieben von Herz zu Herz.

Sei offen

Es war eines meiner erleuchtetsten Erkenntnisse, weil das Resultat ganz anders ausfiel, als ich erwartet hatte: Gerade in Augenblicken, wenn ich den inneren Schweinehund überwinden konnte und meiner Partnerin meine Schwächen, Sorgen oder Ängste mitzuteilen wagte, habe ich dafür Verständnis, Wertschätzung und Liebe geerntet. Genau das, was ich zu verlieren glaubte, wenn ich offen und ehrlich mein Inneres offenbarte.

**Offenheit ist eines der Geheimnisse
einer erfüllenden Beziehung.**

Probieren Sie's einfach aus und teilen Sie Ihre Gefühle mit! Gehen Sie das Risiko ein, abgelehnt zu werden! Ich möchte damit nicht behaupten, dass ich es immer schaffe, ganz ehrlich zu sein, aber ich habe die Erfahrung gemacht, dass es sich lohnt! Und jede positive Erfahrung wird zu einer weiteren positiven Erfahrung motivieren.

Ehrlichkeit bedeutet ehrlich sein, auch auf die Gefahr hin, sich lächerlich zu machen und die eigene Unfehlbarkeit und Unbesiegbarkeit aufgeben zu müssen. Mut bedeutet auch, das Risiko einzugehen, zurückgewiesen oder verletzt zu werden.

Es braucht zweifellos etwas Mut, aber es lohnt sich! Wenn Sie nicht ehrlich sind, machen Sie sich ohnehin lächerlich ... vor sich selbst! Ehrlichkeit gibt uns das Ehrgefühl wieder.

Wollen wir feige oder mutig sein? ... lautet die Frage.

Mutig sein bedeutet, die Maske, hinter der wir uns verstecken, abzunehmen und uns selbst ins Gesicht zu schauen. Solange wir mit einer Maske durchs

Leben laufen und dem Partner etwas vorspielen und nicht unser wahres Gesicht zeigen, werden wir uns selbst dafür nicht mögen. Dieser Mangel an Selbstrespekt wird bei uns selbst eine dauernde Unzufriedenheit hervorrufen und auch unser Partner wird uns dafür nicht respektieren. Er ist ja unser Spiegel und wir begegnen in ihm unserem eigenen Mangel an Selbstrespekt. Außerdem – und dies ist erst recht verrückt – machen wir dann den anderen auch noch für unser eigenes Unwohlsein und die eigene Unzufriedenheit verantwortlich, weil er uns *scheinbar* zwingt, unaufrichtig zu sein.

Mein Spiegel – also Sabine – hat mir immer wieder mal gesagt: *„Ich kenn dich eigentlich nicht"* und mich aufgefordert: *„Zeig Dich mir!"* Nun, ich glaube nicht, dass sie mich nach 9 Jahren nicht schon recht gut kennt. Aber was sie mir sagen wollte: *„Tausch Dich mit mir aus! Ich will wissen, wie es Dir geht, was Du fühlst und was Deine Visionen und Träume sind."*

Es ist der Austausch, der Nähe schafft und eine Beziehung lebendig macht.

Auch wenn das Ziel Selbstgenügsamkeit ist, also ein Zustand, der den anderen nicht braucht, ist Austausch oder Kommunikation vielleicht das wichtigste Lebenselixier einer Beziehung. Vermutlich geht es gar nicht um die verbale Kommunikation, die Sabine vermisst oder nicht in genügendem Maße bekommt, sondern es geht darum, sich zu *öffnen* und zu *offenbaren*. Wenn dies geschieht, wird man sich auch ohne viele Worte verstehen.

Was ich lernen musste oder immer noch dabei bin zu lernen, ist, authentisch zu antworten. Wenn mich Sabine fragte: *„Was meinst Du dazu?"* So habe ich häufig – ohne es selbst zu realisieren – schablonenhaft aus meinem erlernten Fundus geantwortet. Eigentlich habe ich häufig zitiert, was ich irgendwo gelesen hatte und gut fand oder was ich bei einem Guru geistig abgekupfert hatte. Sie aber hatte Interesse an mir und *meiner* Sichtweise. Sie wollte wissen, wie *ich* mich fühle, was *ich* empfinde, auch meine Zweifel, meine Fragen oder Ängste, eben meine tiefsten Empfindungen.

Es ist ganz wesentlich, dem anderen mitzuteilen, was in unserem Herzen vor sich geht. Denn nur, wenn wir uns öffnen und nackt, verletzlich oder angreifbar machen, kann wirkliche Nähe entstehen. Das bedeutet Vertrauen:

146

Ich zeige mich dem anderen so, wie ich wirklich bin. Sabine hatte mir vor einigen Jahren einige Zeilen geschrieben, die mich betroffen machten, weil es mich tatsächlich betraf:

„Wenn ich Öffnung möchte, möchtest Du Fixierung.
Wenn ich begeistern will, willst Du überreden.
Wenn ich er-zeugen will, willst Du über-zeugen.
Wenn ich kooperativ sein will, kommt Autorität ins Spiel.
Wenn ich eine Antwort wünsche, kommen Gegenargumentationen.
Wenn ich Einsichten erreichen möchte, kommt Dein Durchsetzen.
Wenn ich was klären möchte, widerlegst Du es.
Wenn ich motivieren möchte, gehst Du in die Anpassung.
Wenn ich Dir ein Feedback gebe, fühlst Du Dich angegriffen.
Wenn ich 2 Gewinner sehe, siehst Du 1 oder 2 Verlierer."

Mit meiner Kommunikationsfähigkeit war es wohl nicht bestens bestellt! Und „Sichöffnen" ist „feminines Prinzip", das bei mir unterentwickelt war. Aber auch das kann man üben und lernen. Man muss es nur wollen und natürlich ein bisschen Mut aufbringen, in Kauf nehmen, dabei nicht immer so toll dazustehen.

Warum tun wir uns so schwer, uns so anzunehmen, wie wir sind? Warum beginnen wir Rollen zu spielen und mit Masken herumzulaufen? Warum müssen wir uns immer verstecken?

Wenn wir einem Menschen begegnen, dann wollen wir von ihm anerkannt werden, jeder auf seine Weise. Der eine durch seine beruflichen Erfolge, der andere durch seine Bildung, der dritte dadurch, dass er ganz ‚wichtige' Menschen kennt oder Auszeichnungen erhält. Der gemeinsame Nenner ist die Suche nach Anerkennung; jeder erwartet sie von jedem. Anerkennung soll einen Mangel an Selbstwert ausgleichen.

Die Hoffnung auf Anerkennung macht uns korrumpierbar.

Sie wirkt wie eine Barriere, denn keiner kann sich so geben, wie er wirklich ist. So spielt immer einer dem anderen etwas vor, und auf dieser Grundlage kann kein offener Austausch und keine ehrliche Beziehung möglich sein. Es begegnen sich nur zwei Masken.

Es kann natürlich sein, dass wir unsere Maske als eine Art „Selbstschutz" geschaffen haben. Wir haben uns *angepasst*, um nicht als Außenseiter zu gelten und nicht wie die Möwe Jonathan aus der Gemeinschaft der Möwen ausgestoßen zu werden. Oder wir haben uns als Haifisch getarnt und unsere sanfte Natur verleugnet, um nicht im Haifischbecken gefressen zu werden. Es gibt unzählige Gründe und viele Spielarten. Vielleicht haben Sie selbst schon die Erfahrung gemacht, dass Ihre Umgebung neidisch geworden ist, wenn Sie neue Wege gegangen sind und aus dem *Kreis der Normalen* ausgebrochen sind. Vielleicht wurden Sie sogar mit sozialer Degradierung oder Nichtachtung bestraft. Es gibt also zweifellos Situationen, in denen es sinnvoll ist, den Sanktionen dieser „ewig Gestrigen" auf diese Weise auszuweichen. Aber in einer Partnerschaft sollten diese Maskenspiele und Versteckspiele nicht nötig sein.

Ich hab recht ... Du hast recht

Rechthaben ist eine besonders bei Männern ausgeprägte Verhaltensweise. Ihre Prägung in der Kindheit bewirkt, dass sie immer den Unbesiegbaren spielen müssen. ‚Nicht Recht zu bekommen' wird als persönliche Niederlage interpretiert. Überlegen Sie einmal, wie oft Sie mit Ihrem Partner darum kämpfen, wer recht hat. Dabei geht es *niemals* ums Rechthaben! Ganz abgesehen davon, dass nicht immer Recht bekommt, wer recht hat.

Der Grund, warum wir uns immer rechtfertigen und immer recht haben müssen, ist Schwäche. Es fällt uns schwer, Fehler einzugestehen und dem anderen Recht zu geben. Die Ursache für dieses Gehabe ist leicht zu identifizieren: Es ist mangelndes Selbstbewusstsein.

Wir wollen immer gut dastehen.
Wir wollen immer geliebt werden.

Stellen Sie sich die Frage:

Was veranlasst mich, immer und unter allen Umständen geliebt und akzeptiert werden zu wollen?

Lesen Sie erst weiter, wenn Sie die Frage beantwortet haben!

Immer „gut dastehen" zu müssen ist der verborgene Hauptgrund vieler Streitigkeiten und Probleme in Partnerschaften. Eigentlich ist es ein Schrei nach Anerkennung und Liebe. Der Partner oder die Umwelt soll uns das gewähren, was wir uns selbst nicht geben: Anerkennung. Und Sie kennen die Gesetzmäßigkeit: Je mehr jemand der Anerkennung nachläuft, desto weniger bekommt er sie.

So kann ein einfaches, wohlmeinendes Feedback unseres Partners schon als Kritik gewertet und als Angriff auf unsere Persönlichkeit interpretiert werden. Ein selbstbewusster Mensch dagegen wird für eine richtig formulierte Kritik dankbar sein und es als positive Anregung oder Anteilnahme interpretieren: *„Dem liegt etwas an mir."*

Nochmals: Es geht niemals ums Rechthaben! Das müssen wir verstehen. Es geht darum, dass wir gemeinsam eine Situation besprechen und das beste Ergebnis erzielen. Es geht darum, das Richtige zur richtigen Zeit richtig zu machen.

Was meinen Sie, wie viel Geld in Firmen verschleudert wird, weil Führungskräfte recht haben müssen. Sie meinen, dass „Rechthaben" ihre Position und ihr hohes Gehalt rechtfertigen. Dabei geht es nicht darum, dass sie ‚recht haben', sondern dass die richtigen Entscheidungen für das Unternehmen getroffen werden. Dafür sind sie verantwortlich und dafür werden sie bezahlt.

Erkennen Sie den besseren Vorschlag Ihres Mitarbeiters an und Sie werden feststellen, dass Sie dafür anerkannt und vielleicht sogar geliebt werden. Aber möglicherweise haben Sie Angst. Sie haben Angst, dass man Sie gar nicht mehr braucht. Ihre Chefs könnten ja denken, dass Sie überflüssig sind. Wir kommen immer wieder zum gleichen Ergebnis: Es ist Angst, die dieses Fehlverhalten erzeugt. Angst, immer wieder Angst. Und alles, was die Angst reduziert, wird viele Probleme aus Ihrem Leben nehmen. Wenn Sie einmal Ihr Leben durchforsten, werden Sie feststellen, dass die meisten Situationen, in denen Sie Angst hatten und sich Sorgen machten, nur eingebildete Ängste oder Sorgen waren. Das Leben vieler Menschen ist im Rückblick eine Aneinanderreihung von irrealen Sorgen und Ängsten in der Erwartung von Problemen oder Katastrophen, die niemals eintraten.

Männer haben besondere Schwierigkeiten, Ratschläge – speziell, wenn sie von Frauen kommen – anzunehmen. Sie interpretieren Sie als einen Mangel an Wertschätzung und als Autoritätsverlust.

Ratschlag:

- An die Frauen: Seien Sie etwas zurückhaltender oder vorsichtiger mit Ratschlägen oder verpacken Sie diese so, dass Ihre Männer sie nicht als solche empfinden.
- An die Männer: Erkennen Sie den liebgemeinten Ratschlag Ihres Partners an. Dies ist ein Zeichen von Stärke und nicht von Schwäche!

**Geben Sie das Verhalten auf,
sich immer und überall zu rechtfertigen!**

**Geben Sie das Verhalten auf,
immer Recht haben zu müssen!**

Nun ist es so, dass nicht nur Männer das Spiel der Rechthabens beherrschen. Auch Frauen kämpfen – meist eher auf mehr indirekte Weise – ums Rechthaben.

Immer, ob bei Mann oder Frau, ist die eigentliche Ursache ein Mangel an Selbstbewusstsein. Bei genauer Betrachtung können wir praktisch alle Probleme in der Partnerschaft auf einen Mangel an Selbstbewusstsein oder Angst zurückführen. Wer genug Selbstwert besitzt, muss nicht immer toll dastehen und ist nicht von der Anerkennung, Wertschätzung oder Liebe der anderen abhängig. Er hat etwas, was man *Selbstgenügsamkeit* oder *Souveränität* nennen könnte. Ein deutliches Anzeichen, dass Ihr Selbstbewusstsein gestiegen und Ihre Selbstsicherheit zugenommen hat, ist, wenn Sie sich in Auseinandersetzungen, bei Angriffen oder Beleidigungen des Partners weniger oft und weniger heftig verteidigen müssen.

Offenheit ist die Grundlage eines positiven Austausches. Es ist die Basis einer aufbauenden Kommunikation und Beziehung. Rechthaben oder recht haben wollen beenden diese Offenheit und bringen den Fluss zum Stillstand. Wenn Sie sich also dabei ertappen, wenn Sie wieder mal recht haben müssen und dem anderen gar nicht zuhören, weil Sie ja schon eine vorgefertigte Meinung haben, so machen Sie sich klar, dass Sie es gar nicht nötig haben, immer recht zu haben. Spüren Sie einmal genau hin, wie Sie sich fühlen, wenn Sie recht haben müssen, und wie Sie sich fühlen, wenn Sie souverän und offen sein können. Tief innen werden Sie das „Recht-haben-Müssen" immer als Niederlage empfinden und Offenheit als Sieg.

Du bist schuld

Schuldzuweisungen sind fast das tägliche Brot in Partnerschaften. Aber sie bringen nichts. Wenn wir verstanden haben, dass ‚Täter' und ‚Opfer' nur zwei Aspekte derselben Energiedynamik darstellen, dass sie lediglich die zwei Aspekte der gleichen Grundproblematik offenbaren, erledigt sich die Frage der Schuldzuweisung von selbst. Wir begegnen immer uns selbst. Ob wir es als das ‚Gesetz der Anziehung' oder ‚Spiegelung' bezeichnen, ob wir es als das Prinzip der ‚Interpretation' und ‚Projektion' kennen lernen, immer begegnen wir uns selbst oder unerlösten Persönlichkeitsanteilen, die transparent gemacht werden müssen.

Das Prinzip der Projektion hat uns gezeigt, dass der andere ohnehin ‚nur' eine ‚Rolle' in unserem Leben übernimmt, um eigene Persönlichkeitsanteile zu entwickeln oder auch um alte Verletzungen aufarbeiten zu können.

Wenn wir uns dazu entschließen, die Situationen, denen wir immer wieder begegnen, anzuschauen, dann können wir sie auch auflösen. Jeder Mensch, der uns begegnet, ist ein Aspekt von uns selbst.

Hauptsächlich machen Partner den anderen verantwortlich für das eigene Unglücklichsein, für Konflikte, Spannungen und Reibungen oder dafür, dass eigene Bedürfnisse nicht erfüllt werden. Wir wollen die Verantwortung nicht übernehmen. Wenn wir allerdings das Spiegelprinzip verstanden haben, so ist eben unser Partner unser Spiegel; er spiegelt uns unsere eigenen Probleme. Jeder einzelne ungelöste Konfliktaspekt unseres Bewusstseins, der nicht bewusst verarbeitet wird, wird sich als bestimmender Störfaktor in unserem Leben präsentieren. Je mehr wir verdrängen und unterdrücken, desto stärker wird er sich melden.

Um es recht zu verstehen: Das bedeutet nun nicht, dass es, wenn ich mit dem Spiegel nicht zufrieden bin, nicht auch in dem einen oder anderen Fall die

not-wendige Konsequenz sein wird, mich von meinem bisherigen Spiegelbild
(= Partner) zu trennen. Ganz im Gegenteil: Wenn ich mich verändere, wird
sich der Spiegel verändern. Das bedeutet, dass sich, wenn ich mich ändere,
der Partner in seinem Verhalten ändert oder dass der Partner aus meinem
Leben weggeht und ein neuer Partner in mein Leben tritt. In jedem Fall aber
wird sich der Spiegel ändern, wenn ich mich ändere. Der Spiegel ist dabei
völlig unschuldig!

Deshalb:

**Übernehmen Sie Verantwortung für sich selbst,
für Ihr Verhalten und Ihr Leben!**

Sie sind Ihr Leben!

Sie sind Ihre Beziehung!

Schuldzuweisungen sollen Schuldgefühle und ein schlechtes Gewissen erzeugen. Sie sind Mittel, um Macht auszuüben oder Abhängigkeit zu zementie-
ren. Oft sind sie aber einfach ein Hilferuf des Partners. Schuldzuweisungen
geschehen nämlich nicht aus einer Position der Stärke. Ursache für Schuldzuweisungen sind vielmehr Projektionen oder Abwehrreaktionen aus einem
schwachen Selbstbewusstsein heraus.

Vielleicht sind Sie und Ihr Partner eine ‚alte Beziehung' und Sie haben
eine alte Verletzung aufzuarbeiten. Jetzt haben Sie die Möglichkeit, das Rad
der Schuldzuweisung zu durchbrechen, indem Sie dieses Karma abschließen.

**Setzen Sie sich mit den Schattenbereichen auseinander,
die Sie bisher verdrängt haben.**

**Durchbrechen Sie das Rad der Schuldzuweisung,
das Rad von Rache und Verletzung.**

Umgang mit dem eigenen Schatten:

- Erkennen Sie die eigene Schattenseite an!
- Nutzen Sie den Partner und Ihre Umgebung dankbar als Ihren Spiegel!
- Übernehmen Sie Verantwortung für Ihr Spiegelbild!
- Schließen Sie mit den eigenen Fehlern ganz bewusst Frieden!
- Schauen Sie, was der eigene Schatten Sie lehren will!
- Stellen Sie sich einmal vor, wie die ungeliebte Eigenschaft im Gleichgewicht aussieht!
- Arbeiten Sie an der Auflösung der Muster in Ihrem Energie-Emotion-Geist-Körpersystem (Energiearbeit).
- Üben Sie Methoden wie Meditation aus, die Sie mehr zu sich selbst führen und Sie unterstützen, die alten Muster aufzulösen!
- Auch ein Coaching oder eine Therapie kann hilfreich sein.

Ich verzeihe Dir

„Verzeih mir!" Wann haben Sie dies zum letzten Mal aus vollem Herzen zu Ihrem Partner gesagt? Es sind Zauberworte, wenn sie ehrlich gemeint sind. Das gilt für die alltäglichen Unaufmerksamkeiten wie für alle anderen negativen Erfahrungen, die wir mit uns herumschleppen.

Dieses Wort ist zu einem Schlüsselerlebnis auch für mich und meine eigene Partnerschaft geworden. Es auszusprechen hat mich am Anfang sehr viel Überwindung gekostet, denn es war das Eingeständnis, etwas falsch gemacht zu haben, nicht recht zu haben oder eben nicht der Unbesiegbare zu sein. Verzeihen hatte ich eher als eine Niederlage interpretiert. Aber je mehr ich in der Lage war, dieses Wort über die Lippen zu bringen, desto mehr zeigte es mir, wie befreiend dieses Wort wirken kann – auf den Partner und vor allem auf mich selbst! Es gibt nur wenige Wörter, die zwei Menschen so nahe zusammen bringen können. „Verzeih" ist vor allem auch ein Ausdruck für die Wertschätzung und das Vertrauen in den anderen. Ich habe mich immer ungemein gefreut, wenn Sabine zu mir kam und sich für einen „ungerechtfertigten Ausraster" entschuldigt hat. In diesen Momenten kann Liebe fließen, weil die Masken und Barrieren fallen. Verzeihen ist ein Ausdruck von Stärke, Mut und Größe, es ist ein Ausdruck von Hingabe und Bescheidenheit. Ein verletztes Ego kann nicht leicht verzeihen, es will siegen. In dem Augenblick des Verzeihens finden die Machtspielchen und Ego-Kämpfe ihr Ende. Verzeihen ist Balsam für unsere Seele und unsere Beziehung. Verzeihen bringt Frieden und Freiheit.

Oft liegen die Dinge, die wir verzeihen müssen, in unserer Vergangenheit. Und verzeihen müssen wir anderen oder vor allem auch uns selbst. Können wir Ereignisse aus der Vergangenheit nicht verzeihen, werden sie unsere Gegenwart belasten. Bei vielen Menschen bestimmen Erfahrungen aus der Kindheit ihre gesamte Lebensgeschichte. Verletzungen in der Kindheit prägen ihr Denken, ihr Verhalten und natürlich ihre gegenwärtigen Beziehungen.

Deshalb ist es für unser eigenes Wohlergehen so wichtig, dass wir z.B. unseren Eltern oder unseren früheren Partnern ihre Verletzungen verzeihen. Oft ist die Verletzung ohnehin nur eine Fehlinterpretation, wie folgende Geschichte einer etwa 40-jährigen Frau zeigt.

Die Geschichte begann, als sie etwa drei Jahre alt war. Ihre etwas ältere Schwester, die ausnehmend hübsch war, sollte photographiert werden. Als die Kleine das sah, machte sie sich auch hübsch und wollte auch photographiert werden. Dabei ließ ihre Mutter eine unbedachte und gleichzeitig verhängnisvolle Bemerkung fallen: *„Ach, Du doch nicht"*. Diese Bemerkung schlug bei dem kleinen Kind ein wie eine Bombe. Es kam bei ihr so an: *„Du bist nicht gut genug dafür!"* Das war ihre Interpretation der unbesonnenen und dummen Worte der Mutter. Fortan bemühte sich die Kleine, auch so gut zu sein wie ihre ältere Schwester, um auch von der Mutter und den anderen genauso geschätzt zu werden. Das war so in der Familie, im Kindergarten, in der Schule und setzte sich schließlich fort in der Familie, die sie selbst gründete. Sie war so etwas wie eine Bilderbuch-Mutter und Vorzeige-Ehefrau.

Alles sollte sich ändern, als eines Tages die Schwiegermutter zu Besuch kam. Sie selbst war nicht anwesend und die Schwiegermutter nutzte die Zeit und räumte in der Wohnung so richtig schön auf. Als sie nach Hause kam und dies sah, wurde ihre alte Erfahrung bzw. Brille aktiviert: *„Ich bin ihr nicht gut genug!"* Sie reagierte überaus ungehalten und von diesem Tag an war die bis dahin gute Beziehung zur Schwiegermutter beendet.

Nun, sie hätte auch ganz anders reagieren können. *„Kannst zweimal die Woche kommen, ich finde das toll, kann die Zeit ganz gut gebrauchen."* Andrerseits ist es völlig verständlich, wenn eine Frau ihren Haushalt selbst führen möchte. In diesem Falle hätte die Reaktion in etwa so aussehen können: *„Ich finde es schön, dass du mir helfen möchtest, und ich weiß, dass du es nur gut gemeint hast, aber ich möchte das nicht. Es ist mein Haushalt, meine Familie und ich denke, du verstehst das. Genieß einfach die Zeit bei uns und lass Dich von uns verwöhnen."* Aber sie reagierte eben anders.

Das war aber noch nicht das Ende der Geschichte. Der Ehemann hielt die Beziehung zur Mutter weiter aufrecht und sagte: *„Sie hat es doch nur gut gemeint."* Dies wiederum interpretierte sie: *„Er hält nicht zu mir."* Die Geschichte schaukelte sich immer weiter hoch, bis es schließlich, trotz zweier Kinder, zur Trennung kam.

Auf dem Seminar erkannte sie, dass für ihr Verhalten eine alte Erfahrung und Verletzung schuld war. Noch auf dem Seminar rief sie die Schwiegermutter an und erzählte ihr ihre neue Einsicht. Beide heulten am Telefon und verabredeten sich zu einem Treffen. Sie war auch so stark und kontaktierte ihren Noch-Ehemann und beide einigten sich, sich zusammenzusetzen, um einen möglichen Neuanfang zu besprechen.

Es ist sehr häufig, dass Verletzungen in der Kindheit nur aus einer Fehlinterpretation geschehen sind. Aber dies ist für die Wirkung gleichgültig. Wie hat **Paul Watzlawick** so schön formuliert: *„Wer seelisch leidet, leidet nicht an der Wirklichkeit, sondern an seinem Bild von der Wirklichkeit."* Es ist also die Interpretation, die Verletzungen bewirkt.

Sind Verletzungen geschehen, so ist es wichtig, sich ihre Bedeutung für unsere Gegenwart klarzumachen. Sie sind Vergangenheit und gehören dort hin. Wenn Sie mit der Vergangenheit aufräumen wollen, dann fangen Sie an zu verzeihen!

Ein weiteres Beispiel: Ein Mann reagierte immer übererregt und äußerst ärgerlich, wenn er nur das leiseste Gefühl hatte, dass seine Frau ihn herumkommandieren wollte. Es belastete die Ehe sehr, bis ihm eines Tages klar wurde, dass er sich eigentlich über seine dominante Mutter ärgerte, die seinen Vater und ihn immer herumkommandierte. Der Schlüssel zur Lösung des Problems war, dass er seiner Mutter verzeihen konnte.

Wie können wir Verzeihen üben?

- Verzeihen beginnt damit, dass wir uns genau anschauen, was wir nicht verzeihen können, dass wir beobachten, was wir bekämpfen. Es zeigt uns, wo unsere eigenen Probleme liegen.
- Verzeihen beginnt damit, dass wir uns selbst lieben und akzeptieren.
- Verzeihen beginnt damit, dass wir die Verantwortung für das übernehmen, was uns im Leben geschieht. Sonst projizieren wir die Schuld auf andere und es wird schwer, anderen zu verzeihen.
- Verzeihen beginnt damit, dass Sie sich dafür entscheiden, glücklich zu sein, anstatt auf Ihr Recht zu pochen.
- Verzeihen beginnt damit, zu erkennen, dass der emotionale Schmerz, den Sie empfinden, nur durch Ihre subjektive Interpretation und Bewertung entsteht.
- Verzeihen beginnt damit, zu erkennen, dass nur der verletzt, der selbst schwach ist und Hilfe braucht.
- Verzeihen beginnt damit, zu erkennen, dass, wenn Sie anderen verzeihen, Sie sich selbst verzeihen.

Beantworten Sie jetzt folgende Fragen:

- Wem können Sie nicht verzeihen?

....

....

- Was können Sie nicht verzeihen?

....

....

- Was hindert Sie daran, zu verzeihen?

....

....

Entscheiden Sie sich jetzt zu verzeihen!

Schreiben Sie einen Brief an den bzw. die Menschen, die Sie verletzt haben und denen Sie verzeihen möchten. Sie müssen den Brief nicht abschicken. Allein dadurch, dass Sie Ihre Gefühle zum Ausdruck bringen, werden Sie große Erleichterung erfahren.

Denken Sie immer daran: Das Außen ist unser Spiegel und ... seien Sie Ihrem Spiegel dankbar!

Verletzungen

Gegenseitige Verletzungen in Partnerschaften geschehen oft aus der Angst heraus, den anderen zu verlieren. Wie verdreht es uns auch erscheinen mag, mit diesem Verhalten wollen Partner oft den anderen halten und an sich binden. Angst ist niemals ein guter Ratgeber und die Quelle fast aller Probleme.

Bei einem Streit geht es nur selten um Tatsachen, sondern fast immer um verletzte Gefühle und eigene Bedürfnisse. Es ist eine Sache des Vertrauens und der Liebe, wenn Sie sich über Ihre verletzten Gefühle und Ängste austauschen. Es ist ein Weg, sie ins Bewusstsein zu zerren und zu heilen.

Schreiben Sie gegenseitig auf, wo und wie Sie sich in letzter Zeit verletzt haben.

1. Wo hat der andere Sie verletzt?
2. Womit haben Sie dem anderen weh getan?

Nehmen Sie sich genügend Zeit und sprechen Sie über alles!

Die anderen 50 Prozent der Verletzungen gehen meist auf das Konto der Projektion von negativen Erfahrungen aus der Kindheit.

KAPITEL 8

Lebenssinn und Partnerschaft

Ein Gefährte auf dem Weg

Wenn wir uns mit dem Sinn einer Partnerschaft befassen, können wir natürlich nicht die Frage ausklammern: Was ist der Sinn des Lebens?

Was also ist der Sinn des Lebens?

Der Sinn des Lebens ist Selbstverwirklichung. Der Sinn des Lebens ist, zu erkennen, wer wir wirklich sind. Es ist das „Gnothi seauton" der Griechen oder das „smriti labdha" der Veden: die Erkenntnis, wer ich wirklich bin, die Erkenntnis, was meine eigentliche Natur ist. Den Weg dahin kann ich allein gehen oder mit einem Gefährten. Ob der Weg in Begleitung mit einem Gefährten immer einfacher zu gehen ist, ist eine andere Frage.

Ich möchte mal die These wagen:

Die Evolution hat nicht die harmonische Ehe zum Ziel,
sondern Selbstverwirklichung oder Gottverwirklichung!

Man könnte für Selbstverwirklichung auch *Selbstgenügsamkeit* sagen.

Die romantische Liebe sieht dies natürlich anders.

Selbstverwirklichung in ihrer wahren Bedeutung meint die Verwirklichung des SELBST. Es ist die Erkenntnis, dass unser Selbst, unser wahres Sein, unsterblich, ewig, unbegrenzt und die Quelle aller Existenz ist. Um das zu realisieren, sehnen wir uns nach Vereinigung. Das ist die ewige Sehnsucht, die uns treibt.

Der Mensch glaubt seine Unsterblichkeit erst dann,
wenn er begriffen hat, dass sein Leben nicht nur eine Welle,
sondern jene ewige Bewegung ist,
die sich in diesem Leben nur als Welle offenbart.

TOLSTOI

In der Sprache der Veden heißt dieses Selbst *Atma*, in der chinesischen Tradition ist es das *Tao* oder *Ch'i* und in der abendländischen Tradition kennen wir es als *Logos*.

Das ist das Ziel, wenn wir von Ziel und Weg überhaupt sprechen wollen. Denn es ist eigentlich kein Weg, denn es ist nur eine Sache der Erkenntnis oder des Aufwachens, wie es die Weisen aller Kulturen beschreiben. Es ist die Fähigkeit, ganz im Augenblick, ganz im Hier und Jetzt zu leben.

Partnerschaft oder Ehe sind nicht das eigentliche Ziel des Lebens,
sondern ein Spielfeld unserer Entwicklung.

Die Dramaturgie und Situation des Spiels wird von der Natur dabei so gestaltet, dass wir uns jederzeit ideal entwickeln können. Ich glaube, das können Sie alle bestätigen: Eine Partnerschaft, Ehe und Familie ist wirklich ein Platz, wo man sich gut entwickeln kann!

Ein Partner ist also ein Partner auf dem Weg, der uns bei unserer Selbsterkenntnis hilfreich zur Seite oder gegenüber steht. Er dient uns als Spiegel und hilft uns, wie es in den Märchen so wunderbar beschrieben wird, die Verzauberung zu entzaubern und unsere unerlösten Eigenschaften zu erlösen.

Es ist der vielleicht größte Fehler in einer Partnerschaft, den Partner oder die Liebe zum Partner oder durch den Partner zum alleinigen Lebenssinn zu machen. Damit ist er heillos überfordert. Der Mittelpunkt meines Lebens bin immer ich selbst. In seiner unterentwickelten Form ist es zunächst mein ICH, in der erwachsenen Form mein SELBST.

Liebe besteht nicht darin, dass man einander anschaut,
sondern dass man gemeinsam in dieselbe Richtung blickt.

ANTOINE DE SAINT-EXUPERY

Augustinus weist uns die Richtung, in die wir schauen könnten:

Du hast uns auf Dich hin erschaffen und
unruhig ist unser Herz, bis es ruhet in Dir.

Wenn wir diese Tatsache nicht berücksichtigen, werden wir niemals eine erwachsene Partnerschaft leben können. Wer sich nach Liebe sehnt, sehnt sich nicht nur nach dem idealen Partner, sondern nach der unendlichen Liebe, die niemals endet und ewig ist. Es ist die Sehnsucht, das zu werden, was wir unserer Natur nach sind: reine Liebe. Das Problem unserer persönlichen Liebe ist, dass sie aufhört. Dabei ist in uns eine Quelle der Liebe, die immer fließt und niemals versiegt. Es ist das Herz, das Ewigkeit sucht. Der Verstand meint Dauerhaftigkeit und kann sehr schnell eine Liebe beenden und durch eine neue Illusion ersetzen.

Die *romantische Liebe* macht den anderen zum Ziel meiner Liebe und erwartet umgekehrt, dass der andere mir seine Liebe gibt, ungeteilt … nur mir. Und das ist schon gegen die Liebe. Im praktischen Leben zeigt sich dies in der Erwartung, dass der andere nur mit mir glücklich sein darf. Wenn er mit anderen glücklich ist, interpretieren wir es: *Du liebst mich nicht mehr!* Welch eine Pervertierung der Liebe, wenn der andere nur mit mir glücklich sein darf! Das ist gegen die Liebe. Liebe schränkt nicht ein. Liebe gibt Freiheit. Wer wirklich liebt, freut sich, dass der andere glücklich ist.

Nun, ich weiß auch aus eigener Erfahrung, dass dies nicht ganz so leicht ist. Warum? Weil wir selbst nicht reif sind. Wir machen unser Selbstwertgefühl davon abhängig, dass der andere mich – nur mich! – liebt. Tut er das nicht, wird mein Ego verletzt.

Der andere soll mich glücklich machen. Wie soll das möglich sein? Bin ich selbst nicht glücklich, wird es mir auch die Partnerschaft nicht dauerhaft geben können. Hängt mein Glücklichsein von der Zuneigung meines Partners ab, so bin ich abhängig. Abhängigkeit führt dazu, dass man über kurz oder lang den anderen für diese Abhängigkeit verantwortlich macht, und dies wird schließlich im Inneren negative Gefühle erzeugen. Der Ausweg liegt einzig darin, dass ich den anderen nicht brauche, um selbst glücklich zu sein!

Warum soll ich dann überhaupt eine Partnerschaft eingehen, mögen Sie fragen? Das ist eine sehr gute Frage, die sich jeder einmal stellen sollte!

Warum wollen Sie in einer Partnerschaft leben?

Das Spiel des Lebens

Kennen Sie das Märchen „Hyazinth und Rosenblüth" von **Novalis**? Ich kenne kaum eine Geschichte, die den Weg der Selbstverwirklichung so vollkommen darstellt.

Das Märchen geht so:

Hyazinth, ein schöner Jüngling, und Rosenblüth, ein wunderschönes junges Mädchen, lieben einander inniglich und leben in einer Art Paradies. Eines Tages kommt ein alter Mann mit einem Büchlein und sie sprechen bis tief in die Nacht miteinander. Von diesem Tag an ist Hyazinth wie ausgewechselt. Seine leichte, freudige Natur verändert sich und er wird nachdenklich und grüblerisch. Er beschließt schließlich, von zu Hause wegzugehen, worüber Rosenblüth natürlich sehr traurig ist. Er macht sich auf die Suche nach der Göttin zu Sais, der göttlichen Mutter und Mutter aller Dinge. Zunächst kommt er in ein leeres und wüstes Gebiet, aber nach und nach wird auf seiner Reise die Natur reicher und üppiger. Schließlich gelangt er zum Tempel zu Sais, von dem gesagt wird, dass noch kein Sterblicher den Schleier der Göttin je gelüftet hat. *„Dann müssen wir Unsterbliche werden"*, ist die simple Antwort des Novalis auf diese Tatsache. Und … Hyazinth hebt den Schleier der Göttin zu Sais – und was sieht er?

Sie haben es sicher schon erraten. Er erblickt seine geliebte Rosenblüth.

Ist das nicht eine wundersame Geschichte? (Es lohnt sich, sie im Originaltext nachzulesen!)

Rosenblüth symbolisiert unser Selbst. Und so ist es die Geschichte von uns allen. Auch wir sind weggegangen von zu Hause, haben unser Selbst verlassen und vergessen und kehren nach einer Reise durch Wüsten und unwegsames Gebiet schließlich nach Hause zurück.

„Wohin gehen wir?", hat Novalis einmal gefragt und auch die Antwort ge-

geben: „*Immer nach Hause.*" Das ist unsere Reise und wir können dankbar sein für einen Begleiter. Sagen Sie es ihm auch!!! Immer wieder! Vor allem *sie* hört es immer wieder gern!

In einem Distichon hat Novalis die Essenz des Märchens zusammengefasst:

Einem gelang es
Er öffnete den Schleier der Göttin zu Sais
Und was sah er – Wunder des Wunders
Sich selbst.

Das ist die Essenz der Geschichte der Liebe, denn unser Selbst ist Liebe.

Unser SELBST ist Liebe.
Liebe vereinigt alles.
Liebe ist Quelle, Liebe ist Weg, Liebe ist Ziel.

Liebe verbindet alles. Weil sie alles ist. Es ist die ewige Verbundenheit von allem mit allem. Und das ist es, was Liebe ist. Dagegen ist unser Ego die Erfahrung des Getrenntseins (und unsere Gesellschaft ist im Prinzip egoistisch). Das Ego ist derjenige Aspekt, der teilt und trennt. Liebe in ihrer wahren Bedeutung stellt so eine Bedrohung für das Ego dar. Es kitzelt die Ängste aus uns heraus, denn Liebe ist vollkommene Hingabe.

Angst existiert nur, wo es Trennung gibt,
wo wir uns abgetrennt fühlen
von unserem SELBST und der Schöpfung.

Wovor haben Sie Angst?

Wir haben Angst vor den Dingen, die wir noch nicht integriert haben. Angst und destruktive Gedanken erzeugen oder ziehen die Situationen an, vor denen Sie sich am meisten fürchten. Wir schaffen uns auf diese Weise unsere unangenehmen Erfahrungen selbst. Es kann sogar darin gipfeln, dass man aus Angst, verlassen zu werden, den Partner verlässt. Das ist ein Muster, das nicht selten auftritt. Man läuft weg aus Angst, dass der andere wegläuft. Die Angst vor der Niederlage verleitet uns zu diesem Verhalten. Das passiert in vielen kleinen Dingen; aus Angst vor der Niederlage scheuen wir die Auseinandersetzung … und haben damit schon verloren. Also riskieren Sie etwas! Leben ist Risiko. Nehmen Sie Ihre Ängste an und sprechen Sie mit Ihrem Partner darüber. Wer, wenn nicht er, sollte Sie verstehen. Geht die Angst weg, wird sich auch das Trennende zwischen Ihnen auflösen.

Nehmen Sie Ihre Angst an und handeln Sie trotzdem!

Sprechen Sie mit Ihrem Partner über Ihre Ängste!

Üben Sie Methoden (Meditation, Yoga, Tai-Chi etc.) aus, die helfen, Angst abzubauen und Gelassenheit in Ihr Leben zu bringen.

> *Derjenige, der die Glückseligkeit seines Selbst kennt,*
> *kann sich nie mehr vor irgendetwas fürchten.*
> TAITR. UPANISHADEN

Der Weg nach Hause

„Yoga (Einheit) ist das Dharma eines jeden", sagen die vedischen Schriften. Yoga heißt Einheit und ist nur ein anderes Wort für Liebe. So bieten die verschiedenen Glieder des Yoga verschiedene Möglichkeiten, den Weg nach Hause zu gehen – anders ausgedrückt: uns wieder zu erinnern, wer wir wirklich sind. Denn es ist ein wegloser Weg. Es ist ein Weg von hier nach hier. Von Rosenblüthchen zu Rosenblüthchen. Wir haben nur vergessen, dass Rosenblüthchen, das Ziel unserer Reise, *in uns* ist. Wir haben nur vergessen, das unser Selbst reine Liebe ist. Und wenn wir die Liebe wiederfinden, werden wir auch den anderen lieben.

Wie können wir die Erinnerung (= smriti) wiedergewinnen? Im natürlichen Prozess der Meditation (dhyana) überschreiten wir alle gedankliche Aktivität.

„Yoga ist das Aufhören der gedanklichen Aktivität", so heißt es in den Yogasutren des **Patanjali**, auf den sich letztlich alle Yogaschulen berufen. Das ist der Augenblick totaler Präsenz und kein Gedanke trennt uns mehr von uns selbst. Wir sind jenseits von Mann-Sein und Frau-Sein.

Wir sind ganz bei uns selbst, wir „erinnern" uns unseres Selbst. Wir sind zu Hause bei uns selbst angelangt. So ist Meditation ein Weg, die Erinnerung wiederzugewinnen. Jedes Eintauchen in die Transzendenz ist ein Schritt des Erinnerns, bis der Zustand auch außerhalb der Meditation permanent ist. Dann sind wir ganz im Augenblick, ganz präsent. (Ich habe schon an früherer Stelle aufgezeigt, dass Meditation allein nicht genügt, um die Blockaden aufzulösen, die uns daran hindern, zu transzendieren und voll im Augenblick präsent zu sein.)

Die eigentliche Krankheit, an der wir leiden, ist, dass wir nicht mehr wissen, wer wir sind. Wir definieren uns durch Äußerlichkeiten: durch Aussehen, Bildung, Beruf, Status und immer wieder Besitz: mein Körper, mein Haus, meine Freunde, mein, mein, mein…alles Dinge, die vergänglich sind, nicht wesentlich. Wir sind uns nicht unseres wirklichen Wesens bewusst, das reine Liebe ist. Wir haben den Status als Königskind verloren. Deshalb ist das Erinnern so wichtig – weil wir vergessen haben.

Es ist der *Schleier der Isis* im Märchen von Novalis oder der *Zauber der Maya* in den vedischen Schriften, die uns mit ihrer Illusion verführt, gefangen hält und erst nach langem Streben freigibt. (Ma = was nicht ist, ya = das). Die Illusion, die sie uns vorgaukelt, ist, dass wir getrennt sind von den anderen und dem Rest des Universums. Unsere wahre Natur aber ist Verbundenheit. Liebe ist ewige Verbundenheit mit allem, was existiert. Liebe ist der Grundzustand der Schöpfung. Und Liebe ist unsere wahre Natur.

**Es ist unsere eigentliche Krankheit,
dass wir nicht genug lieben!**

Echte Liebe wird auch nicht weggehen, wenn der andere sich nicht so verhält, wie ich es vielleicht gerne hätte. Sie endet nicht …, so wie die Liebe einer Mutter zu ihrem Kind nicht endet, egal, welche Dummheiten es in seinem Leben begehen mag. *Liebe ist.* Das Herz braucht kein „Warum". Liebe braucht keinen Grund und sie kennt keinen Grund, warum sie aufhören sollte.

Wie im Märchen „Dornröschen" sind wir alle ‚verzaubert' oder in ‚Schlaf gefallen'. Durch Bewusstwerdung und Liebe können wir diese ‚Verzauberung' brechen, und wie im „Froschkönig" aus der hässlichen Kröte der Prinz entsteigt, wird unser Selbst aus den Gefängnismauern der Identifikation, der Konzepte und Programmierungen befreit. Das ist die tiefe Wahrheit der Märchen.

> *Welcher Mann ist imstande, ein Haus zu verlassen,*
> *an dem er ein ganzes Leben lang gebaut hat, selbst, wenn dieses Haus*
> *sein eigenes Gefängnis ist? Es ist schwer, solch ein Haus in einem Tag*
> *loszuwerden.*
>
> KAHLIL GIBRAN

Aber es ist möglich! Es ist nicht ganz einfach, aber wir alle haben die Möglichkeit, dieses Gefängnis zu verlassen und unsere wahre Identität, unser wahres Selbst als reine Liebe zu erkennen.

Ein Gedanke dabei ist von besonderer Wichtigkeit. Auch wenn wir unser Leben als eine Reise dargestellt haben, so geschieht das Leben nur im Jetzt! Wir müssen nirgendwo hin. Sabine hat zu mir häufig gesagt: *„Du musst immer irgendwo hin"*. Ja, wir müssen nirgendwo hin. Wir müssen nur den Augenblick in seiner Vollendung wahrnehmen und annehmen. Gerade die spirituellen Sucher machen gerne den Fehler – ich erlaube mir die Wertung, weil ich mich selbst zu dieser eigenartigen Spezies zähle –, dass sie immer irgendeiner Sache nachrennen, mit besonderer Vorliebe der Erleuchtung. Und es scheint mir, dass diese, so wie es auch Geliebte tun, um so schneller wegläuft, je intensiver wir ihr nachlaufen.

Ich liebe Dich, aber es hat nichts mit Dir zu tun

Wenn es das Ziel des Lebens und das Ziel einer Partnerschaft ist, sein Selbst zu realisieren, dann müssen wir uns fragen: Was suchen wir eigentlich in einer Partnerschaft? Was treibt uns in eine Partnerschaft?

Eine mögliche Antwort ist: Wir wollen glücklich sein!?

Glücklichsein suchen wir in allen Dingen: in unserem Partner, in unseren Kindern, im schönen Haus, im Fahren eines Mercedes, wenn mein Fußballverein gewinnt... Unsere ganze Konsumgesellschaft und unsere Wirtschaft läuft auf Hochtouren, weil wir glücklich sein wollen. Glücklichsein ist der erste Beweggrund unseres Handelns. Und wann sind wir glücklich? Wenn unsere Wünsche und Bedürfnisse erfüllt werden?

Bewusst oder unbewusst suchen wir nach immerwährendem, nie endendem Glücklichsein. Und unser Selbst ist reines Glücklichsein. Es ist Sat – Chit – Ananda, Sein – Bewusstsein – Glückseligkeit, wie es die Veden beschreiben. Wenn wir uns dessen wieder voll bewusst sind und wenn wir den Zustand im täglichen Leben erfahren, dann ist das der Zustand der Selbst-Verwirklichung. Wir suchen also im Außen oder im Partner, was letztlich nur in uns selbst zu finden ist.

Was antworten Sie, wenn man Sie fragt: Warum sind Sie mit Ihrem Partner zusammen?

Wahrscheinlich werden Sie sagen, weil Sie ihn lieben oder ihn zumindest eine Zeit lang geliebt haben.

Schauen wir uns diesen Zusammenhang noch einmal genau an und machen Sie sich schon auf etwas gefasst. Die folgenden Zeilen werden möglicherweise Ihr bisheriges Weltbild auf den Kopf stellen.

Halten Sie sich fest!

> *Niemand liebt einen anderen!*

Aber, ich liebe doch meine Frau, meine Kinder ....

Nein! Niemand liebt einen anderen und hat je einen anderen geliebt. Dass jemand einen anderen liebt, ist nur eine Illusion, eine Täuschung. Und deshalb muss ich Sie jetzt „ent – täuschen".

Wir lieben immer nur uns selbst. In allem, was wir lieben, suchen wir die Einheit mit unserem SELBST. Das ist die Geschichte der Liebe. Das, was wir als Liebe erfahren, ist der Drang nach Einheit; es ist der Drang, wieder nach Hause zu kommen, es ist der Drang, sein Rosenblüthchen wiederzufinden. Und das ist in uns. Wir suchen es auch über den Umweg über den Partner. Zweifelsohne ein schöner Umweg!

Nur wenn wir uns selbst lieben, werden wir die anderen lieben, denn sie spiegeln nur uns selbst. Diesen Aspekt haben wir in den ersten Kapiteln dieses Buches betrachtet. Unsere Beziehung zu uns selbst und die Beziehung zu anderen sind wie zwei Seiten ein und derselben Medaille. Also schauen Sie genau hin, was Sie an sich lieben … und was nicht …

Aber das ist nur die eine Ebene der Bedeutung des Satzes: *„Liebe Deinen Nächsten wie Dich selbst"*, denn aus dem, was wir gerade besprochen haben, müssten wir den Satz leicht abwandeln und sagen:

Liebe Deinen Nächsten wie Dein Selbst.

Wer erkennt, dass mein Selbst auch Dein Selbst und unser aller Selbst ist, lebt in einem Zustand der Einheit. Er lebt im Zustand der Liebe. Das ist die wahre Bedeutung von Liebe.

Ich will um meiner selbst willen geliebt werden

Schauen wir uns den Zusammenhang auch einmal im praktischen täglichen Leben an. Lieben Sie einen anderen, weil er so toll ist? Oder lieben Sie ihn, weil *Sie* ihn toll finden, weil er *Ihnen* Freude bereitet, weil er *Sie* glücklich macht und weil *Sie* etwas durch ihn bekommen? Macht er *Sie* nicht mehr glücklich und hört das Glücklichsein auf, hört auch die Liebe auf. Millionen von gescheiterten Ehen geben ein Zeugnis dafür.

Wir lieben den anderen, weil es *uns* gut tut!

Frauen wollen nicht wirklich wegen ihres schönen Näschens oder ihrer üppigen Kurven oder schmalen Taille willen geliebt werden und Männer nicht wegen ihrer Muskeln, ihres Erfolges oder ihres Geldes. Wir wollen alle als Person geliebt werden, einfach so und nicht „weil". Wenn Sie ihrem Partner erklären: „Ich liebe dich, *weil* Du mir immer Blumen mitbringst", oder ihrer Partnerin ins Ohr säuseln: „Ich liebe dich, *weil* du im neuen Kleid so toll aussiehst ..." und, und, und ... so kann dies auch gehörig daneben gehen, denn der Partner reagiert vielleicht: *„Würdest Du mich auch lieben, wenn ich nicht so gut aussehen würde?"* Ich liebe dich ,wegen' oder ,weil' wird schnell interpretiert: Ich liebe dich nicht!

Es ist eines der größten Irrtümer der Menschheit, dass wir um unser selbst willen geliebt werden. Niemand liebt jemanden anderen ,an sich'. Alles andere ist eine Illusion. Wir lieben den anderen, weil wir etwas von ihm bekommen, weil es uns in irgendeiner Weise bereichert. Unsere Liebe ist nie selbstlos. Selbst die Liebe, die der Idee der reinen Liebe am nächsten kommt, die Liebe zwischen Mutter und Kind, ist nicht völlig ,selbstlos'. Vielleicht zeigt gerade die Liebe der Mutter zum Kind, was diese Liebe kennzeichnet. Was liebt die Mutter an dem Kind? Die Antwort: Sich selbst! Das Kind war neun Monate in ihrem Bauch, war neun Monate eins mit ihr, dasselbe Blut hat sie genährt, ihr Atem war eins ... Sie waren eins. Das ist die Basis für diese intensive Beziehung von Mutter und Kind, wie sie ein Mann zu seinen Kindern wohl nie haben wird. Und jetzt leben Sie in dem Kind weiter ... sie haben sich selbst verewigt ... (und vergessen dabei, dass das Kind eine völlig unabhängige Seele ist, die sich nur selbst gehört).

Wir sind nicht *an sich* liebenswert, sondern eben nur für jemanden, der uns liebenswert findet. Wir sind anziehend für jemanden, weil wir eines seiner Bedürfnisse erfüllen oder zu seinem Wachstum beitragen können. Ist das nicht der Fall, verdrückt sich die Liebe sehr schnell.

Hier sind wir wieder bei Dharma angelangt. Denn nichts trägt so sehr zum Wachstum eines Menschen bei wie die Tatsache, dass wir ihm helfen, sein Dharma zu leben. Dharma ist unser Lebenssinn. (Dharma ist die Entfaltung unserer Anlagen, der in uns angelegten Talente. Dharma ist unsere Berufung.) Wenn wir unserem Partner helfen können, seine Berufung zu leben, fördern wir am besten sein Wachstum in Richtung Selbstverwirklichung. Schließlich ist unser aller Dharma Selbsterkenntnis und die Verwirklichung des Selbst. Unser persönliches Dharma zu leben ist der Highway zur Selbstverwirklichung. So ist es die Hauptaufgabe einer Partnerschaft, sich gegenseitig bei der Erfüllung ihrer natürlichen Pflicht zu helfen. Wenn dies der Fall ist, wird eine innere Zufriedenheit in einer Partnerschaft herrschen und die solide Bühne sein, auf der die Entwicklungsscharmützel der Partner ausgetragen werden können.

Erst, wenn ich mein wahres Selbst erkannt habe, werde ich den anderen um seiner selbst willen lieben können; wir sollten SELBST allerdings dann mit großen Buchstaben schreiben. Wir lieben den anderen, weil wir dann eins sind und somit uns selbst lieben. Dann brauchen wir auch den anderen nicht mehr.

Bis dahin fühlen wir einen Mangel und wollen geliebt werden. In uns allen ist ein tiefes Bedürfnis nach Anerkennung. *Abraham Maslow* hat dies als eines der Grundbedürfnisse des Menschen bezeichnet. Um es zu befriedigen, bietet sich natürlich unser Partner ganz besonders an. Er soll uns dieses Defizit auffüllen. Was aber ist die Ursache für diesen Drang nach Anerkennung? Es ist mangelnder Eigenwert. Der Partner soll uns geben, was wir selbst nicht haben.

Nun kennen wir die Gesetzmäßigkeit: Wer sich selbst nicht wertschätzt, wird auch von anderen nicht wertgeschätzt.

> *Wenn wir versuchen so zu leben, dass wir anderen gefallen,*
> *werden wir gewiss nicht gefallen.*
> *Und je mehr wir gefallen wollen, umso weniger werden wir gefallen.*
>
> PRENTICE MULFORD

Bei vielen Menschen ist die Beziehungs- und Liebesfähigkeit gestört. Wir wollen Anerkennung und zeigen deshalb nur unsere Schokoladenseite. Und da oftmals hier vermeintlich nicht genug zu finden ist, geben wir vor, zu sein, was wir nicht sind. Wer gesteht schon, dass es ihm nicht gut geht? Wer sagt schon, dass er Sorgen hat? Wer gibt schon gerne zu, dass er nicht so erfolgreich ist, wie er gerne sein möchte oder vorgibt zu sein? So spielen wir den Überlegenen, den Großzügigen oder den Altruistischen – auch gegenüber unserem Partner. Eine echte Beziehung und ein wirklicher Austausch können unter diesen Umständen nicht stattfinden.

Der Wunsch nach Anerkennung, geboren aus einem Gefühl des Mangels an Eigenwert, und die daraus resultierenden Verkleidungen bilden die größte Barriere zwischen zwei Menschen. Wir wollen akzeptiert und geliebt werden, wie wir sind; aber wie soll das möglich sein, wenn der andere uns gar nicht kennt? Er kann auch unsere Bedürfnisse nur erahnen, wenn wir uns hinter Mauern verschanzen.

Eine Partnerschaft, die den anderen braucht, um eigene Defizite aufzufüllen, verdient eigentlich gar nicht den Namen Partnerschaft. Es ist eher eine Notgemeinschaft. Und es schafft Abhängigkeit. Abhängigkeit lässt im Inneren unbewusst ein Gefühl der Ablehnung und manchmal sogar des Hasses entstehen. Aber wen hassen wir dabei eigentlich? Scheinbar den anderen, aber in Wirklichkeit uns selbst. Wir hassen uns dafür, vom anderen abhängig zu sein. Wir hassen uns dafür, den anderen zu brauchen und nicht frei zu sein.

Ich bin nicht mehr frei, ich bin abhängig. Abhängigkeit geht immer einher mit Angst. Mit der Angst, das zu verlieren, was mich glücklich macht, sei es Reichtum, eine bestimmte Position, Macht und Ansehen oder eben den geliebten Partner. Wenn ich diese Dinge oder Menschen für mein Glücklichsein brauche, lebe ich nicht den Zustand der Freiheit. Und tief innen weiß meine Seele das und ist unglücklich darüber, dass ich von ihm abhängig bin. Ein eigenartiger Kreislauf!

Nun betrachten wir die andere Seite des Spielchens: Das Gefühl, dass der Partner an mir hängt, macht ihn irgendwann zur Last. Er hängt an mir …

„Brauchst Du mich eigentlich?", ist eine der Fragen, die in Ehen und Partnerschaften gestellt werden, um herauszufinden, ob der andere mich noch liebt. Und ein deutliches „Ja" wird als Beweis der Liebe gewertet. Eine kindliche Sicht. Erst, wenn ich den anderen nicht mehr brauche, habe ich eine Partnerschaft, die diesen Namen verdient. (Es ist wie bei allen Dingen: Wenn ich sie nicht mehr benötige, bekomme ich sie.) Nun sind aber beide auf dem Weg und sollten auch das Bedürfnis nicht leugnen und dazu stehen, dass sie den anderen brauchen. Die Bewusstwerdung des Zustand ist an sich schon ein Schritt in Richtung Unabhängigkeit.

Stellen Sie sich die Frage:

Was suche ich beim anderen? Was kann er mir geben, was mir fehlt?

Was kann ich meinem Partner geben? Fragen Sie ihn, was er bei Ihnen sucht.

und eine Grundhaltung könnte so aussehen:

Ich gebe, was ich geben kann – ohne Kampf und Krampf.

Ich bin mir meiner Bedürfnisse bewusst, aber ich erwarte nichts und sehe alles, was ich bekomme, als ein Geschenk.

Wenn sich zwei Menschen treffen und jeder vom anderen nur erwartet, dass er ihre Defizite oder ihren Mangel an Selbstwertgefühl ausgleicht, wird keiner etwas bekommen.

KAPITEL 9

Liebe und Freiheit

Liebe beginnt nach den Flitterwochen

Der französische Schriftsteller **Maupassant** hat einmal gesagt: Es ist eigentlich egal, wen wir heiraten, denn nach der Hochzeit werden wir ohnehin feststellen, dass wir jemand anderen geheiratet haben.

Diese Aussage wird sicher viel Zustimmung finden, denn es gibt wohl nur wenige Menschen, die diese Erfahrung nicht gemacht haben. Sobald man in die gemeinsame Wohnung zieht und sich täglich sehr nahe ist, fängt man an, den anderen mit neuen Augen zu sehen. Plötzlich stören uns die Haare im Waschbecken, die zerknautschte Zahnpastatube .... Früher begann dieses Enthüllungsspiel erst nach der Heirat. Heute lebt man schon vor der Ehe zusammen und deshalb findet die Ent-täuschung häufig schon früher statt.

Liebesschnulzen à la Rosamunde Pilcher, vor denen häufig auch intellektuelle Frauen schmachten, hören dort auf, wo die erwachsene Liebe beginnen könnte. Das Bedürfnis nach Romantik ist sehr groß, wie Millionen von Liebesromanen bezeugen, die täglich über den Ladentisch gehen und nicht nur von schlichteren Gemütern verschlungen werden. Es ist der Wunsch, eine Situation zumindest geistig, emotional zu wiederholen, die man vielleicht einmal erlebt hat oder die man sich zumindest so gewünscht hat. Da man den Schritt zur echten, erwachsenen Liebe nicht gemacht hat und von der eigenen Beziehung enttäuscht ist, flüchtet man in die ‚romantische Liebe' der Verliebtheit zurück und will im Ozean des Herzgefühls baden – ohne den Intellekt mit seinen nüchternen oder ernüchternden Erklärungen.

Zu Beginn tragen wir wohl alle die berühmte rosarote Brille und unsere Wirklichkeit ist eine Interpretation entsprechend unserer Brille, also rosarot. Wir haben eine bestimmte Vorstellung oder ein bestimmtes Bild von unserem Partner und so sehen wir ihn. Wir sehen ihn so, weil wir ihn so sehen wollen. Alles, was nicht in dieses Bild passt, wird aussortiert. Wir nehmen es einfach nicht wahr. Der amerikanische Psychologe **Erich Fromm** spricht in dem Zusammenhang von einer *„selektiven Wahrnehmung"*: *„Wahrnehmungen werden so zensiert, dass sie in unser Weltbild passen."* Was nicht in unser Bild vom anderen passt, wird einfach aussortiert, wir wollen es nicht wahrhaben. Das Problem der Kommunikation liegt darin, dass jeder die Botschaft des anderen verformt. Sie wird interpretiert und verzerrt, bis sie in mein Weltbild oder Glaubenssystem passt.

Die Biologen haben inzwischen eine biologische Erklärung gefunden, warum nach ca. 2 Jahren die rosarote Zeit ein Ende hat. Es sind die Testosterone. Der Testosteron-Spiegel der Männer sinkt und bei den Frauen steigt er an, wenn sie sich ineinander verlieben. Sie gleichen einander an, was eine harmonische Beziehung fördert. Nach ca. zwei Jahren ist dieses Naturschauspiel vorbei und plötzlich sehen wir Dinge, die wir vorher nicht wahrgenommen haben. Wir haben uns selbst getäuscht und sind jetzt enttäuscht. Wir müssen uns klar sein: Es war nicht der andere, der uns getäuscht hat, sondern wir selbst. Wir haben nicht klar gesehen! Wir konnten (oder wollten) nicht klar sehen. Wir haben unser Ideal auf den anderen projiziert und sind jetzt erstaunt, dass er nicht so ist, wie wir ihn uns ausgemalt haben. Nach den Flitterwochen oder vielleicht etwas später ist der Traum ausgeträumt.

Dann gibt es die andere Kategorie. Paare, die schon vor der Hochzeit viele Probleme haben und meinen, wenn wir erst zusammenleben oder verheiratet sind, wird sich dies schon geben. Das ist fast eine noch kindlichere Illusion. Das Gegenteil ist die Realität. Kleine Reibungspunkte, unterschiedliche Interessen und abweichende Auffassungen, die man vorher – dank der rosaroten Brille – großzügig übersehen hat, werden jetzt zu übergroßen und unüberbrückbaren Differenzen.

Völliger Unsinn ist es, wenn wir von unserem Partner erwarten, dass er seine „Natur" ändert, um unseren Traum und unsere Erwartungen zu erfüllen. Seine eigene Natur – sein *Dharma* – zu leben ist ja gerade *das* wesentliche Element für ein erfüllendes Leben. Deshalb ist es von größter Wichtigkeit, dass die beiden Naturen zusammenpassen. Und nur wenn beide Partner ihre Natur leben und ihre natürlichen Anlagen entfalten können, kann eine fruchtbare und erfüllende Partnerschaft entstehen. Der Partner, der sein Dharma für den anderen aufgibt, kann nie wirklich zufrieden und glücklich werden. Das, was in einem Menschen angelegt ist, muss er leben können! Das ist Teil der Selbstverwirklichung. Wenn ein Partner das nicht kann, so wird er in den Worten von **C.G. Jung** „neurotisch".

Anregung:

Überprüfen Sie, wo Sie träumen und Ihre unrealistische Erwartung auf den anderen projizieren.

Freiwillige Abhängigkeit

Wenn du liebst, dann ist sein oder ihr Glück auch dein Glück.
Wenn du liebst, wirst du keinerlei Besitz ergreifen wollen.
Liebe ist dazu fähig, absolute Freiheit zu geben.
Liebe ist dazu fähig, völlige Freiheit zu geben.
Und wenn sie keine Freiheit gibt,
dann ist es etwas anderes, keine Liebe.
Eine Art egoistischer Trip...

OSHO

Echte Partnerschaft muss auf dem Fundament der unveränderlichen Liebe gegründet sein. Deshalb kann Liebe auch nicht durch ein Abkommen wie Eheschließung sichergestellt werden. Ganz im Gegenteil: Liebe und Leben ist ein *Sicheinlassen* auf die Unsicherheit. Liebe ist vollkommene Öffnung. Kann ich das, so entsteht Sicherheit. Liebe hat nichts mit Begrenzungen, hat nichts mit Einengung und hat nichts mit Besitzen zu tun. Liebe hat nichts mit der Erfüllung von Vorstellungen und Erwartungen zu tun.

Ich liebe Dich, weil ... Das ist schon gegen die Liebe. Bist du anders, als ich dich sehen will, liebe ich dich nicht mehr. Liebe ist Freiheit. Wird Freiheit auch nur ein wenig eingeschränkt, ist die Liebe dort nicht vorhanden. So ist auch eine Eheschließung, wenn richtig verstanden, ein uneingeschränktes „JA" und vollkommene Öffnung und darf niemals Einschränkung oder Begrenzung des anderen bedeuten.

Johann Wolfgang von Goethe hat in dem Gedicht *Eigentum* das Wesen von
‚aparigraha' (Nicht-Besitzen) der Yogaphilosophie beschrieben:

> *Ich weiß, dass mir nichts angehört*
> *Als der Gedanke, der ungestört*
> *Aus meiner Seele will fließen,*
> *Und jeder günstige Augenblick,*
> *Den mich ein liebendes Geschick*
> *Von Grund aus lässt genießen.*

Liebe ist die vereinigende Kraft. Sie allein vermag es, die unvereinbaren Gegensätze des Lebens zu vereinen. Sie allein ist fähig, das Koan von Freiheit
und Bindung zu lösen, wie auch *Goethe* erkannt hat:

> *Freiwillige Abhängigkeit ist der schönste Zustand,*
> *und wie wäre der möglich ohne Liebe?*

Liebe und Freiheit sind die zwei Seiten einer Medaille. Die Frage, was wichtiger ist, stellt sich demzufolge nicht. Liebe ohne Freiheit und Freiheit ohne
Liebe sind nicht möglich. Wenn wir Frau und Mann betrachten, so können
wir allerdings feststellen, dass der Mann mehr den Aspekt der Freiheit ausdrückt oder betont und die Frau den Aspekt der Liebe.

4 Grundregeln für eine stabile Partnerschaft könnten lauten:

1. Betrachten Sie Ihren Partner niemals als selbstverständlich!
2. Schränken Sie die Freiheit des Partners niemals ein!
3. Bewahren Sie sich Ihre eigene Freiheit und machen Sie sich nicht abhängig von Ihrem Partner!
4. Sorgen Sie für Ihr eigenes Glücklichsein!

Grundprobleme in der Partnerschaft sind:

1. Wir fühlen uns verletzt, wenn der andere ohne uns glücklich ist.
2. Wir wollen den anderen ganz für uns haben.

3. Wir sind abhängig und brauchen den anderen zum Glücklichsein.
4. Wir wehren uns natürlich gegen diese Abhängigkeit – bewusst oder unbewusst.
5. Wenn wir alleine nicht glücklich sein können, werden wir anfangen uns zu rächen, denn wir wollen vom anderen nicht beherrscht werden oder abhängig sein.

Wenn der Partner nur mit mir glücklich sein darf, so ist das gegen die Liebe. Er wird sich immer eingeschränkt fühlen und die Tendenz haben, sich aus dieser Fessel zu befreien. Freiheit bedeutet auch, dass der Partner sich mit anderen Menschen austauschen kann. Viele Partnerschaften sind zu sehr auf die Zweier-Beziehung fixiert, was auch eine starke Einschränkung bedeuten wird.

Denken Sie auch einmal über den folgenden Gedanken nach:

Kein Mensch kann alle Bedürfnisse eines anderen Menschen voll abdecken und erfüllen.

Die Freundin, mit der Ihre Frau so viel Zeit verbringt, können Sie nicht ersetzen. Vielmehr sollten sie sich freuen, dass sie jemanden hat, mit dem sie sich austauschen kann.

Wichtig ist:

Geben Sie sich genug Freiraum im Alltag!

Es kann für eine Partnerschaft tödlich sein, wenn beide zu nahe aufeinanderhocken! Prüfen Sie, ob Sie gelegentlich mehr Abstand zu Ihrem Partner brauchen, und gestehen Sie sich den Freiraum zu ... aber auch Ihrem Partner!

Auch ein Übermaß an Zuwendung oder Fürsorge kann einengen und das Gefühl erzeugen, aus dieser erdrückenden Enge fliehen zu wollen. Vor allem, wenn diese Fürsorge den anderen an uns binden und von uns abhängig machen will.

Neigen Sie dazu, Ihren Partner durch zu viel Zuwendung einzuengen?

Eine Liebe, die klammert, ist keine Liebe. Sie engt den anderen ein und erstickt allmählich die Liebe. Liebe braucht Nähe und Distanz. Sie braucht Freiheit und Grenzen. Liebe ist ein *Koan*. Liebe vereint unvereinbare Gegensätze.

Distanz und Freiheit sind mehr ein maskulines Prinzip, Nähe und Bindung eher feminin. Damit verbunden sind die Grundängste einer Beziehung: die Angst vor Vereinnahmung und die Angst vor dem Verlassenwerden.

Wenn zwei reife Menschen sich lieben, kann der Koan von Distanz und Nähe gelöst werden und es kann eines der größten Paradoxe im Leben, eines der schönsten Phänomene geschehen: Sie sind zusammen und doch vollkommen allein; sie sind so sehr zusammen, dass sie beinahe eins sind, aber das Einssein zerstört nicht ihre Individualität.

Wenn ein reifer Mensch liebt, erwartet er keinen Dank dafür. Im Gegenteil, er ist dem anderen dankbar, dass dieser seine Liebe annimmt. Wenn ich etwas für meine Liebe erwarte, ist es ein Geschäft, aber keine Liebe.

Ohne Freiheit werden wir niemals glücklich sein können, Sie nicht und Ihr Partner nicht. Freiheit ist ein tiefer Wunsch jeder Frau und jedes Mannes. Wir alle suchen nach der absoluten Freiheit und tief innen wehren wir uns gegen alles, was der Freiheit entgegensteht.

Besteht ein Problem der Freiheit in der Partnerschaft, so mag der eine Partner sich immer wieder ,befreien' müssen, während der andere seine Freiheit nicht durchzusetzen vermag und nur heimlich rebelliert, aber die ständigen Befreiungsversuche des Partners erduldet. Die Emanzipationsbewegung ist Ausdruck dieses Symptoms. Die Befreiungsversuche können schließlich in eine tatsächliche Trennung münden. Die Lösung liegt in der Durchsetzung der eigenen Persönlichkeit und in einer freien, nicht einschränkenden Partnerschaft. Beide Partner müssen Freiheit lernen!

Übung:

Was bedeutet Freiheit für mich?
Engen Sie Ihren Partner in seiner Freiheit ein?
Was können Sie ihm nicht zugestehen?
Gestehen Sie sich selbst Freiheit zu?
Was können Sie sich selbst nicht zugestehen?

Respekt vor der Privatsphäre des Partners

Eine intakte Privatsphäre ist ein entscheidendes Element für eine Partnerschaft. Wenn Sie die Möglichkeit haben, so richten Sie sich einen Bereich in Ihrem Haus ein, der nur Ihnen gehört.

Die Privatsphäre und Freiheit des anderen wird sehr häufig unbewusst eingeschränkt. Unbewusst findet energetisch eine Vermischung statt, so dass die Partner nicht mehr in ihrer eigenen Energie und nicht mehr sie selbst sein können. Es ist schlimm für eine Beziehung, wenn permanent energetische Übergriffe passieren, indem z.B. einer der Partner von der Energie des anderen schmarotzt. Es ist aber essentiell, dass jeder Partner in seiner eigenen Energie bleibt und seine energetische Privatsphäre aufrechterhalten kann, denn dies ist die Voraussetzung einer starken Partnerschaft. In vielen Partnerschaften zapft ein Partner den anderen an und raubt ihm seine Energie und Lebenskraft – nicht bewusst, sondern unbewusst. Aber genau so unbewusst wird der ausgesogene Partner mit Ablehnung reagieren. Wie gesagt, dies ist kaum einem der Partner bewusst. Dabei kann dieser energetische Vampirismus z.B. die Ursache für sexuelle Probleme sein, weil der ausgeraubte Partner unbewusst sich vor der Annäherung des anderen schützen will. Anstatt Nähe gibt es Ablehnung. Und sie wissen nicht einmal, warum der Eros verschwunden ist und warum es mit dem Sex nicht mehr klappen will. Deshalb muss jeder in der Lage sein, energetisch souverän zu bleiben und seine Privatsphäre zu bewahren.

Hier kann auch die eigentliche, aber in der Regel unbewusste Ursache einer Trennung liegen. Wer lässt sich schon gerne permanent vom Partner aussaugen? Eine schwelende Aggression gegen Ihren Partner kann hier ihre Ursache haben. Dieser energetische Vampirismus ist sehr verbreitet. Die Begründung für die Trennung mag am Ende eine ganz andere sein, weil man den wahren Grund nicht erkennen kann.

Nur starke, eigenständige und souveräne Pole geben einen starken Magneten. Nur wenn ich voll in meiner eigenen Energie bin, kann ich Freiheit zulasen, und nur wenn ich dem Partner 100 % Freiheit gewähre, wird er sich in meiner Nähe 100 % wohlfühlen.

Oft dient der Partner auch als eine Art Mülldeponie, auf der wir all unseren eigenen Müll entsorgen wollen. Auch dazu ist der Partner nicht da! Zuwendung, Empathie und Mitgefühl bedeuten nicht, sich als Abfalleimer missbrauchen zu lassen. Das hat nichts mit Liebe zu tun – schon eher mit Dummheit. Nur wenn Sie fähig sind, in Ihrer eigenen Energie zu bleiben, können Sie stark bleiben und wirklich helfen. Wenn nicht, werden Sie über kurz oder lang selbst zu einem Problemfall.

Die von der Kinesiologie abgeleitete Energiearbeit bietet hier Verfahren an, wie man sich vor gegenseitigen energetischen Übergriffen und Vermischungen schützen und seine Autarkie bewahren kann.

Ein Schritt in die richtige Richtung ist sicher, wenn jeder innerhalb der gemeinsamen Wohnung seinen ganz eigenen Bereich hat, in den er sich zurückziehen kann. Aber dies schützt nicht vor energetischen Übergriffen.

Wenn wir alleine leben können

Erst wenn wir alleine leben können, sind wir fähig, eine echte Partnerschaft zu leben. Dann ist Liebe kein notwendiges Bedürfnis mehr für uns. *Du brauchst den anderen nicht mehr.* Das ist verrückt, werden Sie vielleicht sagen. Warum soll ich mit jemandem zusammenleben, wenn ich ihn nicht brauche? Aber gerade da beginnt die Liebe.

Ich teile mit einem anderen meine Ganzheit und es entsteht ein Mehr. Ich erwarte vom anderen nichts mehr, weil ich allein ‚rund' bin, ich erwarte vom anderen nichts mehr, weil es kein Defizit aufzufüllen gibt, wofür ich den anderen vorher missbraucht habe. Erst dann kann ich die Einheit in der Zweiheit wirklich genießen. Erst dann kann ich geben und teilen. Vorher bin ich wie ein Vampir, der dem anderen die Lebenskraft aus den Adern saugt.

Um ‚rund' zu werden, muss die Frau ihre männlichen Persönlichkeitsanteile entwickeln und der Mann seine weiblichen Anlagen entfalten. Dann ist das Zusammensein nicht durch Bedürftigkeit motiviert, sondern ein Spielplatz gegenseitiger kreativer Bereicherung.

Wir müssen nicht alleine leben, aber es ist notwendig, die Abhängigkeit vom anderen nach und nach zu verlieren. Wir müssen lernen, allein leben zu können.

**Wenn Sie von sich sagen können:
„Ich kann alleine leben",
dann sind Sie reif für die Ehe.**

Das bedeutet nicht, dass man erst heiraten soll, wenn man allein leben kann; dann würde es nur sehr wenige Ehen geben. Aber jeder, der den Schritt in die Partnerschaft und Bindung geht, sollte sich dieses Zusammenhanges bewusst sein und daran arbeiten, sich und dem anderen die nötige Freiheit zu gewähren.

Eheleben bedeutet freiwillige Bindung. Einer lebt für den anderen. Das ist das Ideal des Ehelebens.

In vielen Ehen ist die Liebe seit langem verschwunden. Obwohl man mit aller Gewalt versucht hat, den Traum von der Liebe aufrechtzuerhalten, ist die Seifenblase irgendwann zerplatzt. Und obwohl sich jeder der Partner darüber bewusst ist, hält man an der Verbindung fest. Warum? Aus Angst, allein zu sein.

Die meisten Partnerschaften trennen sich erst dann, wenn schon wieder ein neuer Partner an die Tür geklopft hat. Erst dann ist eine Trennung möglich, weil nur dann das Selbstwertgefühl, das bisher über die Partnerschaft definiert wurde, nicht verletzt wird und vor allem: Man ist nicht allein. Von einem gewärmten Bett geht es in ein anderes. Ein neuer Traum beginnt ... für einige Zeit ... , wenn man nicht beginnt, wirklich aufzuwachen und die Herausforderung anzunehmen.

Können Sie allein leben?

Wenn nicht: Was fehlt Ihnen?

Ich möchte mich anlehnen

Bei vielen Menschen ist ein tiefer Wunsch vorhanden, sich „anlehnen" zu können. Sie suchen jemanden, auf den sie bauen können, auf den sie sich verlassen, dem sie vertrauen können und der ihnen Sicherheit gibt. Sabine hat mir ihre Geschichte erzählt, die eine Geschichte des „Nicht-Verlassens" auf andere war: *„Ich habe immer alles selbst gemacht"*. Sie hat sich nicht verlassen auf die Eltern, auf Freunde, den Ehepartner … Sie war eigentlich immer allein. Warum war das so? War es Stärke? Im Gegenteil, auch wenn sie es oft so interpretierte. Im Prinzip war es die Unfähigkeit, sich auf andere zu verlassen, zu vertrauen und sich hinzugeben. Warum auch immer. Vielleicht war es die Erfahrung, dass sie als Kleinkind „verschickt" wurde und sich verlassen fühlte und ihre eigene Überlebensstrategie *„Ich brauch die anderen nicht!"* aufbaute.

Inzwischen hat sie die Erfahrung gemacht: *„Ich kann mich auf mich selbst verlassen"*. Es ist eine *innere Erfahrung*, die anfangs vielleicht nur Sekunden dauern mag, aber unendlich wertvoll ist. Der Intellekt ist hier wieder einmal nicht wirklich hilfreich. Aber wenn Sie einmal die Erfahrung gemacht haben, *„Ich bekomme auf jeden Fall von meinem Selbst eine Antwort"*, dann fangen Sie an zu vertrauen. Sie vertrauen sich selbst, Sie vertrauen auf Ihr Selbst. Dann brauchen Sie niemanden mehr von außen, der Sie beschützt oder an den Sie sich anlehnen müssen. Aber jetzt *können* Sie sich anlehnen. Jetzt können Sie es zulassen. Jetzt können Sie loslassen und vertrauen. Aber Sie brauchen es nicht. Sie sind selbstständig geworden. Ein wunderbarer Zustand, und hier beginnt Freiheit.

Nur wenige Menschen können sich auf sich selbst verlassen und das ist der Grund, warum wir alles selbst machen müssen, und das ist auch der Grund, warum wir immer jemanden brauchen, der uns beschützt und an den wir uns anlehnen können.

Aber man kann lernen, auf sich selbst zu vertrauen!

Unglücklicherweise ist dies kein Teil unserer Curricula in unseren Schulen. Dabei ist es das Fundament eines glücklichen, erfolgreichen und erfüllenden Lebens, denn wir können nur so viel in andere vertrauen, wie wir es in uns tun können.

In vedischer Terminologie ist „nicht vertrauen können" ein *pragya paradh*, ein Irrtum des Intellekts. Der Intellekt mit seinen Mustern, Erfahrungen und Konditionierungen hat sich abgetrennt von unserem Selbst. Wir wissen nicht mehr, dass wir die kosmische Intelligenz sind, die alles geschaffen hat, die alles erhält und in die alles sich wieder auflösen wird. In einem Bild: Die Welle weiß nicht mehr, dass sie auch der Ozean ist. Machen wir die Erfahrung, dass wir diese unbesiegbare Intelligenz sind, werden wir unbegrenztes Vertrauen in diese Intelligenz in uns haben. Wobei das nicht heißt, dass Sie jetzt blind jedem vertrauen; Sie werden wissen, wem Sie vertrauen können, aber Sie haben die *grundsätzliche Fähigkeit zu vertrauen* wiedergewonnen.

Eine Möglichkeit Vertrauen zu lernen, ist u.a. auch hier, die kinesiologische Methode zu erlernen und zu üben. Sie werden erfahren, wie Ihr Körper, der Ausdruck unserer kosmischen Intelligenz ist, Ihnen verlässliche Antworten auf Ihre Fragen geben wird. Über den Körper nehmen wir Kontakt mit unserer multidimensionalen Intelligenz auf. Und diese Erfahrung wird Ihr Leben verändern. Der Körper sagt uns ohnehin auch ungefragt, wann wir nicht im Einklang mit unserer kosmischen Intelligenz sind. Der Körper macht uns wahr. Wir nennen dies die *psychosomatischen Erkrankungen*.

Die Kunst des Glücklichseins

Einen ewigen Fehler machen all jene Menschen,
die sich unter Glückseligkeit die Erfüllung ihrer Wünsche vorstellen.

LEO TOLSTOI

Glücklichsein ist eine der Grundvoraussetzungen für eine erfüllende Partnerschaft. Idealerweise verbinden sich zwei Menschen, die mit sich selber glücklich sind. Nur dann können sie das Glück teilen und bleiben gleichzeitig unabhängig vom anderen. Bin ich selbst nicht glücklich, soll gefälligst der andere dafür sorgen! Dass uns ein anderer glücklich machen kann, haben wir aber schon als eine große Illusion entlarvt. Das bedeutet: Wollen Sie sich vor Enttäuschungen bewahren, mag es gut sein, diese Tatsache zu akzeptieren. Aber es bedeutet auch: Der andere kann uns auch nicht unglücklich machen, wenn wir es nicht zulassen.

Der einzige, der für unser Glücklichsein sorgen kann, sind wir selbst. Und deshalb sollten wir es tun. Also:

Sorgen Sie für Ihr Glücklichsein, denn kein anderer wird es tun!

Glücklichsein kommt vom Selbst, aber nicht immer von selbst! Unser innerstes Selbst ist reines Glücklichsein; das ist unser Wesen. Leider ist es oft vom Müll und Gerümpel der Vergangenheit, das wir in unserem Unterbewusstsein gelagert haben, verschüttet und vergraben. Folglich müssen wir eine Entrümpelungsaktion starten. Wenn wir nicht entrümpeln, projizieren wir unseren Müll auf andere und beklagen oder kritisieren ihn dort. Vor allem aber verdecken wir mit all dem abgelagerten Schrott unser inneres Glücklichsein. Glücklichsein findet man nur innen. Wir aber suchen es meist im Außen, nur … dort werden wir es niemals finden.

Ich habe noch niemanden getroffen, der nicht von sich sagte, dass er glücklich sein will. Wenn ich in meinen Seminaren die Frage nach dem Lebensziel stelle, ist fast ausnahmslos ‚Glücklichsein' mit an erster Stelle. Wir alle wollen glücklich sein und tun trotzdem tausend Dinge, die uns unglücklich machen. Verantwortlich sind fast immer die fremdbestimmten Programme, die uns abhalten, authentisch zu sein und authentisch zu leben.

Überlegen Sie einmal, was Sie unglücklich macht, und schmeißen Sie es in den Mülleimer!

Wie sabotieren Sie selbst Ihr Glücklichsein?

Es gibt viele Wegweiser, die zum Glücklichsein beitragen, und einige der wichtigsten möchten wir Ihnen mitgeben.

1. Leben Sie Ihre Einzigartigkeit! Machen Sie sich klar, was Ihre Anlagen und Talente sind, und beginnen Sie, diese zu nutzen. Es sollte nicht so schwierig sein, denn wir müssen nur wir selbst sein. Die Losung heißt: Werde der, der Du bist, und das sollte einfach sein. *Ja, Sie dürfen der sein, der Sie sind!* Das sollte doch nicht so schwierig sein – oder? Es ist viel anstrengender, Rollen zu spielen und Masken zu tragen. Es ist viel schwieriger, unglücklich zu sein als glücklich, denn Glücklichsein ist unsere Natur. Aber trotzdem schaffen wir es immer wieder und kreieren tausend Probleme, die, wie wir gesehen haben, es eigentlich gar nicht gibt. Wenn Sie unsicher sind, was für Sie richtig ist, so fragen Sie sich doch einfach einmal: Was macht mich glücklich? Denn Glücklichsein ist ein sehr guter Wegweiser zu unserer Berufung und zu uns selbst.

   Wie schon angesprochen, gibt es in den Veden den Begriff *Dharma*. Dharma ist unser Seelenplan, unsere Berufung. Wenn Sie vollständig in Ihrem Dharma sind, sind Sie ein Partner für das Universum. Glück – im doppelten Sinne – ist nur ein Ausdruck der Übereinstimmung mit Ihrem Dharma.

2. Dabei gilt ein wichtiger Grundsatz: *Vergleichen Sie nicht!* Die Kirschen in Nachbars Garten sind zwar bekanntlich immer die besten. Aber wenn wir anfangen zu vergleichen, machen wir die Berufung eines anderen Menschen zu unserem Sinn und Ziel.

3. Wir plädieren für ein *selbstbestimmtes* Leben und dazu müssen wir unserer *inneren Intention* folgen. Wenn wir wissen, was für uns richtig ist, müssen wir es auch tun, unabhängig von der Meinung und dem Urteil anderer. Nur wir sind für unser Leben verantwortlich und deshalb sollten wir diese Verantwortung wahrnehmen.

   Entsorgen Sie alle Muster und Konzepte, die nicht mit Ihrer inneren Wahrheit übereinstimmen. Selbstbestimmung ist nur möglich, wenn Sie die fremdbestimmenden Muster beseitigen. Solange Sie von diesen „Fremdenergien" besetzt sind, können Sie nicht frei entscheiden. Jede Art von Fremdbestimmung ist Unfreiheit und wird Ihren *Selbstrespekt* unterminieren. Als mich vor kurzem auf einem Klassentreffen ein Freund fragte: „Wie definierst Du Glücklichsein?", antwortete ich ihm: „Meine liebste Definition ist derzeit, ‚die Kontrolle über mein Leben zu haben'." Im vedischen Wissensschatz (Manu Smriti, 4159) heißt es dazu:

„Unabhängigkeit bedeutet, selbst Schmerzen und Nachteile in Kauf zu nehmen, um Handlungen und Entscheidungen unter eigener Regie und Kontrolle durchführen zu können. Die konsequente Befolgung dieses Kriteriums macht den entscheidenden Unterschied aus, ob man im Leben glücklich oder unglücklich ist ... Allein ein Leben, das unter der Kontrolle des eigenen Willens steht, offenbart den Weg zu einem glücklichen und erfüllten Leben."

4. Seien Sie rechtschaffen! Ein ruhiges Gewissen ist ein gutes Ruhekissen, sagt ein Sprichwort. Wer rechtschaffen oder integer ist, der bekommt Selbstrespekt und ist mit sich im Reinen. Außerdem: Wer sich selbst respektiert, wird von anderen respektiert.

5. Seien Sie *einfach und natürlich!* Einfachheit und Natürlichkeit entsprechen sich gegenseitig. Einfach ist natürlich und natürlich ist einfach. Einfach sein bedeutet, der zu sein, der wir sind. Wenn wir beginnen ein *idealisiertes Selbst* aufzubauen, Masken zu tragen oder Rollen zu spielen, sind wir nicht einfach und das kostet uns viel Lebensenergie und schafft nur Spannungen. Wenn wir dagegen unsere Natur leben, wird das Leben einfacher.

6. Setzen Sie sich *Ziele, die Sie begeistern* und Sinn machen! Wenn Ihr Leben keinen Sinn macht, dann ist es sinnlos. Wenn Ihre Ziele keinen wirklichen Sinn ergeben, sind sie wertlos. Hören Sie auf sich! Hören Sie darauf, was Sie wirklich wollen, was Sie mit dem Herzen wünschen, und begnügen Sie sich nicht mit dem, was Sie meinen erreichen zu können. Bescheidenheit ist hier nicht am richtigen Platz!

7. Leben Sie im *Augenblick!* Weder Vergangenheit noch Zukunft existieren. Das Einzige, was ist, ist Gegenwart. Und die sollten wir mit totaler Hingabe leben! Wer den Augenblick leben, lieben und nutzen kann, wird ungeahnte Freuden in den alltäglichen Kleinigkeiten finden. Er wird das Wunder der Schöpfung und die Einzigartigkeit seines Lebens wertschätzen und auskosten können. Viele Menschen warten immer darauf, dass sie irgendwann anfangen zu leben und glücklich zu sein. „Wenn ..., dann ..." Das ‚Wenn' ist schon da. Jeder Augenblick des Lebens ist Glücklichsein. Wir müssen ihn nur ergreifen.

8. Fließen Sie mit dem Leben! Leben ist, wie die Veden sagen, aus Glücklichsein geboren, Glücklichsein ist sein Weg und Glücklichsein sein Ziel. Und wenn wir mit dem Leben fließen, sind wir *im Fluss des Glücklichseins*. Nur wenn wir uns dem Fluss widersetzen, wenn wir uns gegen Entwicklung und Wachstum sträuben, nur wenn wir uns dem ständigen Wandel widersetzen, wird der Fluss des Glücklichseins versiegen. *„Verweile, ach es ist so schön"*, ist der Tod des Flusses. Wenn wir das Glück festhalten wollen, stirbt es. Das gilt auch für die Liebe.

9. Erfüllen Sie sich Ihre Wünsche! Wunscherfüllung macht glücklich, zumindest kurzfristig. Wünsche sind aber mögliche Wegweiser zum Glücklichsein und Beweggründe (Motivatoren) für weiteren Fortschritt. Überlegen Sie, was Ihre Wünsche sind, ob sie tatsächlich zu Ihnen passen, und welche Sie sich ohne viel Aufwand gleich erfüllen können, und überlegen Sie, was Sie von Ihrer Seite tun können, um sich auch die anderen Wünsche erfüllen zu können.

10. Lenken Sie Ihre *Aufmerksamkeit* auf die wertvollen und schönen Dinge des Lebens! Es ist unsere freie Wahl, ob wir leiden oder glücklich sein wollen. Wie schon gesagt: Viele Menschen behaupten, dass Sie glücklich sein wollen, und lenken Ihre Aufmerksamkeit nur auf Dinge, die sie unglücklich machen. Auch bei Ihrem Partner haben Sie die Wahl, ob Sie seine schönen Seiten sehen wollen oder seine Dornen. Es sind ohnehin unsere eigenen, wie wir vorher gesehen haben. Das bedeutet nicht, dass man unrealistisch werden und die Polarität des Lebens verleugnen sollte. Auch Schmerz und Leid sind ein Teil des Lebens und können wertvolle Erfahrungen sein.

11. Erhöhen Sie Ihre *Wachheit*! Glücklichsein hängt von der Fähigkeit wertzuschätzen ab. *„Schönheit liegt im Auge des Betrachters"*, sagt ein Sprichwort. Wenn wir wach sind, wird unsere Aufmerksamkeit automatisch das Leben positiver betrachten.
Wachheit bedeutet eine klare Wahrnehmung; wir werden die Welt nicht mehr durch die Brille unserer begrenzenden Konditionierungen und Muster interpretieren, sondern das Leben so sehen, wie es ist.

12. Geben Sie, was Sie zu erhalten wünschen! Wollen Sie selbst glücklich sein, so machen Sie andere Menschen glücklich. Nur verströmende Liebe macht Sie selbst glücklich. *Liebe wird mehr, wenn man sie verschenkt.* Die unendliche Quelle ist in uns. Wir brauchen Sie nur anzuzapfen und zu nutzen.

13. Erhöhen Sie die Fähigkeit zu integrieren, zu tolerieren und zu lieben!

14. Verwöhnen Sie sich selbst! Tun Sie, was Ihren Geist, Ihre Seele und Ihren Körper erfreut. (Zum Beispiel: ein schönes Buch oder ein erhebendes Konzert, eine nährende Freundschaft, ein Sonnenaufgang in den Bergen, ein Bad im weiten Meer, eine Ayurveda-Kur etc.)

15. Sorgen Sie für eine *gute Gesundheit!* Das bedeutet u.a. ausgewogene Ernährung, gute Verdauung und genügend Bewegung an der frischen Luft.

16. Seien Sie immer gut ausgeruht! Das bedeutet vor allem auch genügend Schlaf!
    Wenn Sie niemals *innerlich zur Ruhe kommen*, werden Sie das eigene Gewissen nicht hören und das eigene Maß, das für Sie richtig ist, nicht spüren.

17. Machen Sie regelmäßig Sport und körperliche Entspannungsübungen!

18. Leben Sie in einem Haus, das im Einklang mit den Naturgesetzen und aus natürlichen Stoffen gebaut ist und dadurch lebensfördernden Einfluss auf seine Bewohner hat.

19. Üben Sie regelmäßig Methoden aus, die Sie in Kontakt mit sich selbst bringen wie Meditation, Yoga, Tai-Chi, Qigong! Damit trainieren Sie regelmäßig den Muskel zur Quelle des Glücklichseins in sich selbst.

20. Hören Sie immer auf sich selbst! Ihr Selbst ist reine Intelligenz oder reine Wissenheit und antwortet, wenn Sie es fragen. Sie können natürlich auch Ihre Körperintelligenz fragen, auch die kann Ihnen helfen, Ihren ganz persönlichen Weg zu finden.

Einen ganz wichtigen Punkt hätte ich beinahe vergessen: Behalten und pflegen Sie immer Ihren HUMOR!!! Geistig und seelisch hochentwickelte Menschen sind ohnehin immer humorvoll, weil Sie das Spiel des Lebens durchschaut haben. Ein trauriger Heiliger ist tatsächlich ein trauriger Heiliger!

Wenn Glück keinen Namen mehr hat

Hermann Hesse hat eines meiner Lieblingsgedichte geschrieben: „Glück".

> *Solang du nach dem Glücke jagst,*
> *Bist du nicht reif zum Glücklichsein,*
> *Und wäre alles Liebste dein.*
> *Solang du um Verlornes klagst*
> *Und Ziele hast und rastlos bist,*
> *Weißt du noch nicht, was Friede ist.*
> *Erst wenn du jedem Wunsch entsagst,*
> *Nicht Wunsch mehr noch Begehren kennst,*
> *Das Glück nicht mehr mit Namen nennst,*
> *Dann reicht dir des Geschehens Flut,*
> *nicht mehr ans Herz, und deine Seele ruht.*

Für uns hat Glücklichsein tatsächlich immer einen Namen.

Ich bin glücklich, wenn ich mit dem gewünschten Partner zusammen bin. Hat man ihn … na ja … permanentes Glücklichsein … also sucht man weiter … Ich bin glücklich, wenn ich den anvisierten Job bekomme, wenn ich die Karriereleiter emporklettere. Hab ich das Ziel erreicht … permanentes Glücklichsein? … wie geht's weiter …?

Ich bin glücklich, wenn ich in mein lang ersehntes Eigenheim einziehe … eine Gewähr für Glücklichsein? … neue Wünsche kommen …

Ich bin glücklich, wenn meine Mannschaft gewonnen hat … vielleicht bis zum nächsten Wochenende, wenn sie wieder verliert … Ganze Städte fallen im Ruhrpott in Depression, wenn ihr Verein ein Spiel (!) verloren hat …

Man könnte tausend Gründe anführen, die uns glücklich machen … für eine gewisse Zeit …

Wenn Sie nicht aus sich heraus glücklich sind, wird auch Ihr Partner auf verlorenem Posten stehen. Haben Sie einmal mit einem depressiven Menschen zu tun gehabt? Sicher haben Sie ihm versucht zu erklären, dass es keinen Grund dafür gibt, unglücklich zu sein, dass die Welt doch wunderbar ist und er doch glücklich sein müsste, dass er eine wunderbare Frau an seiner Seite hat, dass er gelungene Kinder hat, einen tollen Beruf, ein schönes Haus und auch noch in einer herrlichen Landschaft wohnt. Hat ihn das aufgemuntert und glücklich gemacht?

Glücklichsein ist ein Zustand, der letztlich nur innen zu finden ist.

Wenn Sie allein nicht glücklich sein können,
werden Sie es auch mit Ihrem Partner nicht sein.

Im Namen der Liebe

Ein Grundsatz sollte das gegenseitige Verhalten durchatmen:

Werde der, der Du bist, und
behandle den anderen so, wie er sein könnte.

Wenn wir den anderen so behandeln sollen, wie er sein könnte, so bedeutet das nicht, dass wir ihn nach unserem Bilde schaffen sollen, sondern dass er das werden und entfalten kann, was er *ist*. Die Grenze ist sehr schmal und die Gefahr der Manipulation sehr groß.

In den Veden heißt es: *„Behandle Deinen Ehepartner wie Gott".* Ein scheinbar hoher und nicht erfüllbarer Anspruch. Aber heißt es nicht auch in der Bibel, dass wir Gottes Kinder sind? Wenn wir anfangen, den anderen so zu behandeln, wie er sein könnte, geben wir ihm die Chance und Inspiration, das zu werden, was er ist. Dazu müssen wir uns selbst so behandeln, wie wir sein könnten. Denken Sie dabei an die Worte von *Nelson Mandela*:

„Unsere tiefgreifende Angst ist nicht, dass wir ungenügend sind. Unsere tiefgreifende Angst ist, über das Messbare hinaus kraftvoll zu sein. Es ist unser Licht, nicht unsere Dunkelheit, die uns Angst macht. Wir fragen uns: Wer bin ich, mich brillant, großartig, talentiert, phantastisch zu nennen?

Aber wer bist Du, Dich nicht so zu nennen? Du bist ein Kind Gottes. Dich selbst klein zu halten, dient nicht der Welt. Es ist nichts Erleuchtetes daran, sich so klein zu machen, dass andere um Dich herum sich nicht unsicher fühlen. Wir sind alle bestimmt zu leuchten, wie es Kinder tun. Wir sind geboren worden, um den Glanz Gottes, der in uns ist, zu manifestieren.

Er ist nicht nur in einigen von uns, er ist in jedem einzelnen. Und wenn wir unser eigenes Licht erscheinen lassen, geben wir unbewusst anderen Menschen die Erlaubnis, dasselbe zu tun. Wenn wir von unserer Angst befreit sind, befreit unsere Gegenwart automatisch andere."

Im Namen der Liebe geschehen so viele Dinge, die nichts mit Liebe zu tun haben oder sogar das Gegenteil von ihr sind. Selbst Kriege werden im Namen der Liebe oder im Namen Gottes geführt. Und sie entstehen in den Ehen und Familien. Wenn wir unsere Masken nicht abnehmen und den eigenen Schatten nicht anerkennen und annehmen, bekämpfen wir ihn im Außen. Das gilt für die Kriege in der Partnerschaft wie für die Kriege zwischen Glaubensgemeinschaften oder Völkern.

Das widerspricht nicht der Tatsache, dass wir oft einen harten Kampf in unserem Inneren zu führen haben.

Ich habe so viel aufgegeben für Dich

Wenn dieser Satz fällt, ist etwas gründlich schiefgelaufen in einer Partnerschaft. Ganz ohne Zweifel ist „Geben" das Herz einer Partnerschaft. Wenn es aber irgendwann heißt: *„Was hab ich nicht alles getan für sie"* oder *„Ich habe so viel aufgegeben für ihn"*, so liegt hier meist ein tiefes Missverständnis vor. Wenn die Partnerschaft nicht so klappt, wie man es sich vorgestellt hat, oder wenn sich der Partner verabschiedet, vielleicht sogar mit einem anderen Partner/in, dann kann die Enttäuschung groß und der Satz vielleicht verständlich sein.

Sehr oft verzichtet ein Partner – z.B. auf die eigene Karriere – und erwartet dafür eine Gegenleistung. Die Erwartung hat Namen wie Treue, Wohlverhalten, Anerkennung oder Liebe. Man investiert, um etwas dafür zu bekommen. Das ist im Prinzip nicht falsch. Man muss immer etwas investieren, um etwas zu bekommen. Das macht der Bauer so, wenn er den Samen aussät, und das macht der Investor so, wenn er Aktien kauft. Dieses Prinzip des Investments gilt auch für die Partnerschaft, und es ist wohl genauso riskant wie das Investment an der Börse. Nur wenn wir geben, kann etwas entstehen und wachsen. Allerdings, entscheidend dabei ist – wieder einmal – die Absicht! Wenn ich aus einer Position der Schwäche heraus handle und den anderen durch mein Geben, meine Fürsorge oder meinen Verzicht nur an mich binden will, so ist es eigentlich kein „Geben". Diese Art des Gebens will Abhängigkeit und macht den anderen zum Schuldner. Kein Mensch will aber beim anderen in Schuld stehen oder abhängig sein. Das schafft das Gefühl von Gefangensein und Unfreiheit.

Zweifellos können auch Partnerschaften und Ehen funktionieren, die auf dem Prinzip der Abhängigkeit basieren. Aber dies sind keine erwachsenen Beziehungen und tief innen sicher auch nicht erfüllend. Wer beim Geben das Gefühl des „Aufgebens" und des „Verzichts" hat, gibt aus einem Zustand des Mangels und will eigentlich nur sein eigenes Defizit aufgefüllt bekommen. Er gibt nicht aus Freude, sondern es tut ihm weh und tief innen wird er dem anderen sogar böse sein. All das bricht dann hervor, wenn der andere die Erwartungen nicht erfüllt. Diese Art des Gebens ist nicht wirklich beglückend.

Anders dagegen, wenn ein Partner aus dem Gefühl der Stärke und Fülle heraus gibt – **Erich Fromm** würde hier von einem „produktiven Charakter" sprechen –, dann liegt die Freude im Geben und nicht in der Erwartung, etwas zu bekommen. Geschieht „Geben" nicht aus dieser Fülle heraus und liegt die Befriedigung nicht schon im Geben selbst, so kann es eben zu dem Gefühl des Betrogenseins führen. Wenn diese Person dann verzeiht, dann macht sie es vielleicht wiederum nur, um im anderen ein ‚schlechtes Gewissen' zu erzeugen und ihn dadurch wieder zurückzugewinnen.

„Verzeihen" ist eine der wichtigsten Grundlagen einer Partnerschaft, aber wirkliches Verzeihen geschieht aus Stärke. Vielleicht fragen Sie sich aber: *„Warum soll ich immer den ersten Schritt machen?"* Und aus Kleinmut oder Beleidigtsein tun wir es dann häufig nicht.

Wer allerdings nur verzeiht, um den anderen abhängig zu machen, der hat nicht verziehen. Es ist sogar das Gegenteil von Verzeihen. Wenn der Partner Sie in bestimmten Auseinandersetzungen immer wieder beleidigt und tief verletzt und Sie verzeihen ihm, weil Sie nicht wissen, wohin Sie gehen sollen oder vor einem Neuanfang Angst haben, dann ist dies ebenfalls kein Verzeihen. Vermutlich werden Sie diese Situation immer wieder erleben, weil Sie dazu einladen.

Geben in der Erwartung zu bekommen, oder Geben, um den anderen an sich zu binden, hat nichts mit Liebe zu tun. Vielleicht mit einem Geschäft, aber nichts mit Liebe. Wenn man mit der Erwartung einer Gegenleistung von Liebe, Treue oder Heirat einem Menschen Liebe gibt, so ist die Liebesfähigkeit noch nicht vorhanden. Liebe, wenn sie diesen Namen verdient, gibt, ohne zu erwarten. Liebe kann auch nicht enttäuscht werden. Enttäuscht werden können Menschen, die mit einer bestimmten Erwartung „investiert" haben oder abhängig von der Liebe anderer sind. Seien Sie aber nicht enttäuscht, wenn Sie feststellen, dass Ihre Liebe nicht so uneigennützig ist. Wir haben in unserer Partnerschaft erfahren, dass es gut tut, sich auch darüber auszutauschen.

In der Vedischen Literatur wird von **drei Arten des Gebens** gesprochen:

1. Sattwisches Geben: zur rechten Zeit, der richtigen Person, rein ohne Erwartung, etwas dafür zu erhalten,
2. rajasisches Geben: widerwillig, mit Absicht, etwas dafür zu bekommen, und
3. tamasisches Geben: zur falschen Zeit, der falschen Person, in geringschätziger Weise.

Nur sattwisches Geben ist wirkliches Geben. Es ist Geben aus Liebe und dem Bewusstsein der eigenen Schöpferkraft und Freiheit.

Ein Ort der Unterdrückung

Häufig ist die Partnerschaft oder Ehe ein Ort der gegenseitigen Unterdrückung. Die Ursache dafür sind unterschwellige Ängste und Aggressionen, die stereotype Verhaltensmuster in Gang setzen. Jede Unterdrückung aber führt, wie jede Abhängigkeit, zur weiteren Stärkung dieser Aggressionen.

Unterdrückung kann viele Gesichter haben. Es kann finanzielle Abhängigkeit sein, aber man kann auch den Hilflosen spielen oder seine Krankheit gezielt als Mittel zur Unterdrückung einsetzen. Unterdrückung kann so subtil sein, dass man sie nur schwer als solche erkennt, vor allem, wenn sie im Namen oder in der Maske der Liebe oder Fürsorge auftritt. Schon als Kinder haben wir gelernt, dass wir mit Weinen am einfachsten unseren Willen durchsetzen konnten, und diese emotionale Erpressung wird auch später, vor allem in der Partnerschaft, fleißig eingesetzt.

Erpressung in der Partnerschaft

–O ——————————	O ——————————	O +
Minuspol	Gleichgewicht	Pluspol
Erpresster		Erpresser
Position der Schwäche		Position der Schwäche

Psychologische Erpressung ist eine Form der Unterdrückung, die mehr oder weniger stark in jeder Beziehung vorherrscht. Um das zu erhalten, was man vom anderen erwartet, übt man heimlichen Druck aus. *„Ich an Deiner Stelle würde das für Dich tun … Du liebst mich nicht mehr … Wenn Du mich lieben würdest … Du hältst nicht zu mir …“.* Einen dieser Sätze haben Sie sicher auch schon gehört oder sogar benutzt? Im Namen der Liebe und im Namen des Gebens wird sehr viel erpresst. Oft „tun wir alles für den Partner", wollen ihm alles recht machen, aber mit dem Hintergedanken, etwas dafür zu erhalten, zumindest die Anerkennung.

Frauen setzen gerne auch mal Tränen ein, ein sehr wirksames Mittel zur emotionalen Erpressung. Da Männern in solchen Augenblicken ihre Versäumnisse an Aufmerksamkeit, Mitfühlen etc. bewusstwerden, sind sie auch leicht manipulierbar.

Nicht immer ist es ein Mittel, um uns zu beeinflussen, denn es kann sein, dass Ihre Frau nur Zuwendung braucht und in die Arme genommen werden will.

Männer arbeiten weniger mit emotionaler „Erpressung", sondern sprechen eher direkt an, was sie erwarten. Aber in gewissen Situationen, z.B. beim dem Versuch, Sex zu erpressen, können sie auch schon mal die Tastatur der

Emotionen bedienen, um über Schuldgefühle ihr Ziel zu erreichen. Auch hier kann eine einfache Frage *„Liebst Du mich nicht mehr?"* gestellt werden, um der Partnerin indirekt zu sagen: *„Wenn Du mich liebst, machst du auch Sex mit mir!"*.

Wo unterdrücken Sie Ihren Partner?
Wo und wie üben Sie subtile Manipulation aus?

1. Wo erpresse oder unterdrücke ich meinen Partner? Wo übe ich subtile Macht aus?

   ....

   ....

2. Wie versuche ich meinen Partner zu manipulieren? (Z.B. Schuldgefühle)

   ....

   ....

3. Wo, in welchen Situationen wollen Sie in Ihrer Partnerschaft „Liebkind" sein?

   ....

   ....

4. Was wollen Sie durch Ihr nettes und angepasstes Verhalten erreichen?

   ....

   ....

5. Wo unterdrücke ich mich selbst? (Meine Gefühle, meine Wünsche, meine Aggressionen etc.)

   ....

   ....

6. Wo werden Sie von Ihrem Partner unter Druck gesetzt?

   ....

   ....

Prüfen Sie sich einmal, ob Sie nicht manchmal geradezu darauf warten und hoffen, dass der Partner Ihr Vorurteil erfüllt!

1. In welchen Situationen passiert dies bei Ihnen?

   ....

   ....

2. Was wollen Sie dadurch erreichen?

   ....

   ....

3. Wie können Sie die Situation ändern?

   ....

   ....

Wir müssen beginnen uns selbst mehr zu lieben. Wir müssen offen sein für alle Möglichkeiten des Lebens und uns vor allem nicht selbst unterdrücken.

Und genauso wenig dürfen wir zulassen, dass wir von unserem Partner unterdrückt werden. Zum Unterdrücken gehören nämlich immer zwei: einer, der unterdrückt, und einer, der sich unterdrücken lässt! Deshalb: Seien Sie stark und lassen Sie sich nicht auf das Spielchen des Erpressers ein. Aber machen Sie es geschickt, dass der Erpresser sein Gesicht wahren kann. Niemals aber sollten Sie es dem Partner erlauben, Ihnen Schuldgefühle einzureden!

Wichtig ist: uns von den wertenden Urteilen zu befreien, was sein und was nicht sein darf!

KAPITEL 10

Dimensionen der Liebe

Liebe ist ...

Liebe ist der Grundzustand des Universums. Alles ist immer und ewig miteinander verbunden. Das sagt uns die moderne Quantenphysik und das erzählen seit Urzeiten die Veden. Alles ist immer eins. Diese Verbundenheit ist immer vollkommen. Alles ist immer ganz. Alles ist immer in perfekter Harmonie.

> *Wisset, dass euer Geist, aus einer gemeinsamen Quelle heraus*
> *mit allem anderen zusammenwirkt,*
> *ebenso wie die Impulse der schöpferischen Intelligenz*
> *am Anfang, nahe ihrer Quelle, miteinander vereinigt sind...*
> *Geeint sei euer Vorhaben,*
> *harmonisch euer Fühlen, gesammelt euer Geist,*
> *in der gleichen Weise,*
> *wie die vielfältigen Aspekte des Universums*
> *in Einheit und Ganzheit existieren.*
>
> **RIK VEDA 10.191**

Dass wir diese Ganzheit verlieren, ist lediglich eine Falschinterpretation unseres Verstandes. Er urteilt und teilt die Ganzheit und ewige Harmonie der Gegensätze in scheinbare Antagonismen. Deshalb leben wir in einer fragmentierten Welt. Aber diese Fragmentierung geschieht nicht wirklich. Wenn wir nämlich genau hinsehen, finden wir in allen Dingen oder Ereignissen des Lebens die Ganzheit wieder. Nichts ist sinnlos, sondern ist wohl und weise gesetzt. So sind unser Universum und alle seine Teile – zu denen auch wir gehören – immer im Zustand der Vollkommenheit. Und wenn Sie einmal Ihr Leben rückwärts betrachten, so werden Sie feststellen, es hat immer alles so sein müssen. Es konnte gar nicht anders geschehen. Alles ist so, wie es war, in Ordnung. Alles ist so, wie es ist, in Ordnung. Diese Akzeptanz ist der Schlüssel zu einem erfüllten Leben.

> *Was machst Du an der Welt?*
> *Sie ist schon gemacht;*
> *Der Herr der Schöpfung hat alles bedacht.*
>
> GOETHE IN: WESTÖSTLICHER DIWAN

So trifft kein Partner zufällig einen anderen. Er ist immer die perfekte Ergänzung zu Ihnen zu der entsprechenden Zeit. Deshalb kann ein geübter vedischer Astrologe den Partner durch seine Berechnungen beschreiben – bis ins kleinste Detail, seine Qualitäten, seinen Charakter und auch sein Aussehen. Ob er älter oder jünger ist – alles. Umgekehrt sind Sie selbst in seinem Horoskop zu sehen.

Hinter den scheinbaren Zufällen verbergen sich immer Gesetzmäßigkeiten: das Gesetz von *Dharma und Karma* oder das *Gesetz der Synchronizität*. Diese Gesetze sind ohnehin nur verschiedene Aspekte einer einzigen allumfassenden Ordnung der Schöpfung.

> *Die Welt, Freund Govinda, ist nicht unvollkommen oder auf einem*
> *Wege zur Vollkommenheit begriffen:*
> *nein, sie ist in jedem Augenblick vollkommen.*
>
> HERMANN HESSE, SIDHARTA

Wenn eine Partnerschaft nicht fortschreitet und uns nicht hilft, unserem Ziel näher zu kommen, wird sie nicht bestehen können. Denn ohne Fortschreiten in Richtung des Zieles gibt es kein Glücklichsein. Die Natur lässt es einfach nicht zu, dass wir stehen bleiben, und wird eine nicht evolutionäre und unnütze Beziehung trennen.

Wenn wir die Bedeutung von Partnerschaft im Leben begreifen wollen, sollten wir uns noch einmal grundlegend überlegen, was wir in der Partnerschaft suchen, denn dann wird uns vielleicht klar, warum so viele Ehen scheitern ... weil wir eben nicht bekommen, was wir suchen.

Wir, das heißt unser Geist, möchte unbegrenzt und unbegrenzt glücklich sein.

Wir haben vorher gefragt: Was suchen wir in einer Partnerschaft? Wir suchen Glücklichsein, wir suchen Unbegrenztheit, sprich Freiheit, wir suchen Liebe, sprich: die Verbundenheit mit jedem und allen, wir suchen Einssein. Wir suchen ALL-EIN-SEIN, deshalb wollen wir nicht allein sein. Kein Mensch möchte allein sein. Genau betrachtet ist aber jeder Mensch immer allein. Er kommt allein und geht allein. Jeder lebt immer in seinem eigenen von ihm geschaffenen Universum. Es ist seine Welt, seine Schöpfung. Die Schöpfung seines Ichs, getrennt von den anderen Ichs und deren Universen.

Die Befreiung vom Alleinsein kommt einzig durch das *All-Ein-Sein*. Und das sucht der Mensch in jeder Umarmung und in jeder Beziehung. Aber er wird es hier niemals wirklich finden, es sei denn, er findet es gleichzeitig in sich selbst.

Unser SELBST ist All-Ein-Sein, es ist LIEBE oder die ewige Verbundenheit von allem mit allem, es ist unbegrenzt und unsterblich. Habe ich die ewige und unbegrenzte Liebe in mir entdeckt, finde ich sie auch im Außen – überall, zu jeder Zeit, zu allem und mit allen.

Die meisten Partnerschaften enden, weil nach kurzer Zeit die Illusion der einzigen, ewigen Liebe und des ewigen Glücklichseins wie eine Seifenblase zerplatzt. Die Seele hat wieder nicht bekommen, was sie eigentlich sucht, also fliegen wir weiter zur nächsten und nächsten Blume… im Außen suchend, was nur innen zu finden ist.

Sie kennen alle das Gefühl, wenn man die Schmetterlinge im Bauch spürt, die Seele Flügel bekommt… es sind erhebende Augenblicke …, aber es hält nicht. Vor allem dann nicht, wenn man mit falschen Vorstellungen in eine Partnerschaft gekommen ist. Nur wer sich getäuscht hat, kann „ent-täuscht" werden. Die Ent-täuschung ist letztlich ein heilsamer Prozess, denn sie bringt uns wieder auf die richtige Bahn. Sie nimmt die Täuschungen weg. Sie nimmt alles weg, was wir nicht sind. Wenn wir uns dagegen wehren, können wir dies natürlich als einen recht schmerzhaften Prozess erfahren.

**Seien Sie sich bewusst, dass letztendliche Erfüllung
nicht beim anderen, sondern nur in Ihnen zu finden ist.**

Ein grundsätzlicher Fehler vieler Partnerschaften ist, dass sie sich nicht genug Zeit geben. Um das lebensspendende Wasser zu bekommen, muss ein

Brunnen tief gebohrt werden. Sehr viele Menschen unserer nur auf schnelle Ergebnisse zielenden Gesellschaft geben sich nicht die Zeit, um in die Tiefe zu gehen. Deshalb bekommen sie auch nicht, was sie suchen. Sie bohren einen Brunnen, dann den nächsten und nächsten ...

Natürlich kann es auch heilsam sein, eine Partnerschaft zu beenden, eben dann, wenn sie nicht der Entwicklung der Partner dient oder das gemeinsame Karma abgelaufen ist. Tut man es dann nicht freiwillig, dann wird man dazu gezwungen. Das ist das Gesetz des Karma. Aber vorher sollten Sie Ihrer gegenwärtigen Partnerschaft eine echte Chance geben.

Liebe ist Einheit

Wenn die Physik das Einheitliche Feld aller Materie und Kraftfelder entdeckt hat, so hat sie die Einheit aller Existenz entdeckt. Sie hat das Feld der Liebe und Einheit entdeckt. Dies haben wir bereits gesehen, als wir die Tatsache angeschaut haben, dass im Teil immer das Ganze zu finden ist.

Wenn der Mensch die Einheit verliert, ist er getrennt vom Rest des Universums. Er fühlt sich verlassen und allein. Die einzelnen Finger der Hand sind voneinander getrennt, aber nicht wirklich, denn sie haben eine gemeinsame Quelle in der Hand. Die Probleme beginnen, wenn dieses Bewusstsein verloren geht und wir die Einheit aller Dinge und Menschen vergessen.

Der budhistische Dhyana Meister **Thich Nath Hanh** erzählte in einem Vortrag, der vom Fernsehen ausgestrahlt wurde, eine Geschichte, die ich frei nacherzähle.

„Wenn man die Sicherheit und das Wohlbefinden des anderen gewährleistet, gewährt man Wohlstand und Sicherheit für sich selbst." „Israel wird nur Sicherheit und Wohlbefinden finden, wenn es für die Sicherheit und das Wohlbefinden der Palästinenser sorgt."

Er gab ein Beispiel für *„Non-discrimination".* Das Wort übersetzte der Dolmetscher als *„Nicht-Diskriminierung."*

Er gab ein wunderschönes Beispiel dafür: *„Nehmen wir unsere Hand. Meine rechte Hand hat mir sehr viel Gutes getan. Ich schreibe damit, ich esse damit* *und, und, und. Meine rechte Hand kommt aber nicht auf die Idee, meine linke Hand deshalb zu diskriminieren und ihr zu sagen, dass sie wertlos ist.*

Vor einiger Zeit wollte ich einen Nagel in die Wand schlagen. Die linke Hand hielt den Nagel, die rechte den Hammer. Da ich nicht achtsam war, traf ich anstatt des Nagels den Daumen meiner linken Hand. Die rechte Hand legte sofort den Hammer weg und kümmerte sich ausschließlich um die linke Hand. Sie versuchte alles, um den Schmerz der linken Hand zu beseitigen. Und später sagte die rechte Hand dann auch nicht: Ich hab jetzt so viel für Dich getan, jetzt schuldest du mir aber einiges."

Stellen Sie sich einfach einmal vor, dass der Mitarbeiter oder Partner, mit dem Sie gerade eine Auseinandersetzung haben oder im Streit liegen, ein Teil von Ihnen ist. Wie würden Sie dann fühlen? Wie würden Sie dann empfinden? Wie würden Sie dann handeln? Wie würde sich dies auf Ihre Beziehung auswirken? Würde da nicht Konkurrenz zu Kooperation werden?

Würde diese Erkenntnis nicht alles verändern? Mit Sicherheit – oder?

Aber auch hier gilt: Erkennen und Sein ist dasselbe. Nur die Erfahrung der Einheit führt schließlich zu einem anderen Verhalten. Ein intellektuelles Verstehen allein genügt nicht. Das ist ja das große Dilemma der Religionen, dass die „EIN-SICHT" verloren ging. Die „Diskriminierung", von der Thich Nath Hanh spricht, beginnt, wenn die Einheit verloren geht, weil die ‚Einsicht' nicht mehr vorhanden ist. Die ursprüngliche Bedeutung von Diskriminierung ist ‚Unterscheidung'. Wer unterscheidet oder wer scheidet? Die Antwort lautet: unser Intellekt. Der Intellekt scheidet und diskriminiert, die Liebe vereint.

Erinnern Sie sich noch, wie der Ausweg aus dem Dilemma des „Irrtum des Intellekts" im Märchen dargestellt wird?

Die Lösung erscheint durch die Liebe des Prinzen. Liebe ist das genaue Gegenteil zum Intellekt. Während der Intellekt unterscheidet, trennt und ur-teilt, ist es die Eigenschaft der Liebe zu vereinen. Liebe ist Einheit. Liebe ist Ganzheit. Und das ist der natürliche Zustand des Lebens. Das ist der natürliche Zustand des UNI-Versums.

> *Oh, nicht getrennt sein,*
> *nicht durch die leiseste Wand*
> *vom Gesetz der Sterne geschieden.*
>
> **RAINER MARIA RILKE**

Alles ist immer und ewiglich mit allem anderen verbunden, wie die moderne Quantenphysik uns lehrt. Alles ist immer im Zustand der Liebe. Bis der Intellekt kommt und trennt und teilt. Das ist der Tod der Liebe und des Lebens. Und genau das ist aus der Sicht der Veden die Ursache aller Krankheiten oder Probleme, welche Namen auch immer sie tragen mögen.

Es ist so offensichtlich: An dieser Krankheit leidet unsere Wissenschaft und an dieser Krankheit leidet auch unser Management. Es ist ein Management des Kopfes, des Intellekts, der Trennung und Spaltung. Und so leben wir in einer Welt der Teile, ohne die Ganzheit zu sehen. Ein Management der Zukunft – die jetzt schon begonnen hat – wird ein ganzheitliches oder quantenmechanisches Management sein.

Es ist eine unzweifelhafte Wahrheit, dass der Mensch
nicht ein losgelöstes Wesen, sondern ein Teil des Universums ist,
und wenn er die erkennt, wird er groß.

TAGORE

Die Vereinigung

Das Sanskrit-Wort für Einheit oder Vereinigung ist „Yoga". Wenn wir heute das Wort „Yoga" gebrauchen, so haben wir meist ein Bild vor unserem geistigen Auge, wie sich gelenkige Menschen in schier unmöglichen Stellungen biegen. Unter Yoga verstehen wir gewöhnlich Körperübungen, die sogenannten Yoga Asanas (Yoga = Einheit, Asana = Sitz, Position).

Die Yoga Asanas sind ein Teil des „Ashtanga Yoga", des achtgliedrigen Yoga. Sie sind eine Folge von Körperpositionen, die wir einnehmen, um den Zustand des Yoga (Einheit) zu erfahren.

Es gibt verschiedene Glieder (Angas), um den Zustand des Yoga zu erreichen, wie Verhalten, Körper, Atem, Sinne oder Geist. Wenn ich an einem Stuhlbein ziehe, folgen die anderen nach. Wenn ich z.B. meinen Atem verfeinere, so hat dies Auswirkungen auf Geist, Körper, Sinne und Verhalten. Übungen für den Geist nennen wir Meditation (Dhyana). Und alle diese verschiedenen Glieder und entsprechenden Übungen haben das gleiche Ziel: den Zustand des Yoga.

Yoga ist die Erfahrung der einheitlichen Ebene des Lebens. Das, was die Physiker eben das *Einheitliche Feld* nennen. Wir wollen es *Liebe* nennen.

Yoga ist ein Zustand.
- Wenn du im Zustand des *Yoga* bist, wirst du dich spontan im Einklang mit den Naturgesetzen oder göttlichen Gesetzen verhalten, wahrhaftig sein, gewaltlos.
- Wenn du im Zustand des Yoga bist, wird dein Körper im Gleichgewicht sein, intelligent funktionieren und gesund sein.
- Wenn du im Zustand des Yoga bist, wird dein Atem bzw. deine Lebensenergie (Prana) frei fließen und ausgeglichen sein.
- Wenn du im Zustand des Yoga bist, werden deine Sinne in sich ruhen und harmonisch sein.
- Wenn du im Zustand von Yoga bist, wird dein Geist in der Ebene des reinen Seins verankert sein.

Das ist unser geistig-körperlicher Zustand, wenn wir die Erfahrung von Yoga machen. Yoga ist also ein Zustand. Im Zustand des Yoga bin ich ganz im „Hier und Jetzt". Yoga ist Liebe – ist ewige Verbundenheit von allem mit allem, so wie unsere Finger immer miteinander verbunden sind, weil sie ihren gemeinsamen Ursprung in der Hand haben. Ist die Erfahrung dieser Einheit vorhanden, ist die stabile Basis für eine Partnerschaft, für dauerhafte Liebe und Treue gegeben. Die regelmäßige Erfahrung und Vertiefung dieses Zustandes macht uns mehr und mehr fähig, „allein" zu sein, und das ist eine wichtige Voraussetzung für eine erfüllende Zweisamkeit.

Vielleicht sind Sie jetzt inspiriert, mit den Yoga-Übungen zu starten?

Yoga ist die Erfahrung der Ebene der Liebe.

Wer einmal bewusst diese Einheit erfahren hat, für den wird das Leben nicht mehr dasselbe sein. Wer diesen Zustand erfahren hat, hat den Zustand des All-Eins-Sein erfahren. *Yoga ist totale Präsenz.* Es bedeutet, dass jeder Aspekt unserer Körperintelligenz völlig wach und präsent ist.

Liebe ist nicht konservierbar! Es ist ein permanenter Prozess, jeden Augenblick immer neu. Eine permanente Neuschöpfung. Es zählt nicht Vergangenheit und Zukunft. Es zählt nur der Augenblick, denn der Augenblick allein *ist.* Partnerschaften, die nur von einer gemeinsamen Vergangenheit leben, sind schon tot, soweit sie überhaupt je lebendig waren. Liebe geschieht nur in der Gegenwart.

Alle Eigenschaften, auf denen eine echte Partnerschaft gegründet ist, sind im Zustand des Yoga natürlich vorhanden. Automatisch wird „satya" (Wahrhaftigkeit) oder „ahimsa" (Gewaltlosigkeit) gelebt. Automatisch werden die Qualitäten von „asteya"(Freiheit von Gier) und „aparigraha" (Nicht-Besitzen) die Partnerschaft kennzeichnen.

Ehrlichkeit (satya) ist eine der wichtigsten Eigenschaften für eine erwachsene Partnerschaft, wie wir schon gesehen haben. Das kann schon mal weh tun, wenn z.B. der Partner gesteht, dass er einen anderen attraktiv findet. Aber es ist ehrlich. Wenn eine Partnerschaft auf Lügen aufgebaut ist, hat sie kein Fundament. Wahrhaftigkeit ist vereinend, Lügen schaffen vielleicht äußerlich den Schein der Einheit, aber innerlich sind sie trennend.

Gewaltlosigkeit (ahimsa) beispielsweise meint nicht nur Freiheit von körperlicher Gewaltanwendung, sondern beginnt in unserem Denken und unseren Emotionen. Meist geschieht das sehr subtil und das Gemeine daran: häufig auch noch im Namen der Liebe. Ein Partner bringt ‚Opfer' und übt damit moralischen Druck aus. Man will Liebe erzwingen, indem man dem Partner wieder und wieder vor Augen führt, was man alles für ihn getan, geopfert oder aufgegeben hat. In einem solchen Falle wird nur gegeben, um den anderen abhängig zu machen. Das aber ist kein Geben und hat nichts mit Liebe zu tun.

Dem Menschen auf der anderen Seite macht es keinen Spaß, wenn er sich dauernd verpflichtet fühlen muss und wenn bestimmte Verhaltensweisen erwartet oder erzwungen werden. Selbst Dinge, die man eigentlich gerne geben würde, will man dann nicht mehr gerne geben. Druck erzeugt Gegendruck. Das ist das Gesetz hinter diesem Verhalten. Wer eingeengt wird, versucht diese Enge zu sprengen. Manch ein Partner will durch Druck seinen Partner halten und bewirkt gerade das Gegenteil.

Freiheit von Habgier (Asteya) ist eine weitere Eigenschaft von Yoga. Was ist die Ursache von Habgier? Habgier ist letztlich ein Ausdruck der Suche nach Glück und Liebe. Das Bewusstsein, dass mir keiner nehmen kann, was mir zusteht (= Gesetz des Karma), wird hier sicher einiges ändern. Mehr aber als ein nur intellektuelles Verstehen wird die Erfahrung meiner unbegrenzten Möglichkeiten die Gier stillen und den Geist dauerhaft zufrieden stellen.

Wenn weiter die Yogaphilosophie von Besitzlosigkeit (aparigraha) spricht und es als eine der Eigenschaften beschreibt, die man im Leben erreichen soll, dann heißt dies nicht, dass man allen Besitz weggeben muss, um frei zu werden; vielmehr beschreibt es den *Zustand der Freiheit*, den Zustand des *Nicht-Verhaftet-Seins* an Besitz oder Güter, an Macht, Position und Status und vor allem auch an unseren liebsten Besitz: unseren Partner oder unsere Kinder.

Alles, was wir als schön empfinden, alles, was uns Freude bereitet, alles, was unsere Bedürfnisse nach Anerkennung erfüllt, wollen wir behalten. Wie in Goethes „Faust" sagen wir: *„Verweile doch, du bist so schön"*. Das, was glücklich macht, das, was unsere Wünsche und Bedürfnisse befriedigt, wollen wir zum Bestand machen.

Besitzen aber ist gegen die Natur des Lebens und gegen die Liebe. Leben ist Fließen. Leben ist dauernde Veränderung. Besitzen ist Festhalten. Darum spricht die Bibel von einem *„Besitzen, als besäße man nicht"*.

An dieser Stelle wollen wir noch mit einer Illusion aufräumen. Den Zustand der Präsenz wird man nicht erreichen, wenn man täglich zweimal brav seine Asanas (Körperpositionen) oder Pranayamas (Atemübungen) ausübt oder still im Kämmerlein meditiert. Vielmehr muss der ganze Tag zur Meditation werden. Eigentlich ist Präsenz sogar Voraussetzung für erfolgreiche Meditation.

Wahre Meditation ist fortwährende Wachheit,
Anpassungsfähigkeit und klares Unterscheidungsvermögen.

JIDDU KRISHNAMURTI

Darauf zielt etwa die *Zen-Tradition*, wenn sie Achtsamkeit bei all unseren Gedanken und Tätigkeiten fordert. Das Wichtigste dabei aber ist, dass man seine geistigen, emotionalen und körperlichen Baustellen konfrontiert und die Belastungen der Vergangenheit auflöst. Ohne diese Arbeit wird man niemals Präsenz, sprich: Yoga, erreichen können.

Der Weg der Partnerschaft ist auch ein Weg des Yoga. Der Weg der Partnerschaft oder Beziehung ist Karma Yoga, das Yoga des Handelns, und Bhakti Yoga, der Yoga der Hingabe. Sicher nicht der einfachere, denn Partnerschaft ist ein schier unlösbarer Koan, weil zwei völlig entgegengesetzte Pole bei dem Spiel beteiligt sind: Weiblichkeit und Männlichkeit, verschiedene Sozialisierung und Konditionierung, unterschiedliche Visionen, Ziele, Wünsche und Bedürfnisse sowie die jeweiligen Defizite, die der andere auffüllen soll. So ähnelt es oft eher einem Kampf als einem gemeinsamen Weg. Dabei ist es der Weg, sich gegenseitig als Spiegel zu dienen, und die Frau dient dem Mann als eine Hilfe, seine innere Frau zu entwickeln, und der Mann wird der Frau helfen, ihren inneren Mann zu befreien. Dann kann das geschehen, was spirituelle Traditionen als *Unio Mystica* beschreiben, die letzte Vereinigung.

Empfehlenswert ist es, den „Yoga der Partnerschaft" mit dem Weg der Meditation zu verbinden.

Eifersucht ist eine Leidenschaft

Eifersucht ist eine Leidenschaft, die mit Eifer sucht, was Leiden schafft, sagt ein geflügeltes Wort. Oft sind wir glücklich, wenn der Partner sich eifersüchtig zeigt, wenn uns ein anderer anlächelt oder mit uns flirtet. *„Er liebt mich noch"* ist die irrige Interpretation. Aber ist das ein Zeichen von Liebe? Wenn Ihre Frau von einem anderen Mann angelächelt wird, wie können Sie da eifersüchtig sein? Wenn Ihr Mann bewundernde Blicke von einer Frau bekommt, wie kann Sie das aus dem Gleichgewicht bringen?

Eifersucht kann aus der *Verdrängung* und Unterdrückung sexueller Wünsche entstehen, die dann nach außen projiziert und dort bekämpft werden. Es ist wieder der Vorgang der *Projektion*: Ich erwarte beim anderen dieselben Begierden, die ich selbst habe, allerdings nicht lebe, sondern unterdrücke. Das, was ich in mir selbst unterdrücke, soll der andere auch nicht leben dürfen, sondern auch unterdrücken. Es ist die *Angst vor den eigenen Bedürfnissen*, die Angst, dieses Verlangen als das eigene anzuerkennen, und die Angst davor, sich mit diesen Bedürfnissen bewusst auseinandersetzen zu müssen.

Eifersucht hat jedenfalls nicht das Geringste mit Liebe zu tun. Eifersucht entsteht aus einem Mangel an Selbstbewusstsein und Selbstbestimmung. Dort, wo Eifersucht ist, fehlt die Liebe. Wer einen anderen Menschen liebt, will nur Gutes für ihn. Wer einen anderen Menschen liebt, will, dass er glücklich ist. Das geht sogar so weit, dass er ihm einen anderen Partner gönnen wird, wenn dieser besser zu ihm passt und er meint, dass er mit diesem glücklich sein wird. Das ist Liebe. Das ist aber ganz schön abgehoben, werden Sie vielleicht sagen. Ganz und gar nicht! Jede Mutter kennt dies. Sie gibt ihren geliebten Sohn einer anderen Frau, damit diese ihn glücklich macht.

Eifersucht hat nichts mit Liebe zu tun. Vielleicht ist es die Angst vor dem Alleinsein. Vielleicht ist es unsere Besitzgier. Auf jeden Fall hat es nichts mit Liebe zu tun. Jemanden besitzen wollen bedeutet, seine Freiheit einzuschränken. Liebe ist, dem anderen seine Freiheit zu lassen. Eifersucht ist das genaue Gegenteil. Eifersucht engt ein und beschränkt.

Es mag ein Mangel an Selbstbewusstsein sein, die Angst vor dem Alleinsein oder Besitzgier und die Angst, den anderen zu verlieren, immer geschieht es aus einem Mangel und ist eine Krankheit, auch wenn dies nicht immer so gesehen wird. In unserer Verdrehtheit fühlen wir uns vielleicht sogar verletzt, wenn der andere nicht eifersüchtig ist: *„Liebt er mich nicht mehr?"*

Fragen Sie sich einmal selbst, ob Sie nicht auch erwarten, dass der Partner auf Sie eifersüchtig ist.

Es ist nicht nur der andere Mann oder die andere Frau, auf den wir eifersüchtig sind, nein, es kann überallhin projiziert werden. Treibt der Mann Sport mit seinen Freunden, so bin ich eifersüchtig auf die Freunde, weil er die Zeit nicht mit mir verbringt. Obwohl wir es eigentlich genießen, dass der andere mal nicht da ist, sind wir eifersüchtig und opponieren dagegen.

„Vergleiche nicht!" ist einer der grundlegenden Verhaltensregeln, denn jeder ist in der Schöpfung einzigartig. Eifersucht aber vergleicht sich selbst mit dem Rivalen. *„Bin ich nicht so gut wie er?" „Warum liebt sie ihn?" „Was hat er, was ich nicht habe?"* etc. Nun, jeder hat etwas, was ich nicht habe. Und es gibt immer einen, der etwas besser kann als ich. Na und?

Ursache dieses Vergleichens ist ein mangelndes Selbstbewusstsein und ein mangelndes Verständnis der Gesetze des Lebens, in erster Linie sicher mangelndes Selbstvertrauen. Eifersucht ist ein Gradmesser, wie sehr wir uns über den anderen definieren und nicht wir selbst sind. Je mehr wir uns selbst schätzen und lieben lernen, desto weniger werden wir der Eifersucht verfallen.

Wie können wir mit dem Gefühl der Eifersucht umgehen?

Als erstes ist es wichtig, dass wir ehrlich zu uns sind und uns das Gefühl eingestehen und es ANNEHMEN.

Wir sollten uns nicht dafür schämen, aber gleichzeitig uns auch bewusst sein, dass dieses Gefühl nichts mit Liebe zu tun hat.

Sprechen Sie mit Ihrem Partner über Ihre Gefühle und über Ihre Eifersucht.

Fühlen Sie Ihren Körper und fühlen Sie, wo dieses Gefühl sitzt.

Wenn Sie sich mit dem Gefühl konfrontieren und auseinandersetzen, werden Sie es auch lösen können!

Aus Eifersucht oder aus Angst, verlassen zu werden, verletzen wir den anderen und bewirken möglicherweise damit eine Negativ-Spirale, die schließlich tatsächlich mit einer Trennung enden kann.

Die Ursachen können in einer Erfahrung in der Kindheit liegen. Fast archetypisch fühlt sich die Geschichte einer Frau an. Nach der Trennung von ihrem Mann hatte ihre Mutter einen neuen Freund, der natürlich die Mutter aus Sicht der Tochter überstark in Anspruch nahm. Sie fühlte sich zurückgesetzt. Kritisch wurde die Situation, als die Mutter von diesem neuen Mann ein Kind bekam. Jetzt hatte sie das Gefühl: *„Die Mutter ist nicht mehr für mich da."* Diese Erfahrung war der Auslöser für eine übergroße Angst vor dem Verlassenwerden, das ihr jetzt in der Ehe schwer zu schaffen macht und das sie nur langsam in den Griff bekommt.

Vielleicht noch ein weiterer Gedanke, den wir bedenken sollten: Ich erwarte vom anderen nur das, was in mir ist. Das heißt, meine eigene Eifersucht kann Ausdruck der Tatsache sein, dass ich selbst die Tendenz habe, mich mit anderen Partnern einzulassen. Wenn Ihr Partner Sie fragt: *„Liebst Du mich noch?"*, so kann dies Ausdruck der eigenen diesbezüglichen Unsicherheit sein. Sie wissen ja: Der Schelm denkt, wie er ist. Wir erwarten vom anderen, wie wir selbst sind bzw. fühlen.

KAPITEL 11

Eine erwachsene Partnerschaft

Tipps für eine erfüllendere Partnerschaft

Gehen wir einmal von der Annahme aus, dass die Wahl richtig war und die Partner grundsätzlich zusammenpassen. Um ein harmonisches Zusammenwirken zu erhalten, können vor allem folgende praktische und ganz grundlegende Ratschläge sehr hilfreich sein:

1. Ruhe in Dir – ruhe in Deinem Selbst.
2. Erhöhe den Grad Deiner Wachheit und Achtsamkeit!
3. Erhöhe die Fähigkeit wertzuschätzen!
4. Erhöhe Deine Fähigkeit zu lieben!
5. Lebe Dein *Dharma* und hilf dem Partner sein *Dharma* zu leben!
6. Sei integer und authentisch! Führe ein selbstbestimmtes Leben!
7. Sei ehrlich zu Dir selbst und zu Deinem Partner!
8. Projiziere nicht und gib Deine Interpretationen auf!
9. Sei gradlinig in Deiner Kommunikation! Sag die Wahrheit, die aufbauend wirkt!
10. Gib das Verhalten auf, immer recht haben zu müssen!
11. Hör auf, Rollen zu spielen! Nimm Deine Maske ab!
12. Akzeptiere Dich selbst und nimm den anderen so, wie er ist.
13. Sieh zu, dass Du selbst glücklich bist.
14. Baue regelmäßig Deinen Stress bzw. Fremdbesetzungen ab, damit Du sie nicht auf den Partner projizierst!
15. Erhalte Dir – oder besser noch – erweitere die Fähigkeit, zu geben und zu nehmen, denn *Geben* und *Nehmen* ist die Basis einer Partnerschaft (z.B. die Fähigkeit zuzuhören).
16. Sieh den anderen niemals als selbstverständlich!
17. Schränke die Freiheit des anderen niemals ein!

18. Steh im Austausch und fördere Beziehungen Deines Partners mit anderen Menschen!
19. Sei offen für Veränderungen, denn Leben bedeutet ständigen Wandel!
20. Berühre den anderen! Teile ihm mit, wie Du in Zukunft sein willst und welche neuen Möglichkeiten Du im Leben siehst!

Wir möchten noch einmal betonen: Sehr wichtig für den Bestand einer Partnerschaft ist, dass beide Partner sich selbst bzw. ihr *Dharma* leben können und dass sie sich gleichzeitig weiterentwickeln. Bleibt einer stehen, wird es meist sehr schwierig, weil sie sich nicht mehr verstehen.

Bewusstseinserweiterung bzw. Wachstum ist generell eine ganz wesentliche Grundlage für eine solide und erfüllende Partnerschaft. Wachstum ist die Natur des Lebens. Wenn sich beide gegenseitig in ihrem Wachstum unterstützen, wird jeder zufrieden sein.

Dabei dürfen wir nicht vergessen, dass es in der Schöpfung alle Spielarten des Dharma gibt, und so kann es auch sein, dass es das Dharma bzw. das Karma eines Menschen ist, völlig dem anderen zu dienen und völlig für den anderen da zu sein. Was für einen Menschen richtig ist, kann letztlich ohnehin nur er selbst feststellen, indem er uneingeschränkt auf sich selbst hört.

Ein Zeichen, dass dies für Sie der richtige Weg ist, ist, wenn Sie dabei eine tiefe innere Freiheit und Zufriedenheit verspüren. Dharma ist immer mit innerer Zufriedenheit verbunden.

Der Partner ist unser Freund und/oder Geliebter, in jedem Fall aber auch unser Spiegel, in dem wir uns erkennen können und in dem wir unsere Entwicklungschancen präsentiert bekommen. Er kann also auch unser Lehrer und Führer sein. Bei dem einen mehr, bei dem anderen weniger. Wenn Sie Ihren Partner auch als Lehrer anerkennen können, wird er Ihnen viel mehr geben können, und die Auseinandersetzungen und Konflikte bekommen einen anderen Stellenwert. Wichtig dabei ist, dass beide sich als gleichwertig empfinden müssen, denn jeder kann vom anderen lernen. Zweifellos bedarf es einer bestimmten Reife und eines gut entwickelten Selbstbewusstseins, wenn man seinen Partner als Lehrer oder Führer annehmen kann. Leider spielt häufig einer der Partner den „Lehrer" und der andere den „Schüler". Sobald der Schüler sich emanzipiert oder der Lehrer einen gleichwertigen Partner sucht, bricht eine solche Verbindung auseinander.

Sind Sie bereit, von Ihrem Partner zu lernen?

Wo und was können Sie von Ihrem Partner lernen?

Wo und wie können Sie Ihrem Partner Lehrer sein?

Setzen Sie sich zusammen und sprechen Sie offen mit Ihrem Partner darüber, wo Sie sich als Lehrer anerkennen und wo nicht.

Präsent sein

Ganz entscheidend für eine Kommunikation zwischen den Partnern ist die Fähigkeit, *präsent* zu sein. Die meisten Menschen sind kaum in der Lage, präsent zu sein. Sie sind zwar körperlich anwesend, aber ihr Geist, ihre Gefühle, Emotionen etc. sind nicht gegenwärtig. Was uns vor allem abhält, ganz im „Hier und Jetzt" zu sein, ist der „neuronale Lärm", der durch unsere unverarbeiteten und im Unterbewusstein abgespeicherten Eindrücke hervorgerufen wird. Dieses permanente Selbstgespräch wirkt wie ein andauerndes Sperrfeuer, das es unserem Geist unmöglich macht, sich auf den Augenblick und unser Gegenüber zu konzentrieren. Wenn diese Belastungen nicht angegangen und verarbeitet werden, saugt das Unterbewusstsein permanent Energie ab, um diese unerledigten Prozesse zu verdauen. Sie involvieren unsere bewusste oder unbewusste Aufmerksamkeit, unsere Gedanken und Gefühle völlig in den Verarbeitungsprozess. Wir sind dadurch immer mit dem alten Müll befasst und können nicht im Augenblick mit unserer vollen Aufmerksamkeit und Konzentration sein.

Hier liegt die Hauptursache dafür, dass wir nicht *zuhören* können, denn eigentlich sind wir immer – wenn auch nicht bewusst – mit diesen unerledigten Prozessen beschäftigt, die darauf warten, endlich aufgearbeitet zu werden. Wir können nicht zuhören, weil wir innerlich zu unruhig sind. Es ist so kein Wunder, dass wir die eigentlichen Motive und Bedürfnisse unseres Partners häufig gar nicht mitbekommen.

Ganz entscheidend wird sein, ob und wie erfolgreich wir alte unverarbeitete Erfahrungen, die in unserem Unterbewusstsein abgespeichert und zu festen Mustern (= Irrtum des Intellekts) wurden, auflösen können.

Außerdem verzerren diese Muster unsere Wahrnehmung und erlauben keine authentische Erfahrung. Erfahren diese Muster eine häufige Wiederholung, so werden sie zu Glaubenssystemen, die neuronal verankert sind und die unsere Wahrnehmung und Erkenntnisfähigkeit äußerst einschränken. Glaubenssystem bedeutet dann: Man hat für alles eine vorgefertigte Lösung, was natürlich Sicherheit suggeriert. In Wirklichkeit kommuniziere ich aber nicht, was ich fühle oder meine, sondern liefere fertige Gedankenkonserven ab. Wenn der Partner fragt: *„Was meinst Du dazu? Wie siehst Du das?"* und es kommt eine allgemeine Phrase oder ein Zitat einer Autorität oder eines Gurus, so ist dies alles andere als zufriedenstellend und der Partner fordert zurecht „Deine Meinung". Eine authentische Kommunikation oder Beziehung ist so sicher nicht möglich.

Authentisch sein heißt immer, Dinge selbst herauszufinden und seine eigene Einsicht und seine eigene Position darzustellen.

12 Eigenschaften für eine erwachsene Partnerschaft

Gute Voraussetzungen für eine Partnerschaft sind:

1. Durchsetzungsfähigkeit, eigener Wille, Ich-Bewusstsein
2. Abgrenzung zum anderen, eigene Positionierung, Eigenwert
3. Kommunikationsfähigkeit
4. Empfindungsfähigkeit, Zärtlichkeit, Mütterlichkeit
5. Schöpferisches Vermögen, Gefühle geben, Selbstbewusstsein
6. Fähigkeit, Gefühle und Bedürfnisse zu zeigen
7. Partner- und Liebesfähigkeit, Erotik, Harmonie und Ausgleich (z.B. Ying und Yang)
8. Beziehungsfähigkeit, eigene Meinung, Fähigkeit zur Transformation

9. Eigenverantwortung, eigener Maßstab und Werte, eigene Weltsicht
10. Fähigkeit zur Freiheit und Selbstausdruck
11. Bewusstseinserweiterung, Weiterentwicklung, voneinander lernen
12. Intuition, Erfahrung der Transzendenz

Unser Körper spricht die Wahrheit

Wenn wir diese 12 Eigenschaften nicht zum Ausdruck bringen, weist unser Körper uns gnadenlos darauf hin. Wir werden krank. Krankheit ist ein Zeichen: *„Junge, du machst etwas falsch!"* Die Krankheit sagt uns: *„Du musst etwas in deinem Leben ändern. Du musst dich ändern!"* Aber was machen wir? Wir gehen zum Onkel Doktor und erwarten von ihm, dass er uns von dem Symptom befreit. An die Ursache wollen wir gar nicht ran. Ist ja auch viel einfacher, der Umwelt, den Umständen, Sachzwängen, der Firma, den Kollegen oder natürlich dem Partner dafür die Schuld in die Schuhe zu schieben.

Nach 15 Jahren Ehe hat man sich arrangiert. Glücklich ist man zwar nicht, aber was soll man tun? Zur Veränderung ist man nicht bereit, also wird nach außen hin und den Kindern gegenüber eine heile Welt vorgegaukelt. Vielleicht glaubt man sogar selbst daran. Nur einer lässt dieses Spielchen nicht so recht zu: unser Körper. Wir mögen alles unter Kontrolle haben, unsere Freunde und Bekannten täuschen und uns vielleicht sogar selbst belügen, aber unser Körper lässt sich dieses Versteckspiel nicht gefallen und streikt.

> Natur kann man nicht austricksen oder belügen!
>
> Sich selbst kann man nicht belügen!

Unser Körper zeigt an, was uns fehlt und wo es fehlt. Er offenbart, wo wir nicht ganz sind, wo wir krank und unehrlich sind. Was wir uns nicht eingestehen oder verdrängen, wird somatisiert. Es kann oft lange dauern, bis das Symptom so stark ist, dass wir nicht drum herum kommen, darauf zu reagieren. Und dann soll der Arzt es richten …

1. Ein Mangel an Selbstständigkeit mag sich als eine Herz-Kreislauf-Insuffizienz zeigen; ist das Durchsetzungsvermögen blockiert, kann dies zu einem Energiestau führen, der sich im Körper in Form von Kopfschmerzen oder Entzündungen äußert. Diese Beschwerden geben dann auch noch die Ausrede, warum man nicht aktiv werden kann. Ein verhängnisvoller Kreislauf, den man irgendwann selbst nicht mehr durchschaut.

   Eine junge Frau, die in der Kindheit gelernt hatte, sich an den dominanten Vater anzupassen, übertrug dieses Verhaltensmuster auch auf ihren Ehemann. Sie projizierte ihren Traum vom Erfolg auf ihren Mann. Sie fühlte sich erfolgreich, wenn er erfolgreich war. Ihre stete Anpassung letztlich und das Fehlen eigenen Erfolges führten zur Frustration. Innerlich wuchsen Aggressionen gegen ihren Ehemann, die sich vor allem in Form von Kopfschmerzen und in Nierenproblemen äußerten. Es ging ihr regelrecht an die Nieren.
   Als sie lernte selbstständiger zu werden, sich auf eigene Füße stellte und eine Arbeit ausübte, die ihrem eigenen Wesen und ihren Anlagen entsprach, verschwanden ihre körperlichen Beschwerden. Da der Ehemann diese Wandlung unterstützte, hatte die Beziehung Bestand. In vielen Fällen tritt an dieser Stelle eine Trennung ein, nämlich dann, wenn sich ein Partner entwickelt und der andere das nicht akzeptieren kann. Er hat es jetzt ja mit einem anderen Partner zu tun, als der war, den er geheiratet hat.

2. Ein Mangel, sich abzugrenzen und Eigenwert zu entwickeln, einen eigenen Lebensstil und Wertebewusstsein auszubilden, mag sich in Hals- und Rachenbeschwerden äußern oder zeigt sich als Fett- oder Magersucht.

3. Eine gehemmte Kommunikationsfähigkeit und ein Mangel an Austausch (vor allem auch von Wissen) mit der Umwelt kann sich in Erkrankungen der Bronchien oder Lungen äußern.

4. Eine gestörte Emotionalität, mangelnde Empfindungsfähigkeit oder die Unfähigkeit zur Zärtlichkeit, das Vernachlässigen der eigenen weiblichen oder mütterlichen Anteile mag sich z.B. in Magenproblemen oder Unterleibsbeschwerden zeigen.

5. Ein zu schwaches Selbstbewusstsein, Selbstzweifel und unterdrückte Schöpferkraft manifestieren sich häufig in Herz- und Kreislaufbeschwerden oder allgemein in einer geschwächten Lebenskraft.

6. Auf eine Unfähigkeit, seine eigenen Gefühle und Bedürfnisse, wie Liebe, Zuneigung oder Zärtlichkeit, aber auch Wut, Trauer oder Enttäuschung, zu zeigen, können Verstopfung, Darmbeschwerden, Nierenleiden oder eine Seh- und Hörschwäche hinweisen.

7. Eingeschränkte Bindungs-, Partner- und Liebesfähigkeit, Kontaktarmut oder gehemmte oder nicht gelebte Erotik zeigen sich vielleicht als Blasenleiden oder als Venenschwäche.

8. Wer nicht fähig ist, einen eigenen Weg im Leben zu gehen, sich Dominanz, Erwartungsdruck oder Unterdrückung (z.b. Mobbing) ausgesetzt fühlt oder nicht fähig ist, sich zu verändern und zu transformieren, leidet womöglich an Erkrankungen der Sexualorgane. Auch zu starke Fixierung auf den Partner oder Eifersucht kann diesbezügliche Probleme schaffen.

9. Ein Mangel an geistigem Wachstum, die Unfähigkeit, sich geistig auszudrücken oder eine *eigene* Weltanschauung, Philosophie, Religion oder einen eigenen Sinn im Leben (Dharma) zu finden, zeigt sich unter Umständen in Leber- oder Hüftleiden.

10. Ein Mangel an eigenen Maßstäben und Aufrichtigkeit vor allem zu sich selbst, fehlendes ‚Rückgrat‘ oder Schuldgefühle, ein Mangel, eigene Verantwortung zu übernehmen, können zu Problemen im Bereich der Wirbelsäule oder zu Knochenleiden führen.

11. Das Gefühl der Abhängigkeit oder die Unfähigkeit, frei und selbstständig zu werden und sich zu emanzipieren, äußern sich häufig in einem geschwächten Nervensystem.

12. In einer Traumwelt leben, die Unfähigkeit, sein Bewusstsein zu erweitern oder alte Normen und Konzepte zu durchbrechen, führen zu Störungen

der innersekretorischen Drüsen und der Hypophyse oder zu Pilzerkrankungen oder Fußleiden.

Unsere Krankheiten sind nicht böse. Krankheit ist immer ein Gesundwerdungsprozess. Es ist eine Reaktion des Körpers auf ein falsches Verhalten unsererseits. Wir verhalten uns nicht im Einklang mit unserer Natur oder wir leben nicht, was in uns angelegt ist. Wir sind nicht ehrlich und echt. Die Krankheit zeigt uns den Bereich, in dem unsere Entwicklungsaufgaben liegen. Wenn ein Schwachpunkt sich somatisiert hat, bin ich der Konfrontation damit ausgewichen. Sobald wir Krankheit so verstehen, dann wird sie tatsächlich unser ‚Schicksal', unser ‚geschicktes Heil'. Sie zeigt uns, wo wir nicht heil und ganz sind, und fordert uns auf oder will uns zwingen, uns oder unser Denken, unsere Einstellung und unsere Lebensweise zu ändern.

**Wenn Sie genau wissen wollen,
wie es um Sie bestellt ist,
dann können Sie Ihren Körper fragen.
Der Körper wird Ihnen sagen, wie es Ihnen geht!**

Also hören Sie hin, was Ihr Körper Ihnen zu erzählen hat! Der Körper macht uns ehrlich und nimmt uns die Masken ab! Wir können nichts verheimlichen.

Es ist das Wesen der Psychosomatik, dass der Körper offenbart, wie die Seele sich fühlt. Bedenken Sie: Der Geist bzw. die Seele ist primär. Der Körper ist ein unschuldiger Ausdruck unserer innerseelischen Disposition. Deshalb gilt es, die Probleme im Geist zu lösen, dann verschwinden sie auch auf der körperlichen Ebene. Es sind vor allem die nicht verarbeiteten Eindrücke und Erfahrungen, die ins Unterbewusstsein abgeschoben wurden, die Aufmerksamkeit verlangen. Wenn sie kein Gehör bekommen, entstehen psychosomatische Krankheiten.

Vielleicht mag uns auch eine andere Überlegung inspirieren: Es ist viel einfacher und gesünder, ehrlich zu sein. Es ist ein falsches Konzept, dass Sie eine Rolle spielen müssen, um geliebt zu werden oder erfolgreich zu sein. Es ist viel einfacher, ohne Masken herumzulaufen, keine Rollen zu spielen und nicht zu kompensieren. Es ist viel einfacher, auf seine Gefühle und Bedürfnisse zu hören. Wenn wir anfangen, unsere Gefühle auszudrücken, verschwinden vielleicht unsere Darmbeschwerden oder Nierenleiden auch ohne ärztliche Hilfe und ohne pharmazeutische Präparate.

Unsere Natur oder uns selbst zu leben ist – wie alles in der Natur – einfach. Weil wir so sind. Alles andere ist aufgesetzt, verlangt Mühe, es aufrechtzuerhalten, und führt zu Stress und zur Erschöpfung. Es ist die Ursache vieler ‚burn-outs'. Es ist Kampf und Krampf. Wenn wir uns dagegen selbst leben und unsere Gefühle und Bedürfnisse zum Ausdruck bringen, wird es die *Leichtigkeit des Seins* in unser Leben und in unsere Partnerschaft zurückbringen. Es ist so genial: Wir dürfen so sein, wie wir sind!

Überlegen Sie:

Was will Ihnen Ihr Körper sagen?

Was *fehlt* Ihnen?

Welche Folgerungen ziehen Sie daraus?

Die Alternative:

Fragen Sie Ihren Körper, bevor das Kind in den Brunnen gefallen ist!

Fragen Sie mit Hilfe der kinesiologischen Methode, wo Ihr Mangel liegt oder was Ihnen fehlt. Sie können alle 12 Bereiche scannen und feststellen, in welchen Bereichen Ihre Probleme liegen. Es ist sogar möglich, es in genauen Prozent-Zahlen abzufragen, wie weit der jeweilige Bereich von der Natur oder den universellen Gesetzen abweicht. Damit erlaubt es eine sehr exakte Diagnose.

Wenn Sie gelernt haben, mit Ihrer inneren Intelligenz zu kommunizieren, können Sie diese Intelligenz auch beauftragen, diesen Bereich wieder in Ordnung zu bringen. Es ist der Weg der Selbstheilung, der jedem Menschen offensteht.

KAPITEL 12

Fundamente der Liebe

Gib, was Du erhalten willst

Geben ist das Herz jeder Beziehung und jeder Partnerschaft. Wenn in einer Partnerschaft jeder nur erhalten will, wird keiner etwas bekommen. *Geben ist der Weg zu bekommen.* Je mehr wir geben, desto mehr bekommen wir. Das ist der Weg der Liebe. Nur wer gibt, ist reich.

Es ist ein Gesetz, dass man geben muss, was man erhalten will. Will ich selbst glücklich sein, muss ich andere Menschen glücklich machen. Will ich in einer Partnerschaft glücklich sein, muss ich den Partner glücklich machen. Denken Sie daran: Jeder liebt nur sich selbst …

Geben und Nehmen gehören zusammen, wie zwei Seiten einer Medaille. Wenn es einem Menschen schwer fällt, in einer bestimmten Situation zu nehmen, dann deshalb, weil er das Entsprechende nicht bereit ist zu geben. Das können ganz banale alltägliche Dinge sein. Bei uns ist es üblich, dass wir Freunden oder Bekannten anbieten, bei uns zu übernachten, wenn es z. B. schon sehr spät geworden ist. Diese Einladung werden insbesondere die Gäste ablehnen, die selbst nicht gerne Gäste bei sich aufnehmen wollen. Sie wollen nicht verpflichtet sein. Sie sehen das Ganze wie ein Geschäft. Gibst Du mir, dann hast Du etwas bei mir gut, dann erwartest Du von mir eine Gegenleistung. Nehmen wird damit zur ungewünschten Verpflichtung. ***Erich Fromm*** spricht bei diesen Menschen vom „Marketingcharakter". Wir könnten auch sagen: Das feminine Prinzip ist unterentwickelt, also die Fähigkeit, ein Geschenk *anzunehmen.*

Wer von mir nichts annehmen will, wenn er es bedarf und ich es habe,
der will auch nichts geben, wenn er es hat und ich es bedarf.

GOTTHOLD EPHRAIM LESSING

Also auch *Nehmen* muss gelernt sein. Wie? Indem man zu geben lernt. Und wie lernt man zu geben? Wenn man die Erfahrung macht, wie viel Spaß und Freude damit verbunden sind. Kreative Menschen, also Menschen, die sich ihrer Schöpferkraft bewusst sind, spüren im Akt des Gebens ihr schöpferisches Potential und das ist beglückend. Geben macht diesen Menschen Freude und sie erfahren, dass durch das Geben ihr Potential sogar zunimmt, dass Geben vermehrt. Sie erfahren ihr eigenes Schöpfersein. Sie sind im Fluss. Letztlich geben auch diese Menschen, weil es ihnen selbst sehr, sehr gut tut.

Überlegen Sie sich auch den folgenden Zusammenhang:

**Sie können Ihrem Partner nur das geben,
was Sie sich selbst gönnen.**

**Was also sollten Sie sich wieder einmal leisten,
womit sollten Sie sich selbst beschenken?**

Feminines und maskulines Prinzip müssen beide voll ausgeprägt vorhanden sein. Dann ist die Balance vorhanden. Es ist keine Basis für erfüllende Partnerschaft, wenn die *eigene Erfüllung* fehlt. Ich möchte Ihnen in diesem Zusammenhang sogar zu einem ‚gesunden Egoismus' raten, denn nur, wenn es Ihnen selbst gut geht, können Sie das auch weitergeben.

Geben bedeutet also nicht, sich aufgeben oder seine Bedürfnisse zu unterdrücken. Das wäre reiner Selbstbetrug. Besonders gefährdet sind hier Mütter, die manchmal die Tendenz haben, sich für die Familie zu opfern. Das aber ist falsch verstandene Hingabe oder es geschieht vielleicht, um dadurch Anerkennung zu bekommen. Aber ohne das eigene Glücklichsein kann ich auch anderen von meinem Glück nicht abgeben und sie glücklich machen.

Der eigentliche Trick, um diesen Koan (= unauflösbarer Widerspruch im Zen) aufzulösen, ist, dass Sie Ihrem *inneren Führer* folgen. Wenn Sie auf Ihr Gewissen hören, werden Sie so handeln, dass es Sie *und* Ihren Partner glücklich macht!

Praktische Anregung:

Männer denken in Begriffen der ‚Fairness'. Eine Beziehung muss fair sein und das auch in den alltäglichen Kleinigkeiten. Mit Sicherheit haben Sie als Frau schon die Erfahrung gemacht, dass Sie Ihren Mann (aus Ihrer Sicht) um eine kleine Gefälligkeit bitten und er antwortet: Ich hab aber heute schon eingekauft, die Blumen gegossen und die Spüle repariert. Er erwartet, dass Sie das Konto wieder ausgleichen, erst dann ist er wieder an der Reihe. Das Geschäftsleben funktioniert auf diese Weise und der Mann ist dementsprechend programmiert: Der Handel muss *fair* sein.

Frauen sind auch hier anders gepolt und das hat seinen Sinn. Stellen Sie sich einfach vor, dass die Mutter mit dem Kind nach dem Prinzip der Fairness verfahren würde. Nicht auszudenken. Und so ist es auch. Die Mutter gibt einfach, ohne Gegenleistung zu erwarten. So sind die Frauen generell mehr auf bedingungsloses Geben eingestellt als Männer. Das ist ihre Natur, soweit sie noch natürlich sind. Und dementsprechend erwarten sie ein derartiges Verhalten auch von ihrem Partner.

Noch ein weiterer Punkt mag beim Geben zu bedenken sein:

Geben Sie dem anderen das, was er sich wünscht, und nicht das, was Sie für ihn wünschen oder Sie sich wünschen!

Erfüllen Sie seine Bedürfnisse, nicht Ihre eigenen!

Sehen Sie sich in diesem Zusammenhang einmal Ihre Geschenke an, die Sie machen. Versuchen Sie den anderen damit glücklich zu machen oder *nur* sich selbst?

Anregung:

Finden Sie ein Geschenk für Ihren Partner, das ihn glücklich macht und in besonderer Weise Ihre Liebe ausdrückt.

Glücklich kann sich der schätzen, den es glücklich macht, einen anderen glücklich zu machen. Dies ist die ideale Grundlage für eine Partnerschaft – persönlich wie beruflich. Dabei darf – wie immer – der andere Pol nicht vernachlässigt werden. Mein Glücklichsein darf nicht vom Glücklichsein des anderen abhängig sein! Es sollte von nichts und niemandem abhängig sein. Abhängigkeit – auch im Namen der Liebe – ist immer Unfreiheit. Liebe ist nicht möglich ohne Freiheit, denn Liebe bedeutet Freiheit.

Freiheit bedeutet auch nicht „lange Leine". Auch eine lange Leine ist eine Fessel und bedeutet Unfreiheit und bedeutet, den anderen nicht wirklich zu lieben. „Lange Leine" ist eine hinterhältige Weise der Einschränkung und Abhängigkeit.

Trauen Sie sich

Ob Sie verheiratet sind oder ohne Trauschein zusammenleben: Vertrauen Sie Ihrem Partner und vertrauen Sie sich selbst! Vertrauen ist das Größte und Schönste, was Sie geben können.

Wahrscheinlich wird Ihr Vertrauen nicht immer gewürdigt oder sogar enttäuscht werden. Aber das ist nur ein kleines Risiko im Vergleich zu dem, was Sie verlieren, wenn Sie nicht vertrauen. Dieses geringe Risiko müssen wir eingehen, wollen wir eine Partnerschaft haben, die auf gegenseitigem Vertrauen aufbaut. Das Spiel beginnt wie immer bei mir selbst. Ich bin nur für mich verantwortlich und darf nicht darauf warten, dass der andere mir sein Vertrauen schenkt; ich selbst muss damit beginnen.

Auch hier gilt das Prinzip: Innen ist außen. Wie ich zu mir selbst bin, so bin ich zu anderen. Leute, die sich selbst nicht über den Weg trauen, können auch anderen nicht vertrauen und müssen ständig andere kontrollieren. Dieses Prinzip finden Sie überall, in Firmen wie in einer Partnerschaft. *„Der Schelm denkt, wie er ist"*, sagt ein Sprichwort. Wir erwarten von anderen, wie wir selbst sind. Wenn Sie als Chef Ihren Mitarbeitern nicht trauen, dann fragen Sie sich doch einmal, warum das so ist. Die Antwort, die Sie finden, vorausgesetzt, Sie sind ehrlich zu sich, dürfte lauten: weil Sie selbst ein Schlitzohr sind und selbst gerne andere über den Tisch ziehen. Deshalb müssen Sie immer alles kontrollieren.

So ist es auch in der Partnerschaft. Wer dem Partner nicht traut, traut letztlich sich selbst nicht. Das wird auch durch einen ‚Trau-Schein' nicht besser. Ein Ehevertrag ist keine Gewähr, Garantie oder Sicherheit für Vertrauen. Oder sehen Sie dies anders? Die Millionen Fremdgänger/innen sprechen jedenfalls dagegen. Vertrauen ist also nur möglich, wenn Sie sich selbst vertrauen.

Trauen Sie sich. Ob mit (Trau-)Schein oder ohne!

Wir mögen dabei einen Ratschlag von *Konfuzius* berücksichtigen, der für alle unsere Entscheidungen im Leben gilt:

Wohin du auch gehst, geh mit Deinem ganzen Herzen!

Wenn Sie sich auf eine Partnerschaft einlassen, machen Sie es mit ganzem Herzen.

Die zwei Buchstaben zum Glück

Die Kunst der Partnerschaft beruht auf zwei Buchstaben: JA!

Sag immer JA!

Erstens: Sagen Sie ‚JA' zu sich selbst! Probleme im Leben entstehen, wenn Sie sich selbst nicht akzeptieren. Akzeptieren Sie sich mit all Ihrer Unvollkommenheit und mit all Ihren Fehlern. In dem Moment, wenn Sie Ihre Fehler annehmen und lieben lernen, lösen sie sich auf. Wenn Sie dagegen kämpfen, geben Sie ihnen Energie und sie werden gestärkt. Der Feind, den Sie innen bekämpfen, begegnet Ihnen außen.

Hören Sie auch nicht auf Leute, die immer besser wissen, was für Sie richtig ist, und Ihnen immer ein schlechtes Gewissen einreden wollen. Aber hören Sie ruhig auf Menschen, die Sie unterstützen, Ihre Eigenständigkeit zu finden und zu leben.

Zweitens: Sagen Sie ‚JA' zu Ihrem Partner, denn er ist Ihr Spiegel. Ihre Beziehung zu Ihrem Partner oder zu anderen und die Beziehung zu uns selbst sind wie die zwei Seiten einer Medaille. Sagen Sie „JA" zu sich selbst und sagen Sie „JA" zu Ihrem Partner.

Drittens: Sagen Sie immer ‚JA'! Das Wörtchen ‚JA' ist das Zauberwort einer Partnerschaft. Wenn Ihr Partner von Ihnen etwas will, tendieren wir gerne dazu, zunächst einfach einmal abzublocken. Ein ‚JA' signalisiert Offenheit. Sagen Sie ‚NEIN', wird der Wunsch Ihres Partners noch viel, viel stärker. Sie bewirken genau das Gegenteil von dem, was sie erreichen wollten. Aus einer Mücke wird so leicht ein Elefant.

Wenn Ihr Partner/in sein Wochenende mit einer, wie er/sie meint, ganz tollen Idee verplant hat und Ihnen eine Freude zu machen meint, dann kann ein „Nein" niederschmetternd sein und als Nicht-Wertschätzung interpretiert werden. Sie sollten die gute Absicht würdigen und vielleicht sagen: „tolle Idee" und „lass uns später noch mal darüber sprechen".

Wenn Ihre Partnerin wieder einmal ein Schnäppchen gemacht hat – Frauen machen ja so gerne Schnäppchen – und aus Ihrer Sicht etwas völlig Überflüssiges erstanden hat und sie sagt: *„Das hab ich doch gut gemacht?"*, dann sagen Sie um Himmels willen „JA". Die Frage war ohnehin nur rhetorisch gemeint, den Kauf können Sie nicht mehr rückgängig machen und mit einem „Nein" verderben Sie Ihrem Partner die Freude und sich nur den geruhsamen und harmonischen Abend. Wenn Sie beide reif genug dazu sind, können Sie sich auch die ehrliche Meinung sagen. Aber sagen Sie es auf liebe und anhebende Weise.

Viertens: Sagen Sie „JA" zum Leben. Leben ist permanente Veränderung und Wandel. Leben ist Entwicklung und Fortschritt. Entwicklung meint, dass wir ‚ent-wickeln', was in uns angelegt ist. In diesem Sinne ist es kein Lernprozess, sondern die Entfaltung von etwas, das bereits in uns angelegt und vorhanden ist. Lassen wir diese Entwicklung in uns oder in unserem Partner nicht zu, werden wir oder er/sie unglücklich sein, denn Wachstum ist die Natur des Lebens. Wenn wir dieses Wachstum behindern, wird der gehemmte oder eingeengte Partner versuchen, sich aus dieser Fessel zu befreien. Macht er dies nicht und passt er sich an, verdrängt oder sublimiert er, so wird er wahrscheinlich krank – psychisch und physisch.

> „Alles ist immer im Fluss", hat der griechische Philosoph Heraklit gesagt. „Ja-Sagen" ist die Zustimmung zu diesem Fließen der Natur. „Ja-Sagen" zu sich selbst, „Ja-Sagen" zur Absicht der Natur, „Ja-Sagen" zum Willen Gottes. Das ist das Geheimnis eines erfüllten und erfüllenden Lebens.

Lassen Sie los – und Sie bekommen, was Sie wollen

‚Ja-Sagen' bedeutet *loslassen* und völlig im Jetzt sein. Beobachten Sie einmal Ihre Partnerschaft, wo und in welchen Situationen Sie nicht loslassen können. Oder können Sie grundsätzlich nicht loslassen, wenn ein Vorschlag von Ihrem Partner kommt?

Es ist nicht nur eine Frage des ‚guten Willens', ob wir loslassen können oder nicht. Es ist eine Frage der geistigen Flexibilität und eine Frage des Selbstvertrauens – das Vertrauen in sich selbst und in die Natur.

Schauen Sie sich einmal eine beliebige Situation an. Sie haben geplant, sich mit Ihrem FreundIn zu treffen. Sie wollten mit ihm/ihr allein sein, um mal bestimmte Dinge mit ihm/ihr zu besprechen. Unangemeldet kommt ein Freund dazu und Ihre Pläne werden über den Haufen geworfen. Sie geben Ihrem Partner die Schuld oder der Person, die sich in Ihre Pläne hineingedrängt hat, ohne zu überlegen, dass Sie heute auch stören könnte, zumal Sie auch diesbezüglich nichts sagen.

Sie versauen sich den ganzen Morgen (und Ihren Geist und Körper), weil Sie über den Menschen giften, der Ihnen Ihre Pläne über den Haufen wirft. Auch beim späteren Zusammensein, das an und für sich sehr angenehm und freudvoll sein könnte, können Sie die Situation nicht wirklich genießen, weil Sie nicht loslassen können. Im Zweifelsfalle bekommt der Partner Ihren Unmut ab. Und weil er nur ausgleichen und beschwichtigen will, bekommt er auch noch das bekannte Argument: *„Du hältst nicht zu mir."*

Aufgabe:

> Beobachten Sie einmal Ihre Partnerschaft, wo und in welchen Situationen Sie nicht loslassen können.

Oder können Sie grundsätzlich nicht loslassen, wenn ein Vorschlag von Ihrem Partner kommt?

Überlegen Sie, wie Sie das ändern können.

Vorschlag:

Schauen Sie sich Ihre ablehnende Haltung bewusst an. Fühlen Sie hin, ob Ihr Verhalten nicht kindisch ist. Ist es die Situation, die Sie ablehnen, oder ist es die Tatsache, dass Sie nicht *Recht bekommen*? (Egoproblem)

Schauen Sie die angebotene Möglichkeit genau an und finden Sie heraus, welche neue Möglichkeiten für Sie darin enthalten sind.

Loslassen ist das Geheimnis der Wunscherfüllung. Sie kennen alle diese oder eine ähnliche Erfahrung: Ihre Frau will abends unbedingt in ein Konzert gehen. Sie aber haben absolut keine Lust. Sie opponieren innerlich. Und je mehr Sie sich entgegenstellen, desto stärker scheint der Wunsch Ihrer Partnerin zu werden. Nun kommt der Zauber.

Irgendwie lassen Sie los. *„Gut, wenn sie es so gerne möchte, dann tu ich ihr den Gefallen."* Und es gelingt Ihnen sogar, sich auf das Ereignis zu freuen. In dieser Stimmung kommen Sie zu Ihrem Partner: *„Schatz, ok, lass uns gehen."* Und zur Ihrer Überraschung kommt die Antwort: *„Ach, ich hab es mir anders überlegt, heut ist es vielleicht doch nicht so ideal. Lass uns ein andermal gehen."* Das Zauberkunststück ist gelungen. Aber es funktioniert nur, wenn Sie tatsächlich loslassen. Wenn Sie nur so ‚tun als ob', wird es nicht geschehen.

> *Man hatte vor tausend Dingen Angst,*
> *vor Schmerzen...*
> *vor dem eigenen Herzen,*
> *man hatte Angst vor dem Schlaf,*
> *Angst vor dem Erwachen,*
> *vor dem Alleinsein...*
> *vor dem Tode – namentlich vor ihm, dem Tode.*
> *Aber all das waren nur Masken und Verkleidungen.*

In Wirklichkeit gab es nur eines,
vor dem man Angst hatte:
das Sich-fallen-Lassen,
den Schritt in das Ungewisse hinaus,
den kleinen Schritt hinweg, über all die Versicherungen, die es gab.
Und wer sich einmal,
ein einziges Mal hingegeben hatte,
nur einmal das große Vertrauen geübt
und sich dem Schicksal anvertraut hatte,
der war befreit.
Er gehorchte nicht mehr den Erdgesetzen,
er war in den Weltraum gefallen
und schwang im Reigen der Gestirne mit.

HERMANN HESSE

Das ,Sich-fallen-Lassen', dieses ,Sichhingeben' und ,Vertrauen' ist das Geheimnis des Lebens. Es ist die Zauberformel, um ein angstfreies Leben zu führen. Es ist die Zauberformel, um im Fluss der Natur zu sein und mit dem Willen Gottes zu schwingen. Es ist die Zauberformel für ein glückliches und erfülltes Leben. Und ... es ist die Zauberformel für eine zauberhafte Beziehung. Es ist die Formel, welche die verwunschene Kröte entzaubert und den Prinzen hervortreten lässt.

Wenn Du von jeder Situation das meiste haben willst,
musst Du Dich ihr völlig ausliefern.

BHAKTI-SUTRAS

Dieser Satz aus dem Yoga der Hingabe (Bhakti = Hingabe), ist ein Erfolgsrezept für alle Bereiche des Lebens. Es ist eine universelle Wahrheit und Erfahrung. Alles das, was wir mit voller Hingabe und mit ganzem Herzen tun, schafft den Boden, auf dem Großes entstehen und wachsen kann. Es ist das Erfolgsrezept von großen Sportlern, von Wissenschaftlern oder Unternehmern. Und es ist das Erfolgsprinzip für eine erfüllende Partnerschaft oder Ehe.

Alexander der Große hat bei der Eroberung Kleinasiens sich die Möglichkeit des Rückzugs selbst versperrt, indem er die eigene Flotte vernichten ließ. Wir dagegen lassen uns gerne das eine oder andere Hintertürchen offen. Wenn's mit dem einen Partner nicht klappen sollte …, er ist ja nur unser ‚Lebensabschnittspartner‘. Die volle Hingabe schließt die Gefahr des Enttäuscht- und Verletztwerdens mit ein. Und davor haben wir Angst.

Hingabe wird häufig missverstanden. Hingabe bedeutet nicht, mit allem und jedem einverstanden zu sein, es bedeutet nicht, alles und jedes widerspruchslos zu akzeptieren. Hingabe bedeutet Auseinandersetzung … mit dem anderen, mit seinen Ansichten, seinem Anderssein … und auch mit dem, was man ablehnt.

Wer nur oberflächliche Harmonie sucht und aus Angst, diese zu stören, die Auseinandersetzung scheut, verhält sich alles andere als hingebungsvoll. Hingabe bedeutet *sich voll einbringen*. Es ist auch ein Zeichen der Anerkennung und Wertschätzung des Partners, wenn ich mich mit ihm und seinen Ansichten, Meinungen und Überzeugungen auseinandersetze. Wenn wir an anderer Stelle davon gesprochen haben, dass Liebe bedeutet, den Widerstand aufzugeben, so meint das keinesfalls, alles und jedes zu akzeptieren. In diesem Falle würde es bedeuten, offen zu sein, den anderen Standpunkt zu betrachten oder vom anderen Standpunkt zu schauen und den eigenen Standpunkt dem reinigenden Feuer der Auseinandersetzung zu übergeben. Wenn Sie einen wachen Partner haben, so wird er es sehr schnell als einen Mangel an Liebe interpretieren, wenn er sich nicht an Ihnen reiben und entwickeln kann!

Hingabe ist eine Form, Verantwortung zu übernehmen. Eigenverantwortung ist ein Grundthema dieses Buches, weil es das Grundthema des Lebens ist. Unser Ego fürchtet sich davor, wirklich die Verantwortung zu übernehmen, und sucht immer eine Möglichkeit, einen Schuldigen zu finden, wenn es mal nicht klappen sollte. Zumindest wollen wir einen möglichen Schuldigen als Schlupfloch aus der Verantwortung in der Hinterhand haben. Wenn wir in Seminaren oder Coachings über das ‚Prinzip der Eigenverantwortung‘ sprechen, so findet dies in der Regel uneingeschränkte Zustimmung, bis … wir dieses Prinzip konkret auf die Situation des Betreffenden anwenden; dann kommt nämlich das große ABER, denn dann oder gerade in diesem speziellen Fall sind doch wieder die anderen schuld, oder die Umstände, die Sachzwänge oder die Sterne. Für unser Ego ist es schwer, Verantwortung für eigene Fehler oder unsere ungeliebten Schattenprojektionen zu übernehmen. Da braucht es schon eine gute Portion Selbstbewusstsein.

Formel für eine erfüllende Partnerschaft:

> Wenn Du von einer Partnerschaft das meiste bekommen willst,
> musst Du Dich voll *hingeben*.
>
> Wenn Du von einer Partnerschaft das meiste bekommen willst,
> musst Du Dich voll *ausliefern*.

Fragen Sie sich:

Wo halten Sie sich Ihr Hintertürchen offen?
Wo weichen Sie einer fruchtbaren Auseinandersetzung aus?

Sagen Sie danke

In meinen Management-Seminaren versuche ich gestandenen Managern den Gedanken näherzubringen, dass Sie wieder anfangen, ‚Danke' zu sagen. Wenn ich morgens aufstehe und ‚Danke' sage, weil ich gut geschlafen habe und gesund bin, so lenke ich die Aufmerksamkeit auf mein Wohlbefinden und ich werde mich gleich noch besser fühlen.

Probierens Sie es einfach aus!

Überlegen Sie sich:

> Wofür kann ich „Danke" sagen?

Und überlegen Sie sich:

> Wofür kann ich meinem Partner „Danke" sagen?

Schreiben Sie es nieder! Schreiben Sie einen Liebesbrief! Sie werden sehen, es tut Ihnen beiden und Ihrer Beziehung gut!

KAPITEL 13

Vom Erwachsenwerden

Selbstständig werden heißt unabhängig sein von anderen. Selbstständig werden bedeutet, seine Rollenspiele aufzugeben und seine Masken abzusetzen. Selbstständig werden bedeutet, unabhängig sein von der Anerkennung und Wertschätzung anderer. Aber wer kann das schon?, werden Sie vielleicht einwenden. Das ist richtig: Wer kann das schon? Trotzdem ist es ein Zeichen der Unfreiheit, wenn wir unser Denken und Handeln danach ausrichten, ob wir für etwas Anerkennung bekommen oder nicht.

Erwachsen werden bedeutet, auf sich selbst zu hören und nur seinem eigenen Gewissen zu folgen; in sich ‚reinzuhorchen' und ‚sich selbst zu gehorchen'. Das und nichts anderes bedeutet Selbstständigkeit. Sie sind nur sich selbst verpflichtet, keinem anderen! Das ist der Kern der Selbstverantwortung. Das ist der Kern eines selbstbestimmten Lebens. Jedesmal, wenn Sie mit den Lippen „JA" sagen, wenn Sie tief innen „NEIN" meinen, ist es eine Entscheidung gegen Sie selbst, gegen die Natur und gegen das Leben. Wenn Sie wollen, können Sie es auch eine Entscheidung gegen den Willen Gottes nennen.

Wir dürfen unsere Verantwortung niemals an eine äußere Autorität delegieren, sei es an einen Partner, einen Arzt, die Politiker oder einen Guru. Es gibt nur eine *Verantwortung*, die Selbstverantwortung.

Lassen Sie sich von nichts und niemandem entmündigen.

Überprüfen Sie immer, ob eine Meinung, ein Standpunkt oder eine Sichtweise in Übereinstimmung mit der Wahrheit ist. Der Maßstab ist in Ihnen. Sie können als Hilfe auch Ihren Körper bzw. Ihr autonomes Nervensystem fragen.

Anregung:

~~~~~~

Sagen Sie von jetzt an „JA" zu sich selbst und „NEIN" zu allem, was Sie nicht wirklich wollen.

~~~~~~

Erwachsen werden bedeutet auch, seine kindliche Unschuld bewusst wiederzugewinnen. Kinder sind (weitgehend) frei von Angst und Zwängen. Sie sind nicht so sehr in den Klauen des Verstandes und seiner Rationalisierungen, die uns wie Sklaven den unter- oder unbewussten Programmen und Konditionierungen folgen lassen.

Den Intellekt haben wir – aus vedischer Sicht – als die Quelle aller Probleme ausgemacht. Es ist die Natur unseres Intellektes, dass er immer urteilen und verurteilen muss. Er muss immer alles analysieren, alles immer in einen Schubkasten stecken und muss für jedes und alles Erklärungen finden können. Er ist nur zufrieden, wenn er eine Situation, eine Sache oder einen Zusammenhang mit einem Namen belegen kann. Nur dann ist er zufrieden. Wenn das „Kind einen Namen hat", meint er es verstanden zu haben. Es gibt ihm die scheinbare Sicherheit, dass die Welt erfassbar und handhabbar ist. Eine trügerische Sicherheit. Die Veden würden es als ‚Maya' bezeichnen: ein Trugbild.

Wir können den anderen nicht voll verstehen, zumindest nicht mit unserem Verstand; dazu ist die Welt oder der andere viel zu komplex. Niemals werden wir fähig sein, alle Gründe einer Beziehung zu analysieren und unseren Partner voll zu verstehen, jedenfalls nicht mit unserem Intellekt. Mit dem Intellekt versuchen wir den anderen zu analysieren, und dann beurteilen wir (und häufig verurteilen wir) ihn und – dann wird's erst richtig schlimm – wollen wir den anderen nach unseren Vorstellungen ändern.

Wenn wir einen anderen Menschen ändern wollen, so will in unserem derzeitigen Bewusstseinszustand eigentlich nur *ein Programm ein anderes Programm ändern.* Das heißt, wir denken, dass unser Programm das richtige ist und wir ‚recht haben‘. Wir vergessen, dass unsere Sicht eben auch nur eine mögliche Sichtweise darstellt, die durch vergangene Erfahrungen, Geburts- oder frühkindliche Traumata, durch Familientraditionen, Erziehung, Kultur oder Religion geprägt ist. All diese Konditionierungen nehmen uns in Besitz und lassen uns handeln – wie Marionetten.

Es sind die nicht verarbeiteten Eindrücke und Erfahrungen, die ins Unterbewusstsein abgeschoben werden und den Filter für alle neuen Erfahrungen bilden und unser Verhalten lenken. Der Intellekt – auf den wir vor allem im Westen so stolz sind – findet die passenden Erklärungen dafür.

Verurteile nicht

Erwachsen werden bedeutet, diesen Zusammenhang zu erkennen und diese Tatsache anzuerkennen. Erwachsen werden bedeutet, nicht zu urteilen oder zu verurteilen, sondern die Dinge einfach zu ‚erfahren‘ – ohne zu verurteilen.

Erwachsen werden bedeutet deshalb vor allem, frei zu werden von den begrenzenden Konditionierungen, Glaubenssätzen und Mustern. Dann haben wir die Meisterschaft über unser Leben wiedergewonnen und nur dann sind wir fähig, dem anderen vorurteilsfrei zu begegnen. Ganz egal, was der Anlass ist, wir müssen den anderen nur ‚erfahren‘ und nicht urteilen und kritisieren. Wenn man die andere Person *einfach* erfährt, wird man genau wissen oder fühlen, wie man reagieren muss.

Bewerten ist gegen die Liebe. Warum den anderen nicht einfach so nehmen, wie er ist? Statt dessen sind wir permanent am Werten und Bewerten. Natürlich steht alles immer mit allem im Wettbewerb. Eine Rose steht im Wettbewerb mit allen anderen Rosen. Die Rose wieder mit der Nelke, der Tulpe, der Orchidee und all den anderen Blumen. Warum sich aber den Genuss einer Rose verderben, weil es noch andere schöne Rosen geben mag, wie es etwa dem *kleinen Prinzen* ergeht?

Es gelingt mir selbst nur ganz selten, nicht zu bewerten. Das sind *die* Momente des Glücks, das sind *die* Augenblicke, in denen alles in Ordnung ist. Es sind Sekunden, die man tatsächlich festhalten und in denen man „verweilen" möchte, aber ... gerade dadurch vertreibt.

Stephan von Petersdorff-Campen hat mir vor Jahren ein wunderschönes Gedicht geschenkt, in dem die Anfangszeilen lauten:

> *Du fragst mich, was ist Glück?*
> *Glück ist der Augenblick*
> *In dem man vergisst*
> *Und nichts an nichts mehr misst ...*

Wenn wir unseren Partner so uneingeschränkt akzeptieren könnten? Wäre das nicht Liebe?! Wir – Sabine und ich – arbeiten täglich daran.

Denn sonst begegnen wir unserem Partner immer mit unseren Erwartungen, Maßstäben und Bewertungen und beschränken damit uns selbst und den anderen. Wir sind nie in der Lage, unser Gegenüber *offen* und *unschuldig* zu erfahren.

Haben Sie sich schon einmal gefragt, warum wir uns in der Natur so wohl fühlen? Warum sie uns wieder in unser Gleichgewicht bringt? Natürlich sind es die Ruhe, das Fließen, die schönen Sinneseindrücke, aber es hat noch einen weiteren und viel tieferen Grund: die Natur wertet nicht! Deshalb fühlen wir uns in der Natur so wohl, weil sie *nicht bewertet* und uns annimmt, wie wir sind.

In der Meditation können wir eine ähnliche Erfahrungen machen, denn Meditation ist in ihrem Wesen ‚nicht bewertend zuschauen', ‚loslassen' oder ‚geschehen lassen', aber als sehr wacher Prozess.

Wir sind immer sehr schnell, wenn wir andere Menschen oder Partnerschaften beurteilen. Dabei legen wir *unsere* Maßstäbe an ein *anderes* Leben an. Warum aber gerade die zwei Personen zusammengefunden haben und warum sie sich jetzt trennen, ist von außen kaum zu erkennen.

Eine Patentlösung, die für alle Partnerschaften gültig ist, gibt es nicht. Jede Beziehung ist völlig einzigartig. Zwei einzigartige Universen begegnen sich und stehen in Wechselwirkung. Jede Beziehung ergibt eine einmalige Konstellation, wie es sie in dieser Schöpfung nie mehr geben wird. In jeder Beziehung sind ganz bestimmte Dinge aufzuarbeiten, zu integrieren und zu lernen oder einfach zu erfahren. Es ist Unsinn, zu vergleichen!

Vergleichen würde bedeuten, sich an der Lebensaufgabe eines anderen zu messen oder den anderen an unserer Lebensaufgabe zu messen. Was die anderen tun, meinen und für richtig halten, ist ihre Sache. Wir dagegen sind für uns verantwortlich und sollten uns nie und nimmer nach den Meinungen anderer richten!

Nicht zu vergleichen bedeutet, andere für ihr Leben und ihr Lebenskonzept nicht zu verurteilen. Ein „Ur-Teil" sieht niemals die ganze Wahrheit; es ist immer nur eine Teilsicht, ein Ausschnitt aus der komplexen Ganzheit des Lebens. Wir werden nie wirklich wissen können, warum diese oder jene Person gerade diese oder jene Erfahrung sucht. Urteilen bedeutet, unsere Sicht der Dinge, unsere Programme und Konzepte auf andere zu übertragen. Es bedeutet vor allem auch, seine eigenen Ängste auf andere zu projizieren. Wahrscheinlich haben auch Sie es schon erlebt, dass gerade diejenigen Menschen Trennungen und Scheidungen am schärfsten kritisieren und verurteilen, die selbst eine starke Tendenz zur Trennung in sich tragen. Sie haben Angst vor sich selbst bzw. ihrem eigenen Schatten. Sie verurteilen andere, weil sie sich unbewusst schuldig fühlen, und verurteilen so sich selbst. Wir kennen ja das Prinzip: Sie bekämpfen im Außen, was in ihnen selbst schlummert.

Lebendige Beziehung

- Lebendigkeit in einer Beziehung bedeutet Austausch, bedeutet Auseinandersetzung, bedeutet Grenzen zu erweitern und neue Möglichkeiten zu erforschen.
- Lebendigkeit bedeutet, sich den Herausforderungen des Lebens zu stellen.
- Lebendigkeit ist volle Präsenz. Lebendigkeit bedeutet wache Wahrnehmung.
- Lebendigkeit bedeutet, in der Gegenwart zu sein und *diesen* Augenblick zu genießen. Lebendigkeit ist im Fluss sein und bedeutet permanente Veränderung.

- Lebendigkeit bedeutet, offen zu sein und seinen Schutzpanzer abzulegen – mit dem Risiko, verletzbar zu sein.
- Lebendigkeit bedeutet, die Kontrolle aufzugeben.
- Lebendigkeit bedeutet authentische Gefühle und Emotionen.
- Lebendigkeit bedeutet, seine Gefühle zu offenbaren und mitzuteilen.
- Lebendigkeit bedeutet, sich voll auf den anderen einzulassen.
- Lebendigkeit bedeutet, über die erhabene Schönheit der Schöpfung auch im kleinsten Körnchen staunen zu können.
- Lebendigkeit bedeutet erwachsen zu sein und sich seine kindliche Unschuld und Spontaneität zu bewahren.
- Lebendigkeit ist uneingeschränktes Vertrauen in sich selbst.
- Lebendigkeit ist die Freiheit für alle Möglichkeiten des Lebens anstelle von Gewohnheit und Wiederholung.
- Lebendigkeit ist multidimensional.

Langeweile ist das Ergebnis, wenn die Lebendigkeit gestorben ist, und Langeweile ist der Tod einer lebendigen Beziehung. In einer Beziehung kann sie viele Gründe haben. Sehr wesentliche Ursachen sind,

- *wenn die Beziehung nicht zum Wachstum der Partner beiträgt...*
  Wachstum ist die Natur des Lebens, und wenn ein Mensch das Gefühl hat, in einer Partnerschaft nicht wachsen zu können, wird er nicht glücklich sein. Er muss sich der Tatsache gar nicht bewusst sein, aber unsere innere Intelligenz sorgt für Unzufriedenheit, damit wir aktiv werden und etwas ändern. Wir sind verstimmt, weil etwas nicht mehr stimmt. Jede Stagnation in der Entwicklung bedeutet einen Rückschritt. Das aber lässt die Kraft der Evolution nicht zu.

Anregung:

Können Sie sagen, dass Ihre Beziehung Ihr eigenes Wachstum gefördert hat? Wenn „Nein", was wollen Sie ändern?

- *wenn sie den Austausch mit anderen einschränkt ...*
  Eine Einengung, in welcher Hinsicht auch immer, wird dazu führen, dass man versucht diese Fessel abzustreifen. Es ist gegen die Natur unseres

Geistes, der immer und überall Freiheit und Unbegrenztheit sucht. Der Austausch des Partners mit anderen nimmt mir nichts weg, sondern kann die Beziehung sehr bereichern und viele Anregungen und Lebendigkeit in Ihre Beziehung bringen.

Anregung:

Überlegen Sie, welche Freunde Sie schon lange nicht mehr besucht haben, weil Sie keine Zeit hatten ... vielleicht aus Bequemlichkeit ...

Überlegen Sie, welche Verbindungen Sie seit Ihrem Zusammensein vernachlässigt haben!

Überlegen Sie, welche Freunde oder Bekannte Sie gerne wieder einmal sehen würden! Und tun Sie es! Allein oder mit Ihrem Partner.

- *wenn die gedanklichen und emotionalen Anregungen fehlen ...*
Viele Menschen sind zwar physisch überernährt, aber emotional ausgehungert. Gedanklicher und verbaler Austausch von Gefühlen zwischen Ehepartnern ist sehr wichtig. Vor allem Frauen brauchen diese Kommunikation. Während Männer sich zum Lösen ihrer Probleme in ihre Höhle zurückziehen, benötigen Frauen sehr stark den Austausch. Sie müssen über ihre Gefühle und ihre Befindlichkeit sprechen, denn in diesem Prozess kommen sie zur Klärung ihrer Situation. Das Miteinander-Sprechen gibt uns einen Einblick in die Denk-, Vorstellungs-, und Gefühlswelt des anderen. Es ist eine gegenseitige Bereicherung und macht uns die Bedürfnisse und Wünsche des anderen klar und schafft dadurch Nähe. Wie sollen sich Partner auch verstehen oder gegenseitig ihre Bedürfnisse erfüllen, wenn sie sich gegenseitig nicht kennen?
Regelmäßige Feedbacks sind nötig in einer Partnerschaft, damit sie überhaupt erfahren, was der andere denkt und welche Bedürfnisse und Wünsche er hat.
Scheuen Sie sich auch nicht, über Ihre tiefen Sehnsüchte oder auch über Ihre Ängste zu sprechen. Für Männer kann es sehr befreiend wirken, wenn sie über ihre Gefühle oder auch Ängste sprechen. Es hilft auch, die Frau in sich zum Ausdruck zu bringen.

Anregung:

> Geben Sie sich regelmäßig Feedbacks über Ihre Partnerschaft!
>
> Nehmen Sie sich wieder einmal Zeit füreinander. Geben Sie Ihrem Partner die Möglichkeit, über seine Gedanken und Vorstellungen zu sprechen. Dann tauschen Sie die Rolle und sprechen Sie über Ihre Bedürfnisse und Sehnsüchte.
>
> Versuchen Sie, sich gegenseitig nicht zu unterbrechen!
>
> Sprechen Sie mit Ihrem Partner über alles, was Sie bedrückt, über Ihre Ängste und alles, was Sie bisher dem anderen nicht zu sagen wagten.

Die Frau sollte ihrerseits auch mehr Verständnis haben, wenn der Mann sich in seine Höhle zurückzieht. Es ist kein Zeichen, dass er Sie nicht liebt, sondern, dass er seine Probleme allein verarbeiten will. Er möchte Sie vielleicht auch nicht mit seinen Problemen belasten und Ihnen Sorgen bereiten. Andrerseits können es auch alte Konditionierungen, verborgene Ängste oder die Unfähigkeit sein, seine Gefühle zu zeigen, die ihn hindern, offen über seine Probleme zu sprechen.

Wenn Spannungen und Konflikte nicht ausgesprochen und unter den Teppich gekehrt werden, führt dies zu immer mehr Spannungen, die sich irgendwann entladen werden.

- *wenn der Alltag und Routine uns gefangen nehmen ...*

Unsere liebsten Menschen behandeln wir oft erstaunlich schlecht. Was unternehmen wir nicht alles, um bei unseren Freundinnen und Freunden gut anzukommen. Wenn wir ausgehen, ‚brezeln' wir uns auf. Wir wollen attraktiv und begehrenswert aussehen. Es wird geschminkt, die Frisur gestylt, das schickste Kleid angezogen ... und zu Hause? Wir möchten die Details nicht zu weit ausführen, wie „Sie und „Er" sich da geben. Wer kennt nicht die Männer, die nur noch im Trainingsanzug vorm Fernseher rumhängen.

Routine kann mörderisch sein. Sie tötet auf Dauer alles. Das gilt auch für das Sexualleben.

Der Partner darf nie zur Gewohnheit werden.

Anregung:

Seien Sie offen für Veränderungen. Leben ist Veränderung. Also leben Sie wieder! Fordern Sie das Leben und den Partner heraus. Sprengen Sie gegenseitig Ihre Grenzen!

Stellen Sie sich die Frage:

Was können Sie tun, um Ihre Beziehung wieder lebendiger zu machen?

Denken Sie dabei an die Tage Ihrer Verliebtheit. Das sollten Sie nicht zu wiederholen versuchen, aber fühlen Sie trotzdem einmal hin, was diese Zeit so einzigartig gemacht hat. Sie waren etwas verrückt, Sie sind vielleicht aus der Normalität, aus den Regeln und den eigenen Konditionierungen ausgebrochen. Was haben Sie alles veranstaltet, um das Herz des Liebsten oder der Liebsten zu gewinnen?
Sie waren ganz beim anderen. Haben jeden Aspekt und jeden Augenblick genossen. Alles war immer neu. Sie haben sich Zeit füreinander genommen, und die Zeit war in gewissen Augenblicken Ewigkeit. Sie haben Ihre ganze Aufmerksamkeit geschenkt – und bekommen. Wollen Sie das nicht neu erschaffen?

Überprüfen Sie Ihre Lebendigkeit:

1. Was ist die Ursache Ihrer Langeweile?

   ....

   ....

2. Fördert Ihre Partnerschaft Ihr Wachstum?

   ....

   ....

238

3. Nehmen Sie sich genug Zeit füreinander?

....

....

4. Tauschen Sie sich genügend aus? Reden Sie miteinander?

....

....

5. Ist der Austausch mit anderen (Freunden, Bekannten) eingeschränkt? Warum?

....

....

6. Fehlen die geistigen oder emotionalen Anregungen?

....

....

7. Geben Sie sich regelmäßig Feedbacks?

....

....

8. Sprechen Sie mit Ihrem Partner über Ihre Visionen, Pläne, Sehnsüchte …?

....

....

9. Sind Sie offen für Neues bzw. Veränderungen?

....

....

10. Was werden Sie tun, um Ihre Beziehung wieder lebendiger zu machen?

....

....

Fordern Sie Ihren Partner heraus!

Wir wollen gerne Sicherheit. Auch wenn es die Sicherheit eines Gefängnisses ist. Leben aber ist Risiko, Leben ist Veränderung. Leben kennt keine Begrenzung. Starre Konzepte, Programme und Glaubenssätze sind gegen das Leben. Viele Menschen sind schon in jungen Jahren vergreist. Wahrscheinlich hat *Jesus* dies gemeint, als er gesagt hat: „*Lasst die Toten die Toten begraben.*" Liebe lässt sich nicht absichern. Sie können sich nicht versichern, dass Ihr Partner Sie in einem Jahr noch liebt, und Sie können es auch Ihrem Partner nicht versprechen. Sie können ihm versprechen, dass Sie für ihn da sind, sich um ihn kümmern, für ihn sorgen … das ja, aber können Sie wissen, ob Sie ihn noch lieben? Leben geschieht nach seinen eigenen Gesetzen und nicht nach unserem Plan. Leben ist ständige Veränderung, ist ständiger Fluss, ist Unsicherheit und Risiko. Leben ist spontan, Sicherheit ist wie Leben aus der Konserve.

Das einzig Sichere im Leben ist die Veränderung.

Leben ist Veränderung. Und solange sie die Veränderung annehmen und sich in die Unsicherheit begeben, so lange leben sie und so lange lieben sie. Leben bedeutet Neues zu entdecken und neue Horizonte zu erobern. Solange sie dies tun, sind sie jung! Wenn Sie es zusammen tun, haben Sie die größtmögliche Sicherheit, dass Ihre Beziehung dauerhaft und dauerhaft lebendig sein wird!

Sicherheit erhalten Sie auch nicht von Ihrem Partner, egal, wie oft er auf die Frage: „*Liebst Du mich eigentlich noch?*" mit einem „*Natürlich, Schatz*" antwortet. Wir suchen Sicherheit im andern, weil wir sie nicht in uns spüren. Fragen Sie doch zur Abwechslung mal Ihre Seele, ob sie Ihnen Sicherheit geben kann?!?

Liebe geschieht nicht in der Zukunft, sondern im Jetzt. Immer wenn wir ganz im Augenblick sind, fühlen wir Einheit. Es sind Momente des Glücks, die wir überall – in der Natur oder in der Umarmung unseres Partners – erleben können. Alles ist in diesen Momenten in Ordnung, alles wird akzeptiert, so wie es ist. Wir sind nicht mehr die Gefangenen unserer Wünsche und Erwartungen, die alle auf eine nahe oder ferne Zukunft zielen. Liebe kennt keine Bedingungen: „Wenn ich den Mann heirate, dann bin ich glücklich", „wenn ich das Haus gebaut habe", „wenn ich den Job bekomme" … Im Augenblick der Liebe verschwinden alle Bedingungen. Liebe braucht kein „Weil" und ist von nichts abhängig. Das ist Freiheit. Liebe braucht auch den anderen nicht. Liebe zum anderen ist erst vorhanden, wenn ich ihn nicht brauche. Ein Paradox! Erst dann kann ich den Partner voll genießen.

Meine Partnerin hat mir häufig gesagt: *„Du bist immer auf der Suche nach etwas"*. Das ist genau der Punkt. Wir suchen immer etwas in der Zukunft und versäumen so den Augenblick. In den wirklich glücklichen Momenten habe ich erfahren, dass wir nichts suchen müssen, sondern nur den Augenblick akzeptieren müssen. Das heißt, uns dem Leben in all seinen Herausforderungen, seinen Möglichkeiten, seinen Risiken und Unsicherheiten zu stellen; das bedeutet, uns mit all unseren unerlösten Begrenzungen, Ängsten, Schuldgefühlen etc. auseinanderzusetzen. Die Liebe kommt ohnehin, wenn wir es nicht erwarten.

Gerade spirituelle Sucher sind hier besonders gefährdet, weil sie die „böse Realität" vermeiden wollen und sich in ihrem Kopf eine utopische Zukunft gebastelt haben. Und weil sie meinen, immer etwas tun zu müssen, damit Liebe in ihr Leben treten kann.

Ich muss nicht meditieren, bestimmte Rituale ausführen oder mich in den Himalaya zurückziehen, um Liebe zu erfahren, denn Liebe kennt keine Bedingungen. Das spricht nicht gegen Meditation, Yoga oder andere Übungen, wie wir an früherer Stelle ausgeführt haben. Denn richtig verstandene Meditation ist das „Nicht-Tun tun", und das ist absichtslos. In diesem Zustand des völligen Loslassens, des völligen Im-Augenblick-Seins kann Liebe geschehen. Aber das kann immer geschehen, wenn ich ganz bei dem bin, was ich gerade tue. Jeder Augenblick kann und sollte Meditation sein.

Vergessen Sie auch nicht das lebensspendende Wasser des Humors. Wenn man Menschen fragt, was sie sich von ihrem Partner wünschen, so steht Humor und dass man miteinander lachen kann, ganz oben in der Wunschliste. Das Wort Humor leitet sich aus dem lateinischen „humus" ab und bedeutet „Feuchtigkeit". Menschen ohne Humor sind vertrocknet und es fehlen das Fließen und die Leichtigkeit des Seins.

Die Rückkehr ins Paradies

Im Märchen von Dornröschen wird die Ursache aller Probleme der Menschheit – und besonders unserer Zeit – dargestellt. Als Dornröschen in die Pubertät kommt, erwacht ihr Intellekt. Neugierig versucht es die Welt zu erforschen. Hat es bisher ihre Welt intuitiv erfahren, steigt sie jetzt ins „Oberstübchen", wo die alte Frau am Spinnrad sitzt und spinnt. Dornröschen fängt an zu „denken". Symbolisch steht dafür das „Spinnrad" und die „Spindel" mit den zwei spitzen Enden. „Spinnen" gilt seit jeher als Bild für „Gedanken haben". Wir sagen „eine Geschichte spinnen" oder „spintisieren". Sicher haben auch Sie schon manchmal die Redewendung gebraucht: „Ich hab den Faden verloren". Als die Königstochter zur Spindel greift und sich in den Finger sticht, beginnt bewusstes Denken – und ... sie selbst und alles um sie herum fällt in tiefen Schlaf.

Das ist die Situation, die wohl *Gustav Meyerink* vor seinem geistigen Auge hatte, als er sagte: *„Wenn die Menschen aufstehen von ihren Lagerstätten, so wähnen sie, sie hätten den Schlaf abgeschüttelt und wissen nicht, dass sie ihren Sinnen zum Opfer fallen und die Beute eines neuen, viel tieferen Schlafes werden, als der war, dem sie soeben entronnen sind."*

Der Verstand, unser logisch-analytisches Denkvermögen, wird hier mit dem Schlafzustand verglichen. Ist der Mensch nicht voll wach, das heißt eingetrübt oder besetzt von falschen Konditionierungen, Programmen und Glaubenssätzen, von Dogmen, Normen und irrigen Moralvorstellungen, so interpretiert er die Wirklichkeit falsch und macht Fehler. Wir haben an früherer Stelle schon gesehen, dass dies die eigentliche Ursache aller Probleme ist. So heißt es in den ayurvedischen Schriften: *„Grundursache des Ungleichgewichts der Doshas (grundlegende Regelprinzipien, welche die Konstitution eines Menschen bestimmen; Gesundheit bedeutet Gleichgewicht der Doshas) ist ein Leben, das nicht im Einklang mit den Naturgesetzen ist ... die Ursache davon ist der Fehler des Intellekts."* (Vi, III, 20)

Das Märchen von Dornröschen beschreibt die Grundkrankheit unserer Zeit: die Verkopfung des Menschen. Der Verstand, das lineare, kausale und logisch-analytische Denken hat die Vorherrschaft übernommen. Der Diener hat sich in den Chefsessel geschwungen. Dabei ist die Wirklichkeit, wie uns die moderne Quantenphysik lehrt, non-linear, a-kausal und multidimensional. Alles ist mit allem korreliert. Einheitliche Feldtheorien oder Phänomene wie die Synchronizität (C.G. Jung) zeigen dies auf. Und die vedische Wissenschaft zeigt auf, dass wir diese ganzheitliche Ebene des Lebens, das Einheitliche Feld, als unser innerstes Selbst erfahren können. Dass wir jederzeit mit dieser multidimensionalen Intelligenz Kontakt aufnehmen können.

Wir aber sind wie Dornröschen in tiefen Schaf gefallen. Unsere Intuition ist schwach geworden und dämmert dahin. Die Erinnerung an die ganzheitliche Ebene des Lebens ist vernebelt und verloren gegangen.

Am anschaulichsten wird der „Irrtum des Intellekts" in einer kleinen Geschichte dargestellt, die so in den *Upanishaden* steht und in Indien seit Generationen erzählt wird: *„Im Dämmerlicht sieht eine Frau im Garten ihres Hauses eine Schlange. Sie erschrickt, das Herz beginnt schneller zu schlagen, Angstschweiß bricht aus und der Blutdruck steigt. Sie läuft weg und schildert aufgeregt den Mitbewohnern, dass sie eine giftige Kobra gesehen habe, worauf diese nun ebenfalls ängstlich sind und die Nacht nicht so richtig schlafen können. Nach einigen Tagen kommt ein Mann in das Dorf und stellt erstaunt eine große Unruhe im Dorf fest und sagt zu der Frau: ‚Zeig mir doch, wo du die Schlange gesehen hast.' Vorsichtig und mit einem Stock bewaffnet nähert er sich der Stelle und sieht ... einen Strick."*

Im Dämmerlicht hatte die Frau den Strick für eine Schlange gehalten. Eine Fehlinterpretation der Wirklichkeit hatte Angst und Schrecken erzeugt. Der Körper hat mit höherem Blutdruck, der Ausschüttung von Stress- und Angsthormonen wie Plasmacortisol oder der Erhöhung des Laktatgehaltes im Blut reagiert und erste physische Krankheitssymptome wie Nervosität oder Schlafstörungen bewirkt.

Wie kommt es zu dieser Fehlinterpretation?

In der Geschichte ist es das „Dämmerlicht", das zu einer Fehlinterpretation führt. Wenn die Wahrnehmung nicht klar ist, wenn Dämmerung oder Dunkelheit im Geiste vorherrschen, kann die Realität leicht falsch interpretiert werden und ein Strick als Schlange gesehen werden, was dann zu geistigen und entsprechenden körperlichen Problemen führen kann. Dazu passt eine Aussage des Kommunikationswissenschaftlers **Paul Watzlawick**: „*Wer seelisch leidet, leidet nicht an der Wirklichkeit, sondern an seinem Bild von der Wirklichkeit.*"

Was aber behindert unsere Wieder-Erinnerung an die Einheit des Lebens, mögen Sie fragen. Die Antwort: der Intellekt. Unser Intellekt unterscheidet, er trennt und er ur-teilt. Er teilt das ewig Eine, schafft Verschiedenheit und wird von seinem eigenen Konzept der Vielfalt eingefangen.

Beim Vorgang der Wahrnehmung wird das Selbst durch das Wahrgenommene völlig überschattet. Bewusstsein wird *objektbezogen,* anstatt *selbstbezogen* zu bleiben. Die Verbindung zum Selbst, zur Ganzheit des Lebens, geht verloren. Wie in einem Kino. Wenn die Vorführung läuft, wird die Leinwand (= das Selbst, Reines Bewusstsein, die ganzheitliche Ebene des Lebens) vollständig vom Film (= objektive Sinnenwelt, Welt der Teile) überdeckt. Die weiße Leinwand aber ist die Grundlage. Ohne Leinwand gibt es keinen Film.

Sehen wir uns an, wie der Ausweg aus dem Dilemma des *Irrtums des Intellekts* im Märchen von Dornröschen dargestellt wird. Die Lösung kommt durch die Liebe des Prinzen. Liebe ist das genaue Gegenteil zum Intellekt. Während der Intellekt unterscheidet, trennt und ur-teilt, ist es die Eigenschaft der Liebe, zu *vereinen.* Liebe ist Einheit. Liebe ist Ganzheit. Liebe ist der natürliche Zustand des Lebens. Liebe ist der natürliche Zustand des UNI-Versums. Alles ist immer und ewiglich mit allem anderen verbunden, wie die moderne Quantenphysik uns lehrt. Alles ist immer im Zustand der Liebe. Bis der Intellekt kommt und trennt und teilt. Das ist der Tod der Liebe und des Lebens. Und an dieser Krankheit leiden wir. Es ist eine Krankheit des Kopfes, des Intellekts, eine Krankheit der Trennung und Spaltung. Und so leben wir in einer Welt der Teile, ohne die Ganzheit zu sehen. Das Getrenntsein macht uns krank.

Der Irrtum des Intellekts ist die Vertreibung aus dem Paradies. Sobald der Mensch vom „Baum der Erkenntnis des Guten oder Bösen" isst, also anfängt zu denken, fängt er an die Ganzheit und Einheit des Lebens zu vergessen. Er vergisst die Einheit aller Existenz. Er vergisst die Liebe. Aber nicht vollständig. Denn sie zeigt sich als die unbesiegbare Kraft und Sehnsucht, die uns die

Einheit mit unserem Partner suchen lässt und uns schließlich wieder nach Hause führt. Ein wichtiger Schritt dazu ist, wieder mehr vom Denken ins Fühlen zu kommen.

Warum wir bei Hochzeiten weinen

Es gibt kaum etwas, was Frauen so sehr lieben wie Hochzeiten. Zu Millionen schluchzen sie vor den Fernsehern, wenn der Kronprinz seiner Prinzessin die Hand zum ewigen Bunde reicht. Selbst hartgesottene Männer können beim Anblick einer Hochzeit die eine oder andere Träne verdrücken.

Hochzeit ist das archetypische Bild der Vereinigung zweier Seelen und die Rückkehr zur Einheit und Ganzheit. Es ist ein Symbol des Lebens. Unsere Seele freut sich, wenn sie eine Hochzeit sieht, deshalb können wir uns dem Zauber dieser Zeremonie nicht entziehen. Es ist *das* archetypische Grundprinzip, das uns fasziniert. Alles ist ein Gleichnis, hat Goethe einmal formuliert. Die Hochzeit ist das Sinnbild des Lebens. Es ist die Vereinigung unserer persönlichen Seele mit dem universalen Selbst. Es ist ein Sinnbild für das Ziel unserer Reise.

Wohin gehen wir?
Immer nach Hause.

Hochzeit symbolisiert das Nach-Hause-kommen. Deshalb enden hier auch die meisten Märchen wie auch die modernen Märchen aus Hollywood und Bollywood.

Wenn Hyazinth sein Rosenblüthchen wiederfindet, ist das Ziel der Reise erreicht. Dann können wir wie Arjuna am Ende der **Bhagavad Gita** sagen: *„Smriti labdha – ich hab meine Erinnerung wiedergewonnen, ich weiß wieder, wer ich bin."* Eigentlich ist es nämlich keine Reise … es ist nur die Erkenntnis, wer wir sind.

Wir wissen wieder, wer wir sind, wenn wir unser wahres Wesen realisiert und unser Selbst als ewig und unsterblich erkannt haben. Es ist reine Liebe. Dann haben wir das „gnothi seauton", das „Erkenne Dich selbst" der Griechen erfüllt. Ein Partner kann uns liebevoller Begleiter und Weggefährte auf diesem weglosen Weg sein.

Wir wünschen Ihnen viel Glück und Liebe auf der gemeinsamen Reise!

Dein Wille geschehe

Die Welt ist in jedem Augenblick vollkommen. „*… alles muss so sein, alles bedarf nur meiner Zustimmung, nur meiner Willigkeit, meines liebenden Einverständnisses, so ist es für mich gut, kann mir nie schaden.*" Kann man es schöner beschreiben, als **Hermann Hesse** dies in seinem Roman ‚Siddharta' getan hat?

„Und dies ist nun eine Lehre, über welche du lachen wirst: die Liebe, o Govinda, scheint mir von allem die Hauptsache zu sein ... Mir liegt einzig daran, die Welt lieben zu können, sie nicht zu verachten, sie und mich nicht zu hassen, sie und mich und alle Wesen mit Liebe und Bewunderung und Ehrfurcht betrachten zu können."

Alle guten und schlechten Ereignisse in unserem Leben sind nur das äußere Szenario oder die Bühne, *„um das Widerstreben aufgeben zu lernen, um die Welt lieben zu lernen, um sie nicht mehr mit irgendeiner von mir gewünschten, von mir eingebildeten Welt zu vergleichen, sondern sie so zu lassen, wie sie ist, und sie zu lieben und ihr gerne anzugehören."*

Das Geheimnis des Lebens und das Geheimnis einer Beziehung ist:

- das Widerstreben aufzugeben,
- sich an das Leben hinzugeben,
- die Welt lieben zu lernen,
- sie zu lassen, wie sie ist, und
- uns nicht zu vergleichen und uns selbst lieben zu lernen

Alle Analysen und Erklärungen der Welt helfen nichts, wenn die LIEBE fehlt! Denn nur Liebe ist fähig, wirklich zu erkennen. Ja, man sieht nur mit dem Herzen gut!

Liebe ist Verzicht auf Widerstand,
und da Widerstand das Grundprinzip des Verstandes darstellt,
vertragen sich im allgemeinen Liebe und Verstand so schlecht.
OTTO FLAKE

Liebe ist ‚Dein Wille geschehe'.

Liebe hat kein Motiv. Wenn man einen Grund für Liebe finden kann, dann ist es noch nicht Liebe. Sie ist ohne Ziel und ohne Zweck. Liebe ist einfach.

Liebe ist der Grund für alles, deshalb kann Liebe
selbst keinen Grund haben. Liebe ist der Endzweck von allem;
alles andere dient der Liebe; daher kann Liebe kein Mittel
zu etwas anderem sein. Sie ist der höchste Wert.

Osho

Und noch ein ganz praktischer Hinweis:

Liebe und Glück sind nicht das Ergebnis unserer Anstrengung. Liebe und Glück sind einfach. Wir müssen sie nur zulassen, annehmen und uns Zeit für sie nehmen.

Nehmen Sie nichts im Leben ernst – es ist ein göttliches Spiel.
Spielen Sie mit Freude und genießen Sie es!
Lieben Sie das Leben!
Lieben Sie die Liebe!
Nur Liebe *ist*!

Nachwort

Wir danken all den Menschen, die in unser Leben getreten sind und uns ein Stück weit auf unserem Weg begleitet haben oder noch begleiten. Wir danken allen, die uns ihre Liebe, ihre Offenheit, ihr Verständnis oder ihre Herzenswärme geschenkt haben. Wir danken vor allem auch denen, die ihr Vertrauen in uns gesetzt haben und uns ihre Probleme, Zweifel und Fragen anvertraut haben. Wir haben daraus sehr viel gelernt – auch oder vor allem über uns selbst. Sie alle haben bewusst oder unbewusst zu diesem Buch beigetragen. Letztlich sind wir alle auf der Reise … gemeinsam …

Liebe ist kein Wissen oder Know-how. So darf dieses Buch nicht verstanden werden, auch wenn es den einen oder anderen wertvollen Tipp für Sie enthalten mag oder die eine oder andere Einsicht in Ihnen angeregt hat. Liebe ist das Abenteuer des Lebens. Liebe ist Leben. Nur wer liebt, lebt. Deshalb lassen Sie sich auf die Liebe ein und geben Sie ihr die Chance zu wachsen.

Wenn wir von außen das Spiel auf unserer Erde anschauen könnten, würden wir uns wundern, warum wir Menschen uns gegenseitig oft so grausam benehmen können. In guten Augenblicken könnten wir sehen oder mitfühlen, dass alle Menschen dabei sind, zu lernen, und dass ihre Herzen dadurch gereinigt werden und ihre Seelen dadurch reifen. Wir könnten sehen, wie jeder ein kleines Glück gegen ein nächst größeres tauscht, bis hinter allem Glück das Höchste sichtbar wird: immerwährendes Einheitserleben mit der allumfassenden Allmacht und allen ihren Geschöpfen. Oder nennen wir es einfach Liebe.

Und wenn Sie mal auf der Reise nicht wissen, wie es weitergehen soll, so denken Sie an die Worte von **Martin Walser**:

Dem Gehenden schiebt sich der Weg unter die Füße.

Im Team arbeiten wir als *Veda-Coach, ILP-Trainer und Mediatoren* mit einem einzigartigen Konzept, das modernes westliches Wissen und Methoden mit der Weisheit des Osten integriert. *Veda-Persönlichkeitsentwicklung* ist ein ganzheitliches Konzept und beinhaltet auch Methoden wie Meditation, Yoga, vedische Persönlichkeitsanalyse (Jyotish) oder ayurvedisches Gesundheitsmanagement.

Alois Manfred Maier:
Nach dem Studium der Germanistik, Sozialwissenschaften und Pädagogik arbeitete er bei Siemens, wo er Seminare zum Thema „Bewusstsein und Erfolg" entwickelte und leitete. Danach folgten 6 Jahre Studium der Weisheit des Ostens. Aus der Synthese entwickelte er einen einzigartigen Ansatz für authentische Persönlichkeitsentwicklung. Sein Arbeitsgebiet umfasst Einzel- und Partnerberatung, Mediation sowie Firmenseminare.

Sabine Granna-Maier
studierte Graphik-Design und freie Malerei. Sie baute ein eigenes Geschäft (Ausbildungsbetrieb) auf und führte es über viele Jahre sehr erfolgreich. Ihr Schwerpunkt innerhalb des Teams ist Einzelcoaching mit integrierter, lösungsorientierter Psychologie (ILP), Paarberatung, Mediation sowie mentale Lernprozesse (NLP). Ein weiteres Spezialgebiet ist die ganzheitliche Wohnraumgestaltung.

Adresse:

Auf der Hardt 7
D-56130 Bad Ems
Tel. 02603-506232
Fax: 02603-7009918
am@aloismaier.de
sabine@granna-lebensraum.de

Internet:

www.authentische-lebensgestaltung.de
www.authentisches-leben.de
www.veda-management.de
www.granna-lebensraum.de

Schöpferisches Management

Die Weisheit des Veda –
Wie Sie Ihr Leben erfolgreich gestalten
Alois M. Maier

Paperback, 208 Seiten, ISBN 978-3-86616-017-0

Die Gesetze des Managements sind Lebensgesetze und gelten für alle Bereiche des Lebens. Schließlich ist jeder der Manager seines Lebens. Dass dies gut gelingt, dazu möchte dieses Buch beitragen. Management wird hier in einem neuen Licht betrachtet. Management ist eine schöpferische und eine spirituelle Disziplin. Deswegen können die geistigen Gesetze, die im Veda überliefert werden, so hilfreiche Impulse geben. Management, Schöpfersein und Spiritualität gehören notwendig zusammen, und eine Abkoppelung des Managements von den geistigen Gesetzen des Lebens wird niemals zu ganzheitlichem Erfolg führen. Wer die Gesetze des Erfolges anwendet, so zeigt der Autor, wird ganz notwendig seinen Erfolg im Leben finden – und der Erfolg wird auf leichte Weise kommen! Wenn Sie Ihr Leben selbst in die Hand nehmen und zum Gestalter Ihrer eigenen Zukunft werden wollen, dann haben Sie in diesem Buch einen einzigartig praktischen und nützlichen Ratgeber und Begleiter.

Die kommunikative Kraft der Liebe

Barbara Mettler-v. Meibom

Paperback, 208 Seiten, 10 Abb., ISBN 978-3-928632-66-9

Unsere Gesellschaft bietet eine Fülle neuer Kommunikationsmedien, und dennoch nehmen Einsamkeit und Rücksichtslosigkeit im privaten und beruflichen Alltag ständig weiter zu. Auf der Suche nach einem Weg aus diesem Dilemma unterscheidet die Autorin Prof. Barbara Mettler-v. Meibom zwischen zwei grundlegenden Aspekten in Kommunikationsbeziehungen: der communicatio und der communio. Letztere erwächst für sie aus der kommunikativen Kraft der Liebe. Wie kann sie verwirklicht werden? Bei der Beantwortung dieser Frage lässt sich die Verfasserin u.a. von der indischen Philosophie der Vedanta anregen. Sie zeigt in eindringlichen Bildern und Geschichten über Menschen und Alltagserfahrungen, welche Chancen und Möglichkeiten bestehen, wenn wir uns von der kommunikativen Kraft der Liebe leiten lassen. An die Stelle des Gefühls von Trennung und Einsamkeit kann das Wissen um die Einheit alles Lebendigen, deren Erfahrung und die Verantwortung für uns selbst und die Schöpfung treten.

50 Wege, die wahre Liebe zu finden

Chuck Spezzano

Hardcover, 208 Seiten, ISBN 978-3-936486-10-0   **4. Auflage**

Dieses Buch richtet sich an diejenigen, die auf der Suche nach ihrem wahren Partner sind. Aber auch an all jene, die ihren Partner bereits gefunden haben und Unterstützung auf dem eigenen Beziehungsweg suchen. Der Autor macht deutlich, dass es nicht damit getan ist, den richtigen Partner zu finden, es bedarf auch des Wunsches, mit diesem Partner zusammen glücklich zu werden. „Wenn du deinen Partner gefunden hast, geht die Reise erst richtig los!", so Chuck Spezzano. Aufgrund der universalen Gültigkeit der vorgestellten Beziehungs-Prinzipien lassen sich diese auch auf andere Lebensbereiche übertragen. Ob der Leser einen neuen Arbeitsplatz oder Unterstützung beim nächsten Schritt in seinem Leben sucht oder ob er sich allgemein mehr Erfolg, Glück und Gesundheit wünscht – immer wieder kann er dieses Buch zur Hand nehmen.

Das Wir-Gefühl leben
Die Überwindung des täglichen Egoismus
Ein Beziehungsbuch
Sabine Schönbrunn-Otto – Klaus Otto

Paperback, 188 Seiten, ISBN 978-3-86616-077-4

In unserer Epoche entfaltet sich offenbar ein neues Bewusstsein über die Zusammenhänge des Lebens und des Seins. Das vorliegende Buch regt den Leser an, sich selbst zu erforschen, seine Möglichkeiten, Freiheiten und Abhängigkeiten zu erkennen und sich aus seiner Ich- bzw. Du-Bezogenheit weiterzuentwickeln zu einem Wir-Bewusstsein der Partnerschaft, des Gemeinsinns, der mitmenschlichen Vernetzung. Die Autoren fordern die Leser auf, für ihr Leben selbst die Verantwortung zu übernehmen, nicht andere für Defizite und Verletzungen verantwortlich zu machen, sich vielmehr ihrer Intuition zu öffnen und ihr bei der Lösung ihrer Lebensaufgaben zu vertrauen. Aus ihrer Erfahrung als Therapeuten beschreiben und erklären sie Fallbeispiele – wie Kommunikations- und Beziehungskonflikte, Eltern-Kind-Probleme, Zwänge und innere Verletzungen im Privat- und Berufsleben – und zeigen Verhaltensweisen, Methoden und Übungen auf, wie man solche Probleme lösen und in den verschiedenen zwischenmenschlichen Beziehungen authentisch und glücklich leben kann.

Freundschaft – ein Geschenk des Lebens
Max Lang

Paperback, 240 Seiten, ISBN 978-3-86616-143-6

Was wäre unser Leben ohne gute Freunde! Wie könnte es ohne sie gelingen! Die Freundschaften sind es, die dem eigenen Dasein Fülle und Tiefe verleihen. Im Geben und im Nehmen erschließen sie menschliches Werden und Vollenden. In zahlreichen Geschichten, im Blick auf die Jahrhunderte und auf die Kulturen der Welt und die Weisheit der Philosophen erschließt er die spirituelle Dimension der Freundschaft. Als besonders hilfreich erweisen sich hierbei Impulse aus der Welt des Buddhismus. Ein eigenes Kapitel ist der Freundschaft mit alten Menschen gewidmet.

Wie Sie herausfinden, wann Ihre Beziehung wirklich zu Ende ist und was Sie tun können, um sie zu retten
Chuck Spezzano

Taschenbuch, 120 Seiten, ISBN 978-3-86616-108-5

Heute sind (vor)schnelle Trennungen an der Tagesordnung, weil jeder glaubt, er könne beim nächsten Partner das Glück finden, das der gegenwärtige Partner ihm scheinbar nicht geben kann. Die Chance, in einer bestehenden Beziehung zu echter Partnerschaft zu gelangen, wird so oftmals voreilig und leichtfertig vergeben. Der erfahrene und weltweit bekannte Beziehungsexperte macht im vorliegenden Buch klar, was eine Beziehung zerstört und was sie zu stärken vermag. Er vermittelt Prinzipien der Heilung, die dazu beitragen können, eine Beziehung aus dem gefährlichen Fahrwasser einer drohenden Trennung herauszuführen, und er zeigt eine „narrensichere" Methode auf, die es einem oder beiden Partnern ermöglicht, zweifelsfrei festzustellen, ob ihre Beziehung wirklich zu Ende ist oder nicht.

Liebe als Erfüllung aller Wünsche
Eine praktische Liebestherapie
Jürg Theiler

Paperback, 256 Seiten, ISBN 978-3-86616-110-8

Die Menschen sehnen sich nach Liebe, einer dauerhaften Liebesbeziehung, und setzen oft ihre ganze Energie ein, sie zu verwirklichen, weil sie dadurch Glück und Erfüllung erwarten.warum gelingen aber solche Beziehungen häufig nicht oder zerbrechen wieder nach kurzer Zeit? Der Tiefenpsychologe Jürg Theiler ergründet in diesem Buch die psychischen Ursachen für Gelingen und Misslingen von Liebesbeziehungen, auch an Beispielen. Er erklärt, wie die in der Evolution des Lebens entwickelten Gehirnteile in der Psyche des Menschen unterschiedliche Bedürfnisse und Wünsche erzeugen, die einander oft widerstreiten, sich aber auch gegenseitig ergänzen und zusammen der Erhaltung und Weiterentwicklung des Lebens dienen und nur durch die Liebe in Einklang gebracht werden können. Durch eine bestimmte Fragetechnik und 36 „Ein-Sichten" kann der Leser seine psychische Ausgangslage und den Weg erkennen, wie er mit seinem Partner, seiner Partnerin seine Wünsche nach Liebe erfüllen kann.

Liebe und werde, der du bist
Erfahrungen, Einsichten, Hinweise, Übungen / Axel Klimek

Paperback, 256 Seiten, ISBN 978-3-928632-73-7

„Wenn es etwas zu verändern gibt, dann kann ich die Verantwortung dafür übernehmen und es ändern." Dieses Buch hat das Potenzial, ein Leben zu verändern. Liebe, nicht als Gefühl, sondern als Verständnis, als Weg zu Ganzheit und Entfaltung: Was damit gemeint ist, beschreibt der Autor einfühlsam und klar. Eine neue innere Haltung wird entwickelt, in welcher der Mensch sich als Teil des Ganzen begreift. Schritt für Schritt führt der Autor – mit dem Fokus, Trennendes zu überwinden – den Leser durch die wichtigsten Themen des menschlichen Lebens. Angefangen vom Annehmen eigener ungeliebter Anteile bis hin zur Erfahrung, mit der Welt ganzheitlich verbunden zu sein. Eine Fülle praktischer Übungen, die jeder für sich machen kann und die das Gelesene konkret werden lassen, bilden einen aufeinander aufbauenden Übungsweg hin zu der Gewissheit von Liebe als stets vorhandener Kraft von Heilung und Erweiterung.

Karten der Partnerschaft
Liebe in Partnerschaft und Beziehungen / Chuck Spezzano

90 künstlerisch gestaltete, farbige Karten mit Begleitbuch, ISBN 978-3-86616-090-3

Die Karten der Partnerschaft wollen dazu beitragen, eine Beziehung auch dann lebendig zu erhalten, wenn die Phase der ersten Verliebtheit vorbei ist, und sie wollen dem Paar, das sie befragt, dabei helfen, erfolgreich alle Hindernisse und Klippen zu umschiffen, die jede Beziehung überwinden muss, um auf lange Sicht glücklich und erfolgreich sein zu können. Wie schon bei den Karten des Lebens hat die Künstlerin Petra Kühne auch hier wieder zu jedem Thema der insgesamt 90 Karten ein vollendetes kleines Kunstwerk geschaffen. Ein Begleitbuch erläutert die Bedeutung jeder Karte, zeigt Prinzipien auf, die verstehen helfen, was eine Beziehung voranbringt und was sie zurückhält, und macht Vorschläge für mögliche Befragungen. Die Karten der Partnerschaft sind eine wirklich gelungene Fortsetzung der bereits vor einigen Jahren bei Via Nova erschienenen Karten der Liebe und knüpfen nahtlos an deren großen Erfolg an.

Aus der Weisheit des Herzens leben
Eine praktische Anleitung für das innere Wachstum durch Liebe
Joyce und Barry Vissell

Paperback, 264 Seiten, ISBN 978-3-86616-025-5

Für viele Paare bedeutet eine Beziehung eine Welle frischverliebter Seligkeit, gefolgt von Schwierigkeiten und Enttäuschungen und schließlich einer Trennung. Mit 35 Jahren Ehe und 25 Jahren klinischer Erfahrung im Rücken haben die beiden Bestseller-Autoren Joyce und Barry Vissell Hunderten von Menschen dabei geholfen, diesen Zyklus fehlgeschlagener Beziehungen zu durchbrechen, indem sie ihnen zeigen, dass eine Beziehung eine Möglichkeit ist, als Individuum zu wachsen – sich tief nicht nur mit einem anderen Menschen zu verbinden, sondern auch mit seinem eigenen Herzen. Sie werden lernen: wie Sie einen echten Lebensgefährten finden, die wichtigsten Zutaten zu jeder Beziehung, warum so viele Leute sich vor Intimität fürchten wie Sie Eifersucht, Kritik und Beschuldigen in Wachstum verwandeln können, warum „Nein"-Sagen ein fundamentaler Schritt ist, lieben zu lernen, wie Sie eine blockierte sexuelle Beziehung heilen können und vieles mehr.

Ich liebe dich – und was jetzt?
So gestalten Sie Ihre Partnerschaft
Claus Kostka

Hardcover, 104 Seiten, ISBN 978-3-86616-020-0

In diesem leicht verständlich geschriebenen und doch fundierten Büchlein geht Claus Kostka auf die Zeit ein, die auf das Verliebtsein folgt und manchmal den Keim des Scheiterns in sich trägt, weil die Verliebten nicht wissen, wie sie mit den unweigerlich auftretenden Problemen und Schwierigkeiten umgehen sollen. Auch der Verfasser hat kein Universalrezept, aber er macht sachliche, handfeste und realistische Vorschläge, deren Umsetzung dazu beitragen kann, auch schwierige Zeiten kreativ zu nutzen und nicht nur zu überstehen, sondern aus ihnen Gewinn zu ziehen. Kapitelüberschriften wie Beziehung ist Arbeit – und darf trotzdem Spaß machen, Was du nicht willst, bleibt doppelt lange, Auseinandersetzung ist wichtig, Gefühle äußern, Grenzen setzen, Raus aus dem Drama-Dreieck usw. deuten die erfrischend direkte Zugehensweise Kostkas an. Was man sonst in vielen dicken Büchern lesen kann, ist hier, ohne je oberflächlich zu sein, auf ca. 100 Seiten zusammengefasst. Ein Glücksfall!

Kinder fördern mit täglichen Denkanstößen
Mutmachende Impulse und Lebenshilfen für jeden Tag
Sabina Pilguj

Hardcover, 384 Seiten, ISBN ISBN 978-3-86616-147-4

Dieses Buch bietet Kindern zwischen 4 und 13 Jahren für jeden Tag des Jahres eine wertvolle Botschaft, die sie selber lesen oder sich vorlesen lassen können. Jeder Tag bekommt so sein eigenes wertorientiertes Motto, seine ganz besondere Bedeutung und Prägung. Die einzelnen Texte sprechen die Kinder direkt an, sie fördern ihre Kreativität und soziale Integration, aber auch innere Ruhe und Konzentration, vermitteln kindgemäß wichtige innere und soziale Werte, Kenntnisse und Fähigkeiten, insgesamt eine optimistische Lebenssicht, Vertrauen, Zuversicht und Liebe, um mit Mut, Tatkraft und Freude das tägliche Leben zu bewältigen.